# 箱根・足柄散歩
## Hakone Ashigara Sanpo
### 24コース

NPO神奈川歴史教育研究会 編

山川出版社

秩父宮記念公園(静岡県御殿場市)

竹之下古戦場跡の碑(静岡県駿東郡小山町)
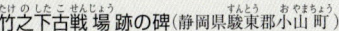

葛山氏墓所(仙年寺,静岡県裾野市)

箱根畑宿一里塚（復元，神奈川県足柄下郡箱根町）

元箱根石仏群応長地蔵（神奈川県足柄下郡箱根町）

城願寺石造物群(神奈川県足柄下郡湯河原町)

大雄山最乗寺宝塔(神奈川県南足柄市)

小田原城 銅門(復元，神奈川県小田原市)

旧傷兵院本館(神奈川県小田原市)

# 発刊によせて

　2011(平成23)年3月11日14時46分に発生した東日本大震災，それにともなう津波被害と原発事故による被害は，世界中を震撼させました。2年有半を経過した現在でも，被災地域の復旧・復興の目処は立っておらず，依然として閉塞的な情況下にあります。これからは，改めて自然や文化を護る大切さを丹田に納め，当り前のことを1歩ずつ確実に積み上げていく活動の必要性を実感します。

　箱根・足柄地域は，『古事記』に「坂東」と記されて以来，東国への入口として関所がおかれました。山岳地域にあるため，平安時代には延暦・貞観，江戸時代には宝永の3度におよぶ富士山の大噴火に見舞われ，また江戸時代には元禄・宝永の地震，大正時代には関東大震災による大惨事にも遭遇しました。一方，自然が豊かで風光明媚であることから，文人墨客や湯治客が往来したり，明治時代以降には保養地・別荘地として注目を集めました。それゆえ，本地域は人間の苦悩の営みと安寧が感じ取れるところといえます。

　神奈川県高等学校教科研究会社会科部会歴史分科会は，1970(昭和45)年に全国に先駈けて『神奈川県の歴史散歩』を発刊しました。その後，1987年，2005(平成17)年には，装いもあらたに全面改訂して上・下2巻の『神奈

川県の歴史散歩』を発刊し，多くの歴史愛好家から好評を博しています。その間，歴史散歩と歴史散歩事典を兼備した『鎌倉散歩24コース』『横浜散歩24コース』を出版したところ，こちらも版を重ねています。この長期にわたる経験と実績を活かし，この度，神奈川歴史教育研究会により，新たに『箱根・足柄散歩24コース』を出版することになりました。県西地域の歴史は，今まで正面切って語られることは少なかったのですが，その特徴が十分に活かせるよう，また県境の静岡県東部地域の歴史も視野に入れて編集しました。

　本書の刊行をもって，神奈川県の歴史散歩シリーズは最終章を迎えた感があります。それぞれの書が独自性を発揮して，神奈川県の歴史を知るための一助となれば幸いです。

　　2013年7月

NPO神奈川歴史教育研究会理事長

川 島　敏 郎

**目次**

発刊によせて
箱根・足柄地方のあゆみ

## 第Ⅰ部　箱根・足柄散歩 24 コース　　11

❶ 箱根旧街道を歩く……………………12
❷ 箱根七湯を歩く………………………17
❸ 土肥の里を歩く………………………21
❹ 足柄古道を歩く………………………27
❺ 大森氏の史跡を歩く…………………31
❻ 後北条氏の史跡を歩く❶ 小田原城…………35
❼ 近世小田原の城下町を歩く…………39
❽ 箱根の外国人ゆかりの地を歩く……44
❾ 近代小田原の別荘地を歩く…………48
❿ 箱根の中世石造物を歩く　…………52
⓫ 箱根の戦争遺跡を歩く………………56
⓬ 曽我の里を歩く………………………60
⓭ 箱根の山岳信仰を歩く………………64
⓮ 箱根外輪山西側の近代建造物を歩く………68
⓯ 熱海の近代の面影を歩く……………73
⓰ 災害と復興の史跡を歩く……………77

❶⓱ 小田急線・箱根登山鉄道沿線を歩く ………81
❶⓲ 大雄山線沿線を歩く …………………………84
❶⓳ 御殿場線沿線を歩く ❶ 神奈川県 …………88
⓴ 御殿場線沿線を歩く ❷ 静岡県 ……………93
㉑ 東海道線沿線を歩く …………………………97
㉒ 近代化産業遺産・土木遺産を歩く ………100
㉓ 近世・近代の土木遺産荻窪用水を歩く……103
㉔ 後北条氏の史跡を歩く ❷ 小田原城西方 ……107

## 第Ⅱ部 箱根・足柄散歩事典　　　　　111

あとがき／箱根・足柄周辺の博物館施設など一覧／箱根・足柄周辺の国指定文化財／参考文献／小田原市・御殿場市・裾野市・箱根町歴史年表／索引

---

**凡例**

1. 第Ⅰ部コース表について，徒歩🚶・バス🚌・車🚗・電車🚆で交通手段を表記し，所要時間は分単位で示した。表の最下段にはコース全体のおよその所要時間を示した。
2. 国指定の文化財を全て網羅することができなかったので，巻末に〈箱根・足柄周辺の国指定文化財〉としてまとめた。本文中の文化財の区別は，[　]で示した。国指定重要文化財＝[国重文]，国指定史跡＝[国史跡]，国指定重要無形民俗文化財＝[国民俗]，国登録有形文化財＝[国登録] など。
3. 地名の表記については，原則として現在使われているものと歴史的に使用されているものを区別した。また駅名・バス停などは実際に使用されている表記にしたがった。

# 箱根・足柄地方のあゆみ

本書が対象とする箱根・足柄地方とは，神奈川県西部と静岡県東部にまたがる地域であり，地形的に大きく4つに分けることができる。

　まず第1に芦ノ湖を中心とする箱根外輪山内側の地域で，狭義の箱根地方である。第2が箱根外輪山の西側で，黄瀬川と鮎沢川流域に広がる静岡県小山町・御殿場市・裾野市の地域である。一帯は旧駿河国駿東郡の北部で，北駿地方とも御厨地方ともよばれる。第3の地域は，箱根外輪山の東に位置する外輪山の山裾から酒匂川流域の足柄平野とその周辺で，神奈川県山北町・南足柄市・小田原市・松田町・開成町・大井町にまたがり，足柄地方とよばれる。同県箱根町と真鶴町・湯河原町を除く旧相模国足柄上・下郡の大半である。そして第4が箱根外輪山の南側で，相模湾に面した小田原市の西端から真鶴町・湯河原町，静岡県熱海市までの横に細長い地域で，古くは土肥郷ともよばれた。

　つぎにそれぞれの地域ごとの歴史を概観してみよう。

## 箱根地方

　箱根火山の30万年以上にわたる火山活動によって形成されたカルデラと，火山堰き止め湖である芦ノ湖を中心とする。富士箱根伊豆国立公園に指定され，雄大な自然と豊かな温泉を目的に，世界中から多くの観光客が訪れる。

　旧石器時代から古墳時代までの遺跡については，各所から石器や土器などの遺物が採集されている。小規模な発掘調査も行われてはいるが，遺跡の多くは遺物散布地として把握されているだけで，その詳細は不明である。

　738(天平10)年，初めて温泉が開かれたとされるが，当時の状況はよくわからない。一方箱根は，古くから山岳信仰の霊地として人びとの信仰を集めていたと考えられている。伝承によれば，万巻上人が757(天平宝字元)年に宮を創建して僧・俗・女の3体の神を箱根三所権現(現，箱根神社)としてまつったと

いう。駒ヶ岳山頂からは、磐座を中心とする中世から近世にかけての祭祀遺跡も発見されている。

　鎌倉時代になると、飛鳥井雅有の紀行文『春の深山路』(1280年)に芦之湯温泉についての記載がある。また、二子山と駒ヶ岳に挟まれた精進池付近は地蔵信仰の霊地とされ、元箱根石仏群と称される数多くの磨崖仏や石塔が造立された。地蔵菩薩を信仰する多くの人びとによって地蔵講が結成され、その力で石造物がつくられたことが銘文から読みとれる。そして箱根権現は、鎌倉幕府による手厚い保護を受けたが、それは、石橋山の戦いで敗れた源頼朝を箱根権現の別当が助けたという『吾妻鏡』の記述に由来するという。同時に関東一円の多くの武士たちの尊崇も集めた。

　江戸時代に入ると、幕府は芦ノ湖畔に宿場と関所を設けた。その目的は一般に江戸防衛のためとされるが、箱根関には軍事的な拠点としての機能はなく、交通統制による治安維持のための関所であったと考えられる。箱根関を補完するため、箱根裏街道の仙石原関、矢倉沢街道の矢倉沢関、熱海道に根府川関などが配置されていた。さらに箱根八里越えの難所を歩く旅人のため、街道に石畳が整備された。石畳が残ってる部分については、現在、箱根旧街道として国の史跡に指定されている。この時代に箱根は温泉場として大きく発展した。1781(天明元)年には鳥居清長の『箱根七湯名所』が刊行された。それ以降、箱根温泉を紹介する刊行物があいついで江戸で出版され、そうした宣伝の効果もあり、多くの湯治客で賑わった。

　明治時代の箱根温泉は、国内だけでなく外国人観光客の誘致にも力を入れるようになる。1878(明治11)年、山口仙之助が宮ノ下に富士屋ホテルを開業したことは、箱根温泉の発展に大きく寄与したと評価される。富士屋ホテルのはす向かいにあった奈良屋旅館との間で1893年に協定が結ばれ、奈良屋が日本人客専用、富士屋が外国人客専用とされたこともよく知られている(協定は1912年まで有効)。富士屋ホテルには、外国の王室関係者、チャップリンやヘレン・ケラーなどの著名人も訪れている。

さらに箱根は東京に住む外国人たちの避暑地としても人気が高まり、仙石原などに別荘地もつくられるようになる。1906(明治39)年には湯本—強羅間に箱根登山電車(現、箱根登山鉄道)が開通し、観光客の足として今も親しまれている。

1927(昭和2)年、東京新宿と小田原を結ぶ小田原急行小田原線が開業した。これは、首都圏の観光客を箱根によび込むうえで大きな効果があった。以後、箱根温泉は東京の奥座敷としての地位を確立した。日中戦争期の軍需景気により箱根温泉も大きな恩恵を受けたが、それとともに、傷病兵を治療するための病院や療養所が湯本温泉周辺に設けられた。

アジア太平洋戦争期になると、厳しい戦時体制の下で湯治どころではなくなり、多くの温泉旅館が遊休施設と化してしまった。そこでその活用のため、2つの方策が採られることになった。1つは東京に住む同盟国・中立国の外国人(外交官や民間人)の疎開先としてである。もともと箱根は外国人別荘地としての歴史もあったことから、その受け入れはスムーズに行われた。同盟国軍であったドイツ海軍の兵士が、芦之湯と元箱根に集団で滞在していた事実もある。もう1つは、神奈川県内、とくに横浜市内の国民学校学童の疎開先としてである。しかし、食料や医薬品の不足、集団生活でのいじめやホームシックなどにより、疎開学童たちの心に大きな傷跡を残してしまったという。

## 北駿地方(御厨地方)

この地域における縄文時代以前の人びとの活動は、箱根外輪山の中腹から石器や土器が発見されることからある程度うかがうことができる。しかし、富士山が噴火を繰り返しており、人びとが継続して生活を営める状況にはなかった。続く弥生から古墳時代にかけても状況は変わらず、遺跡数が大幅に増えることはなかった。ただ水稲技術の伝播により、遺跡が山腹から低湿地へおりてくる傾向にあったことは確かである。古墳時代

には集落のほかに古墳もみられるようになるが、同じ静岡県でも遠江地方などに比べると、その数は少ない。ようやく、古墳時代後期から終末期にかけて静岡県御殿場市二枚橋古墳・姫ヶ瀧古墳・カマド古墳、裾野市中丸・三ツ石古墳群・須山滝ノ沢古墳などが築造されている。

　奈良時代になると、全国で都と地方を結ぶ官道が整備され、この地方もそのネットワークの中に組み込まれる。そして都と東国（相模以東の国々）や甲斐国（現、山梨県）を結ぶ東海道の要衝として、横走駅が設けられた。駅の比定地については諸説あり、御殿場市か小山町にあったと考えられている。この駅は足柄坂越の基地でもあり、延喜式制で20疋の駅馬と5疋の伝馬が配備されていた。なお小山町上横山遺跡からは、藤原京や平城京の畿内産土器のほか、東北地方や武蔵・美濃・遠江・相模・甲斐など各地の土器も出土し、この地が盛んに移動する他国の人びととの通過点であったことをうかがわせる。ところが富士山の活動はいまだ活発であり、8世紀から12世紀にかけておよそ8回の大規模な噴火があった。

　平安時代後期には、この地方は伊勢神宮の大沼鮎沢御厨となった。大沼鮎沢御厨からはおもに布と米が伊勢神宮に貢進され、今もこの地方が御厨地方とよばれるのはここに由来する。

　鎌倉時代に入ると、1193（建久4）年5月に将軍源頼朝による富士山麓での巻狩りが行われた。曽我兄弟による仇討ちの物語が有名である。承久の乱（1221年）では、この地方から大森氏と葛山氏が幕府方として出陣したことが知られている。

　南北朝時代には、有名な竹之下の戦い（1335年）がおこった。足利尊氏軍と新田義貞軍が、足柄峠とその周辺で衝突した戦いである。この戦いにかかわる遺跡や伝承地が各地にあるが、その多くは明治時代以降の南朝優位の歴史観のなかでつくられたものであり、史実に即しているかは疑問である。

　室町時代、大森氏がこの一帯を支配した。大森氏は現在の静岡県裾野市大森を名字の地とし、深良中学校一帯がかつての館跡とされるが遺構は残っていない。大森氏にゆかりのある寺社

として，同県小山町の乗光寺・正福寺・勝福寺や御殿場市の二岡神社などがある。上杉禅秀の乱(1416年)に際して大森頼顕が足利持氏を救い，その功績により小田原城を与えられた。以来，大森氏は幕府・関東管領の関東経営にかなり重用されたらしい。しかし，1495(明応4)年大森氏は北条早雲のため小田原城に滅ぼされた。大森氏滅亡後，この地方の支配者となったのが葛山氏である。葛山氏は，駿河の今川氏，甲斐の武田氏，相模の北条氏という有力な戦国大名の抗争の中でしたたかに生き抜くが，1569(永禄12)年に姿を消す。それ以後，この地方は北条氏と武田氏の抗争の場となった。

　江戸時代，1616(元和2)年に徳川家康の鷹狩りの休息用御殿造営が命じられた。御殿場の地名はここに由来する。さらに1633(寛永10)年より小田原藩領となる。1666(寛文6)〜1670年には深良用水開削工事が行われた。これは芦ノ湖の水を裾野一帯に流す工事だが，これは両地が小田原藩領であったことから実現したのだろう。ところが明治維新により，神奈川県と静岡県に行政区分が分割されたことから，芦ノ湖の水利権をめぐって両者が争う事態となってしまった。1707(宝永4)年，富士山が噴火する(宝永大噴火)。この地域は大量の降砂によって大きな被害を受けたため，幕府直轄領とされ伊奈忠順(通称半左衛門)などの砂除川浚奉行による復興事業が行われた。

　明治時代には，キリスト教宣教師が盛んに伝道活動を行い，御殿場に教会を設立したことが注目される。さらに，御殿場市神山には1889年，復生病院がパリ外国宣教会の神父テストウィドにより設立された。国内に現存する，最古のハンセン病患者のための療養所である。同年，東海道本線が開通すると，小山町に富士紡績株式会社が進出して，この地方の基幹産業として発展した。

## 足柄地方

　この地方では，旧石器から縄文・弥生時代の遺跡が数多く

発見されている。とくに，神奈川県大井町金子台遺跡，山北町カラス山・堂山遺跡，南足柄市怒田上原遺跡，小田原市中里遺跡など縄文晩期から弥生時代初頭の遺跡が重要であり，西方から伝播した弥生文化が，神奈川県でもっとも早い段階に根をおろしたのが当地方であると考えられている。

古墳時代には，現在の小田原市国府津周辺から重要な集落遺跡が発見されている。千代南原遺跡からは，特殊な遺物である銅鏡や銅環・銅釧などの青銅製品が発見されており，国府津三ツ俣遺跡からは，墳墓のほかに漁業関係の遺物がみつかっている。6世紀になるとこの地方でも古墳が築造されるようになる。小田原市では，後期の群集墳である久野古墳群や東部の大磯丘陵一帯に田島弁天山横穴墓群や羽根尾横穴墓群がある。南足柄市では，八幡神社本殿裏古墳・大塚古墳・山神塚古墳など，こちらも後期の円墳である。

奈良時代には，足柄峠を経て坂本(関本)・小総(国府津)の駅を通る官道に沿って足上郡と足下郡がおかれた。小田原市千代から国府津にかけての一帯に，足下郡の郡家(郡衙)・郡津・郡寺などが建設され，当地方の中心地であったと考えられる。郡寺とされる千代廃寺から発見された鬼瓦は，武蔵国分寺のものと同笵であり，他地域との密接な交流をうかがわせる資料である。なお国府津について，古くから相模国府に付属する津(港)とされてきたが，現在は足下郡家の津，すなわち郡津と想定されている。

平安中期から鎌倉時代には，藤原秀郷流の松田・河村・大友氏や，平氏の中村・土肥・小早川氏などの武士がおこり，それぞれ勢力を競い合った。大友氏は相模国大友荘(現，神奈川県小田原市)を名字の地とするが，元寇を機に豊後国(現，大分県)に西遷して，以後そこで勢力を拡大していった。九州の戦国大名大友氏の祖である。

室町時代には，北駿地方から入った大森氏が小田原を中心に勢力を広げ，1418(応永25)年頃，大森頼春によって小田原城が築かれた。その頃の小田原城は，現在の神奈川県立小田原高校

の敷地一帯であると考えられている。大森氏は箱根権現を保護するとともに，最乗寺や総世寺などを建立した。

戦国時代に入ると，伊勢長氏（北条早雲）が大森氏から小田原城を奪い，以後子孫は北条氏を名乗り関東の戦国大名として成長していった。小田原は北条氏の城下町として繁栄し，西の山口と並び称されるほどであった。また豊臣秀吉の関東侵攻に対する防備強化のため，町全体を巨大な土塁で囲む総構も造成された。

豊臣秀吉の小田原攻め以後，関東は徳川家康の支配下に入り，小田原城には譜代の重臣大久保氏が封ぜられた。ところが大久保忠隣が失脚したことから，一時，阿部氏と稲葉氏が小田原に入るが，ほどなく大久保氏が再度取り立てられて小田原へ入り，以後幕末まで続く。稲葉氏の墓所は入生田の紹太寺にあり，初期大久保氏の墓所は箱根板橋の大久寺にある。近世を通じて小田原は，城下町であるとともに東海道の難所である箱根路を控えた宿場町として栄えた。しかし小田原藩領は，富士山の噴火による被害をたびたび受け，耕地の喪失と復興を繰り返した。農政家であった二宮尊徳が生まれ，活躍した地域であることも忘れてはいけない。

明治時代になり，1871（明治4）年，足柄県が設置され小田原に県庁がおかれた。しかし1876年には足柄県が分割され，小田原地方は神奈川県に編入されて現在に至る。1887年，東京新橋と国府津間に鉄道が開通した。ところが東海道線は，国府津から現在の御殿場線経由となったので，国府津から小田原・湯本，熱海方面を結ぶため馬車鉄道や人車鉄道が敷設された。近代以降，温暖な気候に惹かれた山県有朋や伊藤博文など多くの政治家や経済人が別荘を構えたことも注目に値する。

アジア太平洋戦争中には，現在の南足柄市内山に敵国人抑留所が設けられた。これは連合国の民間人を抑留する施設であった。戦争末期には，本土決戦準備のため陸軍第84師団が配備され，小田原市西部と東部の丘陵地帯に地下壕を中心とする陣地構築を行った。そして1945（昭和20）年8月15日未明，小田原市

街はアメリカ軍のB29戦略爆撃機による空襲を受けた。この空襲により、400戸近い家屋が焼失し12人の死者が出た。正午の玉音放送に先立つ空襲だったが、B29による第二次世界大戦最後の空襲である。

## 土肥郷

この地域は『万葉集』で、「足柄の　土肥の河内に　出づる湯の　世にもたよらに　児ろが言はなくに」(東歌・相模)と歌われ、古くから温泉が湧き出る地として知られていたが、古代以前の様子はよくわかっていない。

源頼朝が大庭景親に敗北した石橋山の戦い(1180年)の古戦場や、安房逃亡前に頼朝が身を隠したとされる「鵐の窟」なども史跡として残されている。鎌倉時代、幕府創設に大功あった土肥実平とその子孫が、この地域で勢力をふるった。実平の子、遠平は土肥郷の小早川(現、神奈川県小田原市早川付近)によって小早川の名字を称した。遠平の子孫が安芸国(現、広島県)に移住して、安芸小早川氏の祖となった。

現在の小田原市根府川から同県真鶴町にかけての地域では、中世以来、石材(安山岩)の採掘が盛んに行われた。鎌倉時代には、五輪塔や宝篋印塔などの石塔の素材として用いられ、江戸時代初頭には、江戸城の石垣建設のための石材として海路運搬された。また、明治時代以降は、東京や横浜の都市建設や造船所のドック建設用の石材として多くの需要を満たしてきた。しかし、近年その採掘量は減少している。近代以降、小田原市根府川は日本でも有数のミカン栽培地であったが、その後の需要低迷や後継者不足により生産量は減りつつある。一方、漁業も盛んであり、かつて小田原市は全国でも有数の鰤漁場であった。1930年代と1950年代に漁獲高のピークがあり、1954(昭和29)年には57万本の漁獲を誇った。漁獲は減少しているが、現在も小田原市米神で鰤定置網が行われている。

1923(大正12)年9月1日の関東大震災では、根府川駅付近で

東海道線の列車が，地震によって引きおこされた地滑りに巻き込まれ，駅やホームもろとも海まで転落し，多くの犠牲者を出した。1936(昭和11)年の二・二六事件に際して，元内大臣牧野伸顕が湯河原温泉の伊藤屋別館光風荘に滞在中であり，陸軍航空兵大尉河野 壽率いる別働隊がこれを襲撃した。牧野はからくも難を逃れるが，警備の警察官が殉職した。河野自身も負傷して東京第一衛戍病院熱海分院に収容されたが，のち自殺した。

アジア太平洋戦争中は，箱根温泉と同様に湯河原温泉でも，神奈川県横浜市の国民学校学童の疎開受け入れを行うとともに，海軍の傷病兵の療養所が開設された。戦争末期，真鶴半島には本土決戦のための沿岸砲台と，海軍の特攻兵器である「海龍」の基地が建設されていたが，双方とも未完のまま敗戦を迎えた。

# 第 I 部

# 箱根・足柄散歩 24 コース

足柄峠

# ❶ 箱根旧街道を歩く

> 東海道随一の難所といわれた箱根の旧街道は，江戸時代の石畳の道が多くの場所で保存・復元されている。とくに東坂は遊歩道も整備されており，当時の旅人の気持ちを味わいながら，歴史をたどることのできるコースとなっている。

### 行 程

箱根湯本駅
↓ 🚶 10分
三枚橋
↓ 🚶 15分
早雲寺
↓ 🚶 50分
鎖雲寺
↓ 🚶 40分
畑宿(本陣跡・畑宿寄木会館)
↓ 🚶 5分
畑宿一里塚
↓ 🚶 40分
町立旧街道休憩所・甘酒茶屋
↓ 🚶 50分
元箱根
↓ 🚶 25分
箱根関所資料館・箱根関所跡
↓ 🚶 10分
箱根宿
バス停 箱根町
↓ 🚶 25分
箱根峠
↓ 🚶 20分
バス停 箱根町

約7時間

歌に歌われる「**箱根八里**」とは，**小田原宿**から**箱根宿**までの4里，そこから**箱根峠**(標高835m)を越えて**三島宿**までの4里，全長8里をいう。江戸時代の人たちには1日で回れる行程であったが，現在の私たちが1日で歩き通すのは難しい。8里の中で，小田原から**畑宿**を経て箱根峠に至る険しい登りが続く箱根道を「**東坂**」とよび，箱根峠をくだり山中を経て三島宿に至る道を「**西坂**」とよぶ。ここでは交通事情が良く，歴史散策するための整備が進んでいる「東坂」(箱根湯本の三枚橋から箱根峠まで)を歩いてみよう。

　箱根登山鉄道箱根湯本駅から出発する。国道1号線を400mほど小田原方面に戻ると，早川にかかる**三枚橋**がある。旧東海道に沿った県道732号線の出発点である。しばらく歩くと後北条氏5代の墓所でもある**早雲寺**がある。境内には室町時代の連歌師**飯尾宗祇**の墓と伝えられる宝塔，戊辰戦争時の箱根山崎の戦い(**箱根戦争**)で戦死した佐幕派の遊撃隊士の墓がある。早雲寺から須雲川沿いに県道732号線を進むと，曽我兄弟ゆかりの**正眼寺**，日本橋から22番目の旧街道一里塚跡があり，その先には江戸時代の石畳が残る猿沢石畳があらわれる。

観音坂,葛原坂を越え,さらに歩くと,**鎖雲寺**(臨済宗)に着く。台石に2つの小さな五輪塔がおかれた比翼塚は,浄瑠璃『箱根霊験躄仇討』の主人公飯沼勝五郎と初花の墓という。

鎖雲寺を先に進むと,**須雲川自然探勝歩道**入口があらわれる。村人が止めるのも聞かずに馬に乗って越えようとした女性がころげ落ちたという「女轉シ坂登リ一町餘」の石碑があり,清流沿いの渓谷美の中を畑宿に向かう道が続く。石畳が残る割石坂を登り,接待茶屋跡を経て大澤坂を登るとやがて**畑宿**に着く。

畑宿は,小田原宿と箱根宿の中間にあり,「間ノ宿」とよばれていた。茗荷屋という屋号をもつ畑宿名主の本陣跡には小さな庭園があり,江戸に向かう明治天皇を記念した石碑とアメリカ総領事**ハリス**や通訳の**ヒュースケン**もこの庭を鑑賞したという説明板がある。庭園の奥の階段をあがると**駒形神社**があり,聖徳太子を工匠の祖と考える大工職人たちが1894(明治27)年に建てた太子堂がある。

畑宿は箱根の伝統工芸細工のふるさとでもある。寄木・象眼細工が街道を行く旅人の土産品として売られるようになったのは,文化・文政期(1804〜30)の頃からといわれ,工場と店舗が今も多く並んでいる。**畑宿寄木会館**では,細工職人の実演なども鑑賞できる。会館駐車場の上には**箱根報国寮跡**がある。箱根報国寮は,中学校と専門学校の男子生徒を対象とする勤労訓練施設で,1938(昭和13)年に設立された。毎年各校より選抜された数十人の生徒が数日間宿泊し,植林・砂防・炭焼きなどの作業に従事することとなった。

1661(寛文元)年建立の守源寺(日蓮宗)の先に日本橋から23番目となる**畑宿一里塚**がある。復元・整備され,畑宿からみて,右塚にはモミの木,左にはケヤキが植えられている。整備された石畳の道を進むと,街道は竹が敷かれていたが,幕府によって1680(延宝8)年に石畳に改修されたという説明板がある。400mほどのぼると「西海子坂登り二町許」の石碑があり,石畳の道は国道1号線のバイパスである箱根新道の上に架かってい

る陸橋へと続く。陸橋を渡り100mほど進むと石畳に施された排水構造や石組みの工夫をみることができる。

　石畳の道はやがて県道732号線に合流するが，七曲りとよばれるヘアピンカーブをのぼりきると，県道と分かれ橿木坂，猿滑坂と続く。そして，追込坂を越えると，**甘酒茶屋**に着く。元本陣の模型やパネルなどを公開する箱根町立旧街道休憩所が隣接している。

　茶屋より400mほど進むとお玉坂の道標があらわれる。関所破りで獄門にかけられた奉公娘のお玉にちなんだ坂ともいわれ，この北にはお玉の首を洗ったという**お玉ケ池**がある。白水坂，天ヶ石坂を越え，箱根の森展望広場を過ぎると間もなく，「箱根八里は馬でも越すが……」と歌う箱根馬子唄の石碑，そして，お玉観音堂があらわれる。さらに進み，林の間よりの芦ノ湖の眺望を楽しみながら権現坂をくだると，やがて，中世の東海道（湯坂道）と江戸時代の東海道との分岐点に出る。興福院（曹洞宗）を経て**元箱根**に着く。芦ノ湖が美しい。

　湖畔の国道1号線に出ると繁華街が続き，さらに南下すると国史跡の**旧街道の杉並木**（江戸初期の植林）があらわれる。東海道では松並木が一般的であるが，低温多雨で高湿度のこの地ではスギが植えられた。街道の並木はその美しい景観とともに，行き交う人びとを日差しや風雨から守り，また，道路の保全などの多くの機能を果たしてきた。

　杉並木を進むと，ほどなく**箱根関所跡**に着く。2007（平成19）年に復元が完成し，往時を偲ばせる。近くに**箱根関所資料館**がある。関所の京口御門を出た所に**箱根宿**はつくられていた。現在の箱根登山鉄道箱根町バス発着所のある辺りを境として，東が小田原藩領の小田原町，西が三島代官所管轄の三島町に分かれていた。バス発着場に隣接する**箱根駅伝ミュージアム**前の国道1号線を西へのぼって行くと，右側に箱根宿の鎮守である**駒形神社**があらわれ，相模と伊豆の国境となる**箱根峠**へ向かう石畳の道が続く。

　西坂についても簡単に記しておこう。箱根峠より三島へ続く

箱根旧街道を歩く　015

　西坂「旧街道」は現在の国道1号線にほぼ沿っており、箱根宿が新設された際に併せてつくられた山中・笹原・三ツ谷・市山・塚原の「箱根西坂五ケ新田」とよばれる集落が散在している。もっとも高い地点にあった**山中新田**（標高580m）は江戸後期に箱根と三島の「間ノ宿」として賑わっていた。また、この地には戦国時代の後北条氏が築いた**山中城跡**もあり、史跡公園として整備が進んでおり、ここまでは是非とも訪れたい。

　なお、この西坂は東坂に比べると傾斜はゆるやかではあるが、長く続く坂が多く、とくに雨降りのときなど旅人を大変悩ませたと伝えられている。現在でも整備が進んでいる東坂に比べると、西坂は歩く人も少なく、車などを使っての史跡ポイント巡りが適当かとも思う。三島へと続く国道1号線には、雄大な富士山や美しい駿河湾を見渡せる絶景ポイントも数多くある。

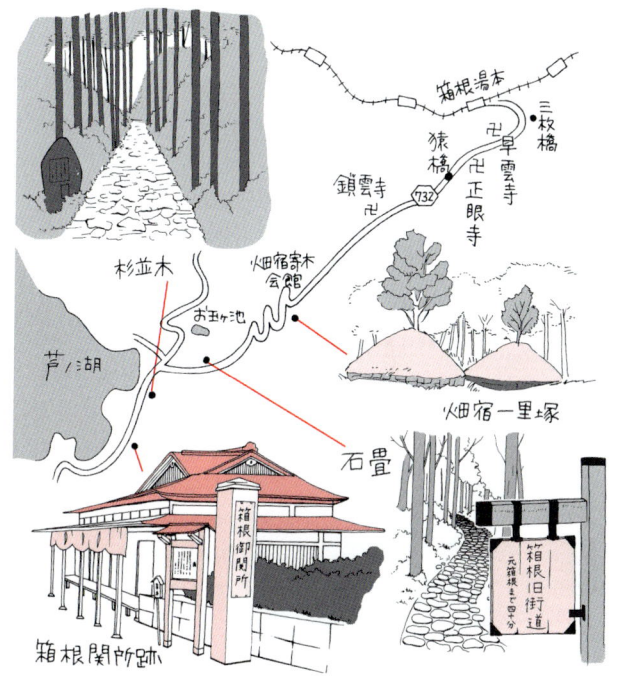

## 箱根観音と媽祖

神奈川県箱根町湯本の三枚橋を左折し旧街道を15分ほどのぼると，右手下に福寿院（通称箱根観音，曹洞宗）がある。江戸初期に旅人の難儀を救う霊泉が発見され，聖観世音を安置奉安したとの口伝があり，1976（昭和51）年に大慈悲山福寿院として開山した。台湾彰化県清水岩寺から開運出世慈母観世音菩薩を本尊に迎え，「商売繁昌・勝負事・宝くじ」の観音様として密かに人気がある。

ここには台湾との縁で媽祖観音の祭壇がある。媽祖は宋代福建に実在した林黙娘なる女性で，霊力で海難救助に尽力して道教神となり，仏教と習合し観音の化身となった。歴代中国王朝は天妃・天后・天上聖母と追尊し，琉球・西日本を含むアジア各地で中国船の航海安全の守護神（仏）となった。今では陸上や航空安全・除災招福・不老長寿・商売繁昌の女神で，台湾人の約8割が信者とされる。

当院の媽祖像は，台湾に赴いた住職と李登輝元台湾総統との縁がもとで，1978（昭和53）年に台湾最大の媽祖廟である北港朝天宮から寄贈された。1990（平成2）年には，李登輝揮毫の扁額が掲げられ，翌年，媽祖壇も設立された。かつては横浜中華街から中国人を迎え，温泉街を龍や獅子舞が爆竹を鳴らし練り歩く媽祖菩薩行列が1997年まで行われていた。なお青森県大間町では，1996年に当院の媽祖行列を参考に天妃様行列が復活している。また2006年の横浜媽祖廟建立の際にも，当院がかかわっている。

# ❷ 箱根七湯を歩く

箱根は日本有数の温泉地帯である。東海道が通り，近世には江戸にも近く，湯治場として栄えた。明治以降，開発が進んで温泉の数は増えたが，ここでは江戸時代に七湯と称された代表的湯治場を中心に，歴史的見所を訪ねてみよう。

### 行　程

箱根湯本駅
　↓ 🚶 10分
日本水力発電
発祥地跡の碑・
源泉の碑・
萬翠楼福住
　↓ 🚶 10分
環翠楼
　↓ 🚶 30分
阿弥陀寺
　↓ 🚶 15分
塔ノ沢駅
　↓ 🚃 15分
大平台駅
　↓ 🚶 5分
林泉寺・
箱根工芸
　↓ 🚶 20分
姫の水
　↓ 🚶 20分
バス停　大平台
　↓ 🚌 5分
バス停　宮ノ下温泉
　↓ 🚶 5分
富士屋ホテル
（菊華荘）
　↓ 🚶 15分
太閤の石風呂
　↓ 🚶 5分

　江戸時代に栄えた湯治場「箱根七湯」（湯本・塔之沢・宮ノ下・堂ヶ島・底倉・木賀・芦之湯）は，芦之湯を除けば，基本的に湯本に流れくだる早川沿いに点在している。カルデラを形成した箱根火山は，東南方向にある断層に沿って大崩落をおこし，今の湯本に向かって川を流出させた。その早川が削った渓谷に多くの温泉が湧き出しているので，箱根には「富士のみえるところに温泉はない」といわれていた。今は高台にも掘削・引湯によって多くの温泉地が開かれ20近くあるが，江戸時代からの七湯巡りは湯本温泉から早川沿いに遡って行くのがよい。

　箱根登山鉄道箱根湯本駅前の国道1号線を右に進み，少し先の湯本橋を渡ると旅館吉池がある。ここは三菱財閥岩崎弥之助の別荘跡で，その玄関横に**日本水力発電発祥地跡の碑**がある。1892(明治25)年，湯本と塔之沢の温泉場に電気を引くため，須雲川の水を利用して日本で2番目の水力発電所がこの地につくられた。吉池の右先に熊野神社があり，その入口横に湯本の**源泉の碑**がある。湯本は後北条氏の時代には早雲寺（臨済宗）の門前町として栄えたが，早雲寺参拝の武将は湯本で入湯して行ったと

バス停 **神社下**

🚌 15分

バス停 **芦の湯**

↕🚶 5分

**東光庵・松坂屋本店**

🚌 25分

**箱根湯本駅**

約6時間

され、この辺りが「北条氏の足洗場」との伝承がある。またここは江戸時代、宿に内湯が少なかった頃の共同湯（惣湯）でもあった。そこからすぐ右手にみえる擬洋風の建物が萬翠楼**福住**（福住旅館）の**金泉楼**と**萬翠楼**である。明治初期の大火後、当主であった福住正兄は、いち早く東京や横浜の新しい建築様式を取り入れて旅館を再建した。和風と洋風を折衷した建物は、箱根の洋風旅館の先駆けとなり、国の重要文化財、「神奈川の建築物百選」に選ばれている。この福住家は江戸時代から旧湯本村の名主で、1805(文化2)年に小田原宿との間で争われた**一夜湯治争論**の指導もしている。幕末から明治にかけての当主であった正兄は二宮尊徳の高弟で、安藤(歌川)広重や明治に入ると福沢諭吉とも交流がある文化人であった。国道1号線に戻り、左折して進み函嶺洞門をくぐり、千歳橋を渡ると塔之沢温泉である。国道の左にある**福住楼**は、もとは湯本福住の親戚筋の経営であったが明治中期にかわり場所も移動している。明治前期、もとの塔之沢福住に来湯していた**福沢諭吉**が、当主の福住喜平治に、今後の箱根の発展のために温泉場をつなぐ拡張道路建設をすすめている。この意見をきっかけに、その後湯本から順次、塔之沢、宮ノ下、芦之湯、箱根と拡張道路が建設されて行った。

　福住楼を過ぎて玉の緒橋を渡った左側に江戸時代初期から続く元湯**環翠楼**［国登録］がある。1877(明治10)年静寛院宮(**和宮**)が脚気治療と静養のため来湯、一時快復したが、1カ月後に心臓発作でこの地で亡くなっている。塔之沢**阿弥陀寺**(浄土宗)で密葬が行われ、七回忌には和宮の念持仏であった黒本尊御代仏が本山の東京芝の増上寺(浄土宗)から阿弥陀寺に移されている。阿弥陀寺へは、橋を戻って福住楼の手前左側にある階段をあがって行く。その先を右に曲がり、箱根湯寮の横を過ぎて石段が続く男坂をのぼると山門に着く。さらに15分くらいのぼると本堂にたどり着くが、その間さまざまな石仏が

拝める。帰りは坂をくだって箱根登山鉄道塔ノ沢駅に出よう。そこから1駅で大平台駅に着く。大平台は戦後温泉地となった所で、七湯ではないが寄ってみたい。駅前の道の反対側に林泉寺(曹洞宗)がある。この墓地に大逆事件で処刑された内山愚童の顕彰碑がある。この大平台は江戸時代から箱根細工が盛んな村であった。現在では旧東海道の畑宿が有名であるが、ここも江戸時代末期には村の働き手の4割が箱根細工に従事していた。しかし現在では箱根工芸という店しか残っていない。この店は林泉寺から国道を少し宮ノ下方面にのぼり、大平台バス停を過ぎた先を左折した所にあり、挽物細工の実演がみられる。時間があれば店の前を左にくだって20分ほどの所にある、姫の水へ向かおう。後北条氏の姫が化粧のときに使ったといわれる名水である。もときた道を国道まで戻り、バスを宮ノ下温泉バス停で降りると富士屋ホテルの威容がみえてくる。1878年、山口仙之助が開業した洋風ホテルである。その後火災や震災などで何度も建替えが行われたが、1891年に建てられた唐破風和洋折衷様式の本館が残っている。明治後期の西洋館、昭和初期の食堂棟・花御殿などを含めて国の登録文化財となっている。また国道1号線と138号線の分岐点にある菊華荘［国登録］は、1895年に明治天皇の皇女富美宮内親王のために建てられた御用邸であったが、第二次世界大戦後の1946(昭和21)年富士屋ホテルに払い下げられた。御座所部分の建物と庭園は明治時代の姿をとどめている。富士屋ホテルと対抗して覇を競った奈良屋旅館は2001(平成13)年廃業し、現在は会員制ホテルとなっている。

菊華荘横の138号線を少し行くと、蛇骨川に架かる八千代橋に出る。このまま進むと堂ヶ島・木賀温泉がある。ちなみに箱根から徳川将軍家への御汲湯(献上湯)の最初は、木賀温泉から徳川家光に献上されたものであった。橋の手前を左折して石風呂通りを300mほど行くと、対岸に太閤の滝とその先に底倉の太閤の石風呂がみえる。小田原攻めのときの豊臣秀吉軍が疲れを癒した湯とされるが、今は入ることはできない。道を戻り、

江戸時代の案内書『七湯の枝折』を展示するつたや旅館横の階段をのぼり，国道に出て神社下バス停から芦之湯へ向かおう。この地は古代から箱根権現経由の**湯坂道**往還で立ち寄れる温泉場であった。江戸初期に沼沢地が干拓され本格的な湯治場となり，七湯の中で唯一富士山がみえる湯治場として栄えた。国道から右手に少し入ると高台に熊野権現薬師堂(**東光庵**)がある。大磯町の鴫立庵とともに江戸時代の文化人が集うサロンであった。境内にはたくさんの歌・句碑が建っている。熊野権現のすぐ横にある**松坂屋本店**は江戸時代から続く旅館で，1869(明治2)年，版籍奉還後の政治に不満をもった木戸孝允が，参議を受けず療養をかねて3週間逗留した。その間西郷隆盛が訪ねて来ており，その記念碑がある。松坂屋当主の萬右衛門は，明治30年代，宮ノ下まで整備された拡張道路を，芦之湯から**箱根離宮**まで伸長し完成させている。こうしてできた湯本から箱根まで七湯をつなぐ道路がその後**国道1号線**に組み入れられた。

土肥の里を歩く　021

# ❸ 土肥の里を歩く

> 東海道線の各駅を基点にして，漁業・海運業や石材業に従事した海の民に関連する史跡や，源氏の旗揚げゆかりの史跡に富んでいる地域である。海と山の風光を感じながら，歴史に思いをはせると新たな発見があるだろう。

## 行　程

早川駅
　↓ 🚶 35分
石橋山古戦場・佐奈田霊社
　↓ 🚶 30分
根府川駅
　↓↑ 🚶 3分
寺山神社
　↓ 🚃 5分
真鶴駅
　↓ 🚶 20分
鵐の窟
　↓ 🚶 5分
貴船神社
　↓ 🚶 30分
真鶴町民俗資料館
　↓ 🚶 5分
岩海岸
　↓ 🚶 10分
瀧門寺
　↓ 🚶 25分
真鶴駅
　↓ 🚃 5分
湯河原駅
　↓ 🚶 8分
城願寺
　↓ 🚶 20分

　東海道本線の早川駅より2kmほど南下すると熱海方面の旧道に出会い，そちらに入るとほどなく右後方に東海道線をまたぐ道に出る。これを越えるとミカン畑が続くが，その一帯が**石橋山古戦場**である。
　この付近は，1180（治承4）年**源 頼朝**が以仁王の令旨を受けて平家追討の挙兵をした所である。このとき，相模の三浦党の**岡崎義実**や，その子**佐奈田義忠**（通称与一）も参戦した。しかし，急な挙兵であったため頼朝軍はわずか300余騎，対する平家軍は**大庭景親**以下3000余騎で，頼朝軍はたちまち苦戦に陥った。このとき佐奈田与一は，豪勇で知られた**俣野景久**と戦い，両者による組討ちとなったが，与一が優勢で景久が組み敷かれた。与一はこの首を取ろうとしたが，短刀の刃についた血が固まって鞘から抜けず，手間取っているうちに駆けつけた敵によって，逆に討ち取られてしまった。さらに，与一の郎党文三家康は主の討死を聞き，群がる敵中に飛び入り主の跡を追ったという。こうして与一の討死の地には与一塚が建てられ，与一を祭神とする**佐奈田霊社**がまつられた。また，その南方には，文三をまつる文三堂が建てられ，ともに神奈川県指定の史跡になっている。

五所神社
↓ 🚶 1分
バス停 五所神社
↓ 🚌 10分
バス停 落合橋
↓ 🚶 3分
湯河原観光会館
・湯河原万葉公園
↓ 🚶 3分
バス停 公園入口
↓ 🚌 15分
湯河原駅
約7時間

『吾妻鏡』によると，頼朝は1190(建久元)年，伊豆山権現参詣の際に両所を訪れ，亡き両人の忠節を偲び涙を流したという。

東海道本線根府川駅より国道を西方へ200m行った所に**寺山神社**がある。創建年代は不明で，江戸時代には寺山権現といわれていたようであるが，明治初年に寺山神社と改称した。祭神は建甕槌命である。根府川の地は，**根府川石**の産地として知られ，石材業・海運業が盛んで，これに携わる人が多かった。そこで海や船，航海に関係のある鹿島信仰が定着し，**鹿島踊り**も伝えられたと思われる。この踊りは，沿岸地区に伝わる神事で，起源は定かでないが，豊穣な生産，悪疫の退散，航海の安全や村落の防衛を祈願する集団の舞で，半農半漁の集落に生活する人びとの絆を深める行事になっている。この沿岸地域では，現在でも数社で祭礼時などに奉納されているようで，ほかには真鶴町の貴船神社と湯河原町の素鵞神社のものが名高い。

東海道本線真鶴駅より，東南の方向に1kmほど進んだ所に**鴫の窟**伝承地がある。石橋山の戦いに敗れた源頼朝主従が身を潜めた場所といわれているが，関連する伝承地はほかにもある。これよりさらに500mほど東方に進むと**貴船神社**がある。創建は889(寛平元)年と伝えられ，真鶴半島先端の笠島付近(三ツ石)に降臨した大国主神を始めとする神を当地の平井氏がまつり，この一族が現在の地に社殿を建立したという。貴宮大明神と称していた時期があり，多くの村民の崇敬を受けたようである。1868(明治元)年に貴船神社と改称し今日に至っている。この神社は，満艦飾の御座船が対岸から海を渡って神社に向かう神事のある**貴船祭**［国民俗］で有名で，この地域の人たちが漁業・海運業・石材業に関わる比重が高かったところから，継承・発展された祭である。

真鶴駅より北東の岩海岸を目指すとその途中の坂をくだった

土肥の里を歩く 023

## 貴船祭

真鶴町にある貴船神社の貴船祭は，日本三船祭の1つといわれ，毎年7月27・28日の2日間に行われる。

27日の朝，提灯や総花で美しく飾られた小早船・神輿船・囃子船を櫂伝馬という2艘の手漕ぎ船が曳き，貴船神社の宮の前海岸に待機する。使いの一行は鹿島連の出迎えを受け，貴船神社に向かう。鹿島連による鹿島踊りの奉納とともに，神社では発輿祭が行われ，神輿や神職・鹿島連などが宮の前海岸の船に乗り込む。櫂伝馬船に曳かれた船団は，湾内を横切り，お仮屋前の対岸に向かい上陸する。神輿はお仮殿に入御し，鹿島踊りなどが奉納される。

28日，発輿祭と鹿島踊り・花山車が奉納された後，神輿や花山車などの町内渡御が行われる。町内をめぐった神輿がお仮殿に入る頃，海では出航の準備が行われている。お仮殿前で鹿島踊りが終わり，乗船した船団は宮の前海岸に向かい，神輿は神社に環御し，鹿島踊りの奉納で締めくくられる。

雄壮華麗な船祭は，同時に奉納される鹿島踊りとともに，国の重要無形民俗文化財に指定されている。

所に**真鶴町民俗資料館**がある。この資料館は旧土屋家住宅を転用した建物で，明治時代中期に石材業を営んでいた土屋家の美術工芸品や漁業関係資料などが展示されている。そのほかにも，とくに注目されるのが，地元の真鶴半島の基部で産出する**小松石**の切出し・加工に関する石材業関係資料であろう。この地域ならではの展示資料である。資料館より北東の細い路地をさら

に進むと，十王像の石像がある如来寺跡を通り岩海岸に出る。現在は海水浴場になっているが，この海岸こそが石橋山の戦いに敗れた頼朝が安房に脱出を図ったときに船出をした浜であるという。また，資料館の北方の東海道線の線路脇には瀧門寺(曹洞宗)があり，この地域で産出する石材を使った石塔が並び立ち，とくに江戸時代前期の五層塔や中期の宝篋印塔は見応えがある。

　東海道本線湯河原駅のロータリー中央には土肥実平夫妻の銅像があり，この辺りに土肥氏の館が営まれていたという。駅前より線路沿いに真鶴方面に300mほど歩くと東海道線のガードをくぐる。北上すると，「萬年山城願寺」の石柱がみえ，そこを通って山門をくぐると，樹齢800年の柏槙を見上げることになる。この城願寺(曹洞宗)は，土肥実平が菩提寺として建て，室町時代に中興されたという。実平は源頼朝が石橋山で旗揚げをした際これに従い，敗れた頼朝が脱出するときの手引きに優れた功績をあげた。本堂左方の10坪ほどの土肥氏一族の墓所には，66基の墓石があり，「嘉元二(1304)年七月」銘の層塔や「永和元(1375)年六月」銘のある宝篋印塔をはじめ，水輪の球形が肥大化した五輪塔など各種の石塔が揃っている。一カ所にこれだけの種類の石塔が揃っているのは関東地方では珍しいという。

　城願寺より湯河原駅裏に出て，南西方向に1kmほど進むと国道に合流し，右手をみると五所神社に出会う。社伝によると，天智天皇の時代に，加賀の住人らによって当地方が開拓された際，土肥郷の総鎮守である天照大神を始めとする5柱の神がまつられたという。1060(康平3)年，前九年合戦の際には，社家の荒井実継が神の加護により軍功を立て，頼朝挙兵の際には土肥実平が頼朝軍を土肥の館へ導き，石橋山の戦い前夜には当社の前で，盛大な戦勝祈願の護摩を焚いたという。これ以降も，歴代小田原藩主や庶民の崇敬が篤く，長寿の神，湯の産土神として今日の繁栄につながっているという。なお，この荒井実継の居城が真鶴駅の東側の丘にあった荒井城である。現在は城

> ## 湯河原の担々やきそば
>
> 湯河原町商工会が町おこしで開発した担々やきそばは，練り胡麻や豆板醬などをおもなタレとし，あんかけ風やスープ仕立てなど，各店でさまざまなバリエーションでつくられている。B-1グランプリや，湯河原担々やきそばまつりでも好評を博した。
>
> 「担々やきそば」というネーミングもおもいしろいものだ。湯河原は，「たぬきが見つけた温泉」という伝説があり，狸福神社がある。
>
> 1匹の傷ついた雄タヌキが，川原に湯の湧き出る所をみつけ傷を癒していると，同じく傷を負った雌タヌキも湯に浸かりに来た。やがて，湯治に通ううちに2匹は仲良くなり，夫婦となった。2匹はこの湯の恩を忘れることなく，湯河原の素晴らしさを語り，福をもたらす神の使いとなった，という。
>
> 湯河原町ではこの湯を発見したタヌキにあやかり，あの有名な「たんたんたぬきの……」という歌のフレーズから「担々やきそば」が考案された。

址公園として，竹林とサクラで有名になっている。

五所神社よりバスに乗り西に2km進むと湯河原観光会館に出る。この辺りからが湯河原温泉の中心地で，二・二六事件の舞台となった町並もみえる。また，ここが**湯河原万葉公園**の入口にもなっている。この公園は『万葉集』巻14の「足柄の土肥の河内に　出づる湯の　世にもたよらに　兒ろが言はなくに」の歌にちなんで開かれた藤木川沿いの公園で，その歌碑もある。明治・大正期には湯河原を愛し，そこで創作活動に励んだ国木田独歩・島崎藤村・与謝野晶子・夏目漱石・芥川龍之介などの文人が多く，とくに独歩についてはその歌碑が立てられている。なお，湯河原観光会館には郷土資料展示室が併設され，町内の考古資料も展示されている。吉浜にある**八雲里古墳**

出土の玉類、**竹ノ花祭祀遺跡**出土の木製品・土師器、城堀の八幡神社付近に所在した古墳の直刀などが展示され、湯河原と万葉集の時代のことを関連づける貴重な展示となっている。

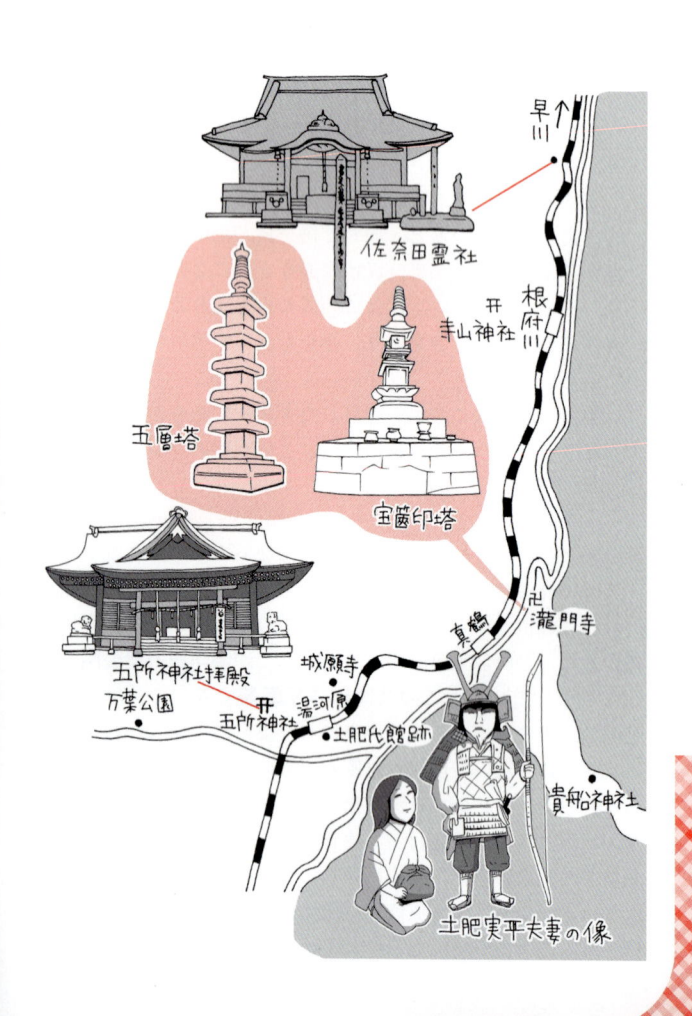

# ❹ 足柄古道を歩く

古代より開けた足柄古道周辺の史跡をめぐるコースである。古代に関するものは多くないが、それでも少し意識しながら歩いてみると、意外な所に古代につながる史跡や場所がみつかる。『万葉集』『更級日記』などの古典に親しんでから出かけるとよいだろう。

### 行　程

大雄山駅
  ↓ 🚶 5分
長福寺
  ↓ 🚶 30分
朝日観音堂
  ↓ 🚶 25分
白地蔵
  ↓ 🚶 5分
足柄神社
  ↓ 🚶 45分
保福寺
  ↓ 🚶 50分
矢倉沢関所跡
  ↓ 🚶 25分
バス停 足柄古道入口
  ↓ 🚶 50分
地蔵堂
  ↓ 🚶 70分
足柄万葉公園
  ↓ 🚶 7分
足柄関所跡・
足柄峠・聖天堂
  ↓ 🚶 5分
新羅三郎義光
吹笙の石・
足柄城址

　大雄山線を大雄山駅で降りると、そこは関本の市街地である。ここは、足柄峠を控えた宿場町として発展をみた。足柄峠には古代の駅路が通り、古東海道の難所として、当時からよく知られていた。駅より北へ500mほど進むと市街地の道の入り組んだ場所に出るが、この一角に長福寺（臨済宗）がある。この寺には、付近にあった塚田古墳群（2号墳）より発見された副葬品が保管されている。なかでも注目されるのは、環頭大刀の柄頭・挂甲・馬具（鉄製輪鐙）・須恵器などで、これらは6世紀末頃の優品で、この古墳の被葬者は師長国造クラスの人物であったという見方もできる。関本は、聖徳太子の時代に、すでに拠点的な性格を示していたと思われ、古代の駅制が整備されると、ここには坂本駅がおかれた。『延喜式』によると、駅馬は22疋で、一般の駅より多く備えられ、足柄峠の最寄りの駅として、交通上の要衝と認識されていたことがわかる。

　この周辺には、平安期の仏像をともなった寺院が複数存在していることでも注目されているが、とくに上怒田の朝日観音堂が興味深い。神奈川県立足柄高校より、2km

足柄駅
約9時間
60分

ほど北上した所に所在し、隣接する収蔵庫には、平安期の聖観音像、兜跋毘沙門天像が安置されている。後者は北方鎮護の神で、蝦夷対策のためにつくられたという説もある。ほかに室町期のものが2体存在するのも珍しい。いずれも神奈川県指定の重要文化財となっている。観音堂そのものも貴重な建築で、創建年代は不明だが、基壇の構造など県内では希少な様式を伝え、南足柄市の重要文化財に指定されている。

一方、関本より南東へ1.5kmほど進むと、**中沼薬師堂**に着く。ここにも平安期の古相を示す薬師如来坐像がある。さらに、南1.5kmの**日影公民館**にも、平安期の阿弥陀如来立像が安置されている。平安仏がこれだけ集まって存在する地域は神奈川県内ではほかになく、平安期に関本やその周辺の地域が栄えていたあらわれとも考えられる。

足柄峠を目指して、西へ向かおう。関本より2kmの所にあるのは白粉で化粧している**白地蔵**である。これは土地の人たちが、願をかけたり、かなったりしたときに、白粉を塗る習慣を残している石造仏で、江戸時代以降の地蔵信仰によるものであろう。その後、すぐ右手の旧道に入って500mほどで**足柄神社**に着く。この神社は、元来は足柄明神と称して足柄峠にあったという。その後、矢倉岳の中腹に移動し、さらには苅野に移動して現在に至っている。この足柄明神のことを、『古事記』では白鹿となって登場し、倭建命に蒜で打ち殺される足柄坂の神とする見方もあるが、不詳といわざるを得ない。しかし、この地がその伝承の舞台であることは確かなので、それを知ったうえで古道を歩くと、新たな古代史もみえてくるかもしれない。この先、苅野の日影橋付近を右折し、2kmほど山北方面に北上すると、内山の集落に出るが、ここに**保福寺**（曹洞宗）がある。興味深いことに、この寺にも平安期の十一面観音立像と薬師如来坐像が所蔵されている。足柄道に沿った地域も、平安期には開けていたことを想像させる。

内山への分岐点より、さらに西へ1.5kmほど進むと**矢倉沢**

関所跡に到達する。江戸時代の初めに，**矢倉沢街道**に設置された関所である。東海道の箱根関所の脇関所の１つにあたり，ほかには山北・谷峨・仙石原・根府川にあったことが知られている。いずれの関所の業務もたいへん厳格なものであったといわれるが，矢倉沢の関所は現在でも当所に子孫を残す末光家によって運営されていた。

　さらに西へ向かうと，狩川沿いを南西方向に進むことになるが，まもなく足柄古道入口バス停に着く。この左手から入る道は**定山城跡**や**金太郎誕生の伝承地**などを経ながら，２kmほどで**地蔵堂**に通じる古道である。地蔵堂にはその名のとおり，地蔵菩薩立像が納めており，秘仏とされている。南北朝から室町時代の作といわれる彫像である。ここを過ぎると古道らしきものは姿を消し，足柄峠へ直接向かう道は見当たらないようである。ここからは万葉公園のある**小楢尾砦**に向かうルートが１番歩行に適し，2.5kmほどの道のりとなる。路線バスも地蔵堂までで，この先は土曜・休日のみの運行となる。しかも，冬季には運休する難所である。

　地蔵堂よりこのルートをのぼりつめると**足柄城**の小楢尾砦であった**足柄万葉公園**に到達する。足柄の地は『万葉集』にうたわれ，これらの歌からも当時の足柄地域の実態を理解することができる。公園にはこうした歌が刻まれた歌碑が立てられ，まさに足柄山中で，古代の人びとの心情にも触れることができるだろう。

　万葉公園から南西へ500mほど向かうと，**足柄関所跡**にたどり着く，古代の関所は軍事上の必要性から，有事の際に通行を遮断するために設置されているが，この関所の場合は平安時代前期にあたる899（昌泰２）年に，**儵馬の党**の盗賊行為を防止するために設けられたことが知られている。その後，『将門記』や『源平盛衰記』などに関所が機能していたことを伝える記述がみられ，鎌倉時代の初め頃には廃絶したと考えられている。なお，実際の関所の位置は判明しておらず，推定地には諸説あるので注意したい。

この後，聖天堂を経て，いわゆる足柄峠に到着することになるが，静岡県との県境を越えると新羅三郎義光吹笙の石に出会う。後三年合戦が繰り広げられていた1087(寛治元)年，源義光は，兄義家の援軍となるべく奥州へ向かう途中この地を通ることになったが，このとき京より義光の制止を振り切って従ってきた豊原時秋をよび，笙の秘曲を伝えたのがこの場所だという伝説がある。この秘曲はもともと義光が時秋の父である時元から伝授されていたもので，いずれ時秋に伝授されるべきものであった。義光は，この関所越えより先はまさに命懸けの行動となり，もし落命すれば秘曲が伝授されなくなるので，この場所で伝授したのである。こうして，奥州へ従って一緒に戦おうとする時秋を制止し，京に引き返させたという。

なお，周辺には5つの曲輪が直線的な配置で残されているが，この一帯が足柄城址である。小田原北条(後北条)氏が甲斐(現，山梨県)の武田氏に備えて築いたものと考えられる。

## ❺ 大森氏の史跡を歩く

> 室町時代、駿河・相模の国境地帯である駿東郡は、幕府と鎌倉府という2つの権力が接し、政治的緊張が張り詰めていた。この地を支配していた大森・葛山両氏は「境目の領主」として重視され、独特の政治動向を取りながら発展してゆく。その足跡を訪ねてみたい。

### 行程

裾野駅
↓ 🚌 30分
バス停 御宿
↓ 🚶 10分
葛山館跡・
葛山城跡・
仙年寺
↓ 🚌 30分
裾野駅
↓ 🚃 20分
御殿場駅
↓ 🚌 14分
バス停 二の岡
↓↑ 🚶 10分
二岡神社
↓ 🚌 40分
箱根湯本駅
↓ 🚃 13分
小田原駅
↓ 🚃 15分
塚原駅
↓↑ 🚶 10分
岩原城跡
↓ 🚌 15分
小田原駅
↓ 🚶 10分

　系図によれば、大森・葛山両氏の先祖は藤原氏北家の惟安で、その子のうち親康が大森氏の祖、惟兼が葛山氏の祖となって、それぞれ駿河郡内の大森・葛山を名字の地として土着したという。現在それを裏づける史料は残されておらず、大森・葛山氏の存在が一躍脚光を浴びるのは、南北朝から室町時代である。

　室町幕府はその政庁が京都にあったため、関東8カ国と伊豆(現、静岡県)、甲斐(現、山梨県)をあわせた計10カ国の統治を行う機関を鎌倉においた。これを鎌倉府という。長官を鎌倉公方といい、足利尊氏の3男基氏の子孫が代々世襲し、管轄国の中では室町将軍と同等の権限を有していた。つまり、室町期には国内に京都・鎌倉2つの「幕府」が存在していたのである。この2つの政治権力の接点がまさに駿東郡であり、そこに盤踞する大森・葛山両氏は、2つの「幕府」に挟まれながら対照的な政治動向を取っておのおの発展してゆく。

　葛山氏は京都の室町幕府に仕える道を選んだ。最前線の領主として将軍から重用されて、在国奉公衆の待遇を獲得、やがて駿河東部の有力領主に成長して戦国時代を

## 小田原古城・八幡山古郭東曲輪
約7時間

迎えた。

御殿場線の裾野駅からコミュニティーバス富岡・深良線に乗り、御宿バス停で下車して西へ10分ほど歩いた所に土塁がみえる。これが鎌倉時代から戦国時代にかけて駿東郡に発展した葛山氏の本拠地**葛山館跡**である。現在の葛山館跡は畑となっているが、土塁が復元されており、約100m四方の規模をもつ。平時はこの館で在地支配に当たったのであろう。館跡から北西へ230m行った所に**葛山城跡**がある。山頂部から主郭・二の曲輪・東郭・西郭などが階段状に削平されて配置され、戦時にはこの山城に移動したものと思われる。中世館と詰めの城が一体で保存されている貴重な遺構である。また、城の山腹には葛山氏の菩提寺**仙年寺**（浄土宗）がある。南北朝時代、葛山惟信が現在地に移転させたと伝える。寺の山門は葛山館の門を移築したものという。裏手には葛山氏歴代当主の墓が宝篋印塔として並んでいる。

一方の大森氏は、鎌倉府に接近して勢力拡大を図った。国境地帯の交通網を抑えていた大森氏は、公方から地域一帯の関所支配を任されるなど、西の防衛を期待される重要な存在となっていた。1416（応永23）年10月に上杉禅秀の乱が勃発、鎌倉を追われた公方足利持氏を駿河の大森館に迎え入れて危機を救ったのは、大森頼春とその兄弟箱根別当証実であったという。翌年1月に乱は鎮圧されるが、鎌倉に戻った公方持氏は、禅秀に味方した土肥・土屋氏の所領を没収して大森館に与えたのである。ここに大森氏は駿河国境を越えて西相模に発展する基礎を固めた。

御殿場線の御殿場駅から箱根方面行きのバスに乗り、二の岡バス停で下車、二の岡ハム店舗前を南に10分ほど歩いた所に大森氏の崇敬が篤かった**二岡神社**が鎮座する。箱根山麓に点在していた一岡から七岡までの社殿をこの地に合祀したという。境内には禅秀の乱から5年後の「応永二七（1422）年」に大森頼春が寄進したとの銘がある石灯籠がある。

大森氏の史跡を歩く　033

　やがて公方持氏は幕府への対抗意識を先鋭化させ、6代将軍足利義教の意向に反する行為を繰り返したため、ついに1438（永享10）年に全面的な討伐を受けることとなった（永享の乱）。

　この時大森氏は、持氏から箱根国境の防衛を任され、鎌倉方として幕府の大軍を迎え撃った。『永享記』等の軍記物によると、箱根山から水飲（現、静岡県三島市）にかけての戦いで、頼春の子大森憲頼・箱根別当実雄兄弟は、箱根山系の地形を巧みに利用して幕府の兵を多数討ち取ったという。公方持氏の期待に応える活躍を大森氏は充分に果たしたのであるが、全体の戦況は鎌倉府の大敗であった。関東の武将の多くが持氏を見限って幕府軍に与し、鎌倉府の主力も足柄山を突破した幕府軍に敗れた。公方持氏は鎌倉に撤退して降伏、翌年2月に自害した。ここに鎌倉府は一旦断絶し、主を失った東国は結城合戦を経て、本格的な戦乱へと突入して行くのである（享徳の乱）。

　大雄山線の塚原駅から道なりに西に向かって10分ほど歩くと、**岩原城跡**に到着する。これまで一貫して鎌倉府を支持して戦ってきた大森氏も享徳の乱を迎えて、公方持氏の遺児足利成氏派と関東管領上杉氏派に分裂するようになった。岩原城は上杉派

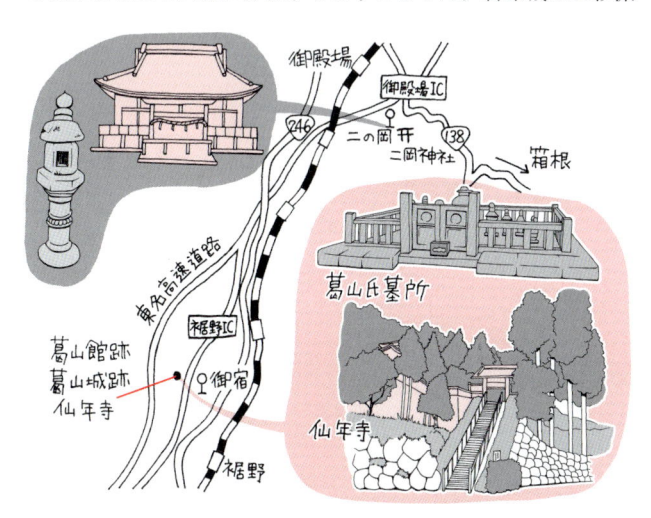

の大森氏頼の拠った城と伝えられるが、正確な築城年代などは不明である。現在城跡の大部分は宅地・農地化が進み、西物見郭跡とわずかな堀跡のみが史跡として保存され、案内板と大森氏頼の墓と伝わる石塔が立っている。

氏頼は太田道灌の盟友として扇谷上杉氏の家中で重きをなし、対立していた成氏派の大森成頼らを追い落として小田原城へ入部する。以後西相模の領国支配に尽力し、その子藤頼が伊勢長氏(北条早雲)の攻撃を受けて没落するまで、戦国領主大森氏の最盛期を築いたのである。

東海道本線・小田急線小田原駅西口を降りて南西へ線路沿いに進み、城山中学校入口の交差点を左折して県道73号線をそのまま進むと、やがて右前方に**八幡山古郭東曲輪**とよばれる丘陵がある。これが大森氏時代の**小田原古城**の一部である(異説もあり)。戦国期の後北条氏の居城として著名な小田原城は、大森氏時代の古郭を大幅に拡張したものであるという。連郭式の構造であったが、現在本曲輪は宅地化が進み、西曲輪は神奈川県立小田原高校の校庭となってしまった。東曲輪は近年発掘調査を終えて歴史公園として案内板が整備されている。

# ❻ 後北条氏の史跡を歩く①　小田原城

後北条氏の居城となってからの小田原城は，関東支配の中心として拡張整備が行われ，城の堀には箱根から水が引かれたという。1590(天正18)年，豊臣秀吉の来攻に備えて城と城下町全体を包む形で完成された総構跡をめぐろう。

### 行　程

小田原駅
　↓　🏃 5分
北条氏政・氏照兄弟の墓
　↓　🏃 8分
小田原市民会館前交差点
　↓　🏃 10分
酒匂(山王)口
　↓　🏃 4分
蓮上院土塁
　↓　🏃 10分
井細田口
　↓　🏃 14分
谷津御鐘ノ台
　↓　🏃 6分
小田原城下張出
　↓　🏃 10分
総構山の神堀切
　↓　🏃 7分
総構稲荷森
　↓　🏃 10分
小峯御鐘ノ台大堀切
　↓　🏃 8分
三の丸外郭新堀土塁歴史公園
　↓　🏃 12分

　後北条氏時代の小田原城［小田原城跡として国史跡］は，内郭(本丸・二の丸・三の丸)とその外側に雄大な防御線としての総構(惣構・大外郭ともいう)，2里半(約9km)におよぶ堅固な土塁と深い堀で城と城下町全体を包みこむ構造であった。5代100年にわたって関東に覇をふるった後北条氏は，2代北条氏綱のとき，本拠を伊豆韮山城から相模小田原城に移し，以降二の丸，三の丸と城域を拡大していった。3代**北条氏康**のときには，1561(永禄4)年に上杉謙信，1569年に武田信玄の来襲を退けた。その後につくられた総構跡をみるために城下を1周してみよう。

　東海道本線・小田急線小田原駅東口前の広場から東通り商店街を入る。すぐ右側にあるコンビニエンスストアの手前を右折すると突き当りに**北条氏政・氏照兄弟の墓**がある。氏政は後北条氏4代目の小田原城主，氏照はその弟で八王子城主であった。

　駅前の中央通りに出て南の方角へ8分ほど歩き，昭和初期の建築，旧明和銀行(現，中央労働金庫小田原支店)のある小田原市民会館前交差点の信号を左に折れると国道1号線(東海道)に出る。10分ほど東に歩くと，総構の最東端酒匂(山王)口に着く。こ

| 八幡山古郭東曲輪 |
| ↓ 🚶 7分 |
| 清閑亭・小田原城三の丸の土塁 |
| ↓ 🚶 5分 |
| 箱根口門跡 |
| ↓ 🚶 12分 |
| 早川口遺構 |
| ↓ 🚶 6分 |
| 東海道旧道入口 |
| ↓ 🚶 12分 |
| 北条用水取入口 |
| ↓ 🚶 10分 |
| 箱根板橋駅 |
| 約6時間 |

こは歩道橋が目印になる。

　国道1号線から左に入る。この先，渋取川が天然の堀として利用されていたが，現在は暗渠となっている。道路に沿って4分ほど歩く。やがて左にみえるのが，蓮上院土塁［国史跡］で，平地部分の総構跡の中で土塁がとくに良く残っている部分である。さらに暗渠の上の道に沿って行く。徒歩10分ほどで大雄山線緑町駅付近の井細田口に出る。広小路の交差点を左に曲がり，すぐに栄町郵便局前信号を右折，このような複雑なクランク状の道は旧城下町に残っていることが多々あるが，防備のための喰違という構造である。東海道本線のガードをくぐると道沿い左に，かつての土塁の上に建てたであろう寺院の大聖院（真言宗）がある。その右側の道を4分ほど行くと小田急小田原線の線路で総構は分断されている。そこで迂回し，大稲荷神社の角を右に曲がると，総構の延長となる丘陵地に出ることができる。住宅街の細い道を西に行くと崖の上に総構の一部谷津御鐘ノ台が残っている。この辺りの地形は崖下からみた方がわかりやすい。

　総構の残存状態がさらに良いのはここから先の谷津丘陵である。県道74号線をわたってクリーニング店の手前を左に入り，2本ある道の右側の急坂をのぼる。住宅街を1分ほど行くと右に折れる道があるので，そこをくだると四角い空き地のような場所が目に入る。ここは城下張出といい，よじのぼってくる敵方を側面攻撃する（横矢掛けという）ために張り出させた曲輪の一種である。

　少し戻ってさらに山道を7分ほど行くと右手に**総構山の神堀切**がある。城の北西の守りを固める空堀がよい状態で保たれている。ミカン畑に囲まれた道をまた7分ほど進むと右手に**総構稲荷森**という標識があるが，スケールの大きな空堀はそこから

藪の間を30mほど奥、竹林の中に隠れている。空堀が谷津丘陵に沿ってめぐらされている様子がよく残されている。

しかし空堀で圧巻なのは、この先に待っている標高123mにある巨大な**小峯御鐘ノ台大堀切**［国史跡］であろう。右の東堀、中央の中堀、左の西堀という3本の空堀からなるが、幅最大25m、高低差は約12mという全国的にも最大規模のものである。

この先にもさらに西に総構の延長が続くが、時間がない場合は私立相洋高校上の十字路で坂をくだろう。坂のすぐ左には、**三の丸外郭新堀土塁歴史公園**がある。ここは三の丸外郭と総構の結節点にあたる重要な場所にあり、土塁の形状がよく残されている。ここからの石垣山方面への展望はすばらしい。十字路に戻り右折して道をくだる。

小田原競輪場を右にみてJR線のトンネル上の手前を左折して線路沿い小田原駅の方へ2分ほど行くと、**八幡山古郭東曲輪**に着く。小田原城天守が目の前にみえるここは、後北条氏時代の城の中心部で、城下を一望できる史跡公園として2010（平成22）年から開放された。

もとの道に戻り左に曲がり、さらに坂をくだる。しばらく行った右手に入ると黒田長成侯爵の別邸**清閑亭**［国登録］があるが、門を入ってすぐの説明板の左に三の丸の土塁と水堀の跡が残されている。

さらに後北条時代の城の大手門とされる**箱根口門跡**を通り越して、箱根口の信号で国道1号線に出て西に進む。徒歩8分余りで東海道本線ガード下の手前、早川口を左折する。線路沿いを2分余り歩いた左側に**早川口遺構**［国史跡］の入口がある。ここは総構の南西に位置し、早川用水をめぐらせて城の南方外郭の虎口（城の出入口）を防御する構造で、当時の面影を残す史跡公園になっている。

早川口まで戻って国道1号線を左折、東海道新幹線の線路下の手前、板橋見附の信号を右に入ると、東海道旧道をたどることができる。

**松永記念館**入口という標示が右にみえてきた頃から、小川の

ような流れが目に入ってくる。これは**北条用水**(小田原上水・早川上水)の一部である。北条用水は、後北条氏が創設した全国有数の古水道で、早川の清流から取水し、これを小田原城の二の丸、三の丸の水堀に引き入れ、軍事用に使用したことに始まる。「北条氏康の居館の池水が箱根芦ノ湖を源とした早川から来ていると聞き驚いた」という記録が、1545(天文14)年、小田原を訪れた連歌師谷宗牧の『東国紀行』にある。現在でも旧道の家と家の間を縫うように流れている。旧道は、10分もしないうちに上板橋の信号でまた国道1号線と合流するが、信号を渡ると**北条用水取入口**がある。国道1号線を小田原方面に戻ると10分弱で箱根登山鉄道の箱根板橋駅に着く。

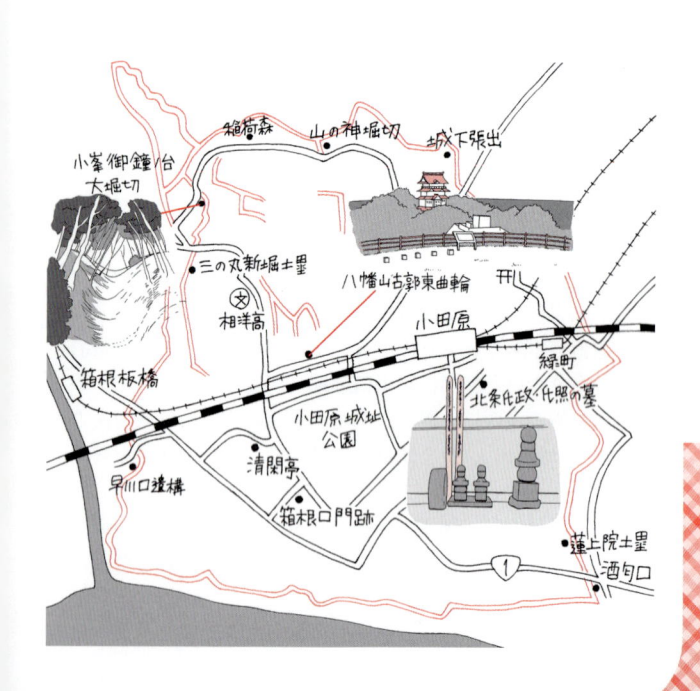

# ❼ 近世小田原の城下町を歩く

小田原は東海道五十三次の9番目の宿場で，最初の城下町にある宿場でもある。ここを過ぎれば箱根口。江戸時代の旅人はここで必ず一泊した。そんな城下町を，みて，聞いて，そして食べて，ぶらり歩いてみよう。新たな発見があるかも。

### 行程

小田原駅
　↓ 🚶 15分
旧東海道江戸口
見附跡・山王原
一里塚跡
　↓ 🚶 5分
かまぼこ通り
　↓ 🚶 15分
清水金左右衛門
本陣跡(明治天皇
小田原行在所跡)
　↓ 🚶 2分
小田原宿
なりわい交流館
　↓ 🚶 2分
片岡永左衛門
本陣跡(明治天皇
本町行在所跡)
　↓ 🚶 4分
ちん里う
(清水彦左衛門
本陣跡比定地)
　↓ 🚶 2分
ういろう
　↓ 🚶 5分
小田原城址公園
銅門・常盤木門
　↓ 🚶 13分
大久寺
　↓ 🚶 5分
箱根板橋駅

東海道本線・小田急線小田原駅東口から国道1号線にある**小田原宿**入口を目指す。駅前にある北条ポケットパークから錦通り，大工通りを経て浜町交差点まで来るとそこは国道1号線。駅から15分くらいである。その交差点を東京寄りに100mくらい歩くと左側に**江戸口見附跡**がある。ここからが小田原宿である。道反対側には江戸から20番目の**山王原一里塚**もある。ここから国道1号線を西に向かい，次の新宿交差点を左に折れ，鍋町と書かれた石柱がある先を右折すると通称**かまぼこ通り**。いせかね・わきや蒲鉾店・山上蒲鉾店・丸う田代・籠清・うろこき・杉清商店という昔ながらの重厚な表構えの老舗かまぼこ店が続く。このルートが旧東海道である。かまぼこ伝統館(丸う田代)，ひもの工房(早瀬幸八商店)，かつおぶし博物館(籠常商店)などの**街かど博物館**も必見である。

旧東海道をさらに西へ進み，宿の中心部に至る。万町・高梨町・宮前町・本町・中宿町・欄干橋町と旧町名石柱をみかける。江戸時代には**本陣**4軒・**脇本陣**4軒・**旅籠**90軒前後が軒を連ねていて，店頭には客引きが旅人を待ちうけていた。**十返舎一九**の『**東海道中膝栗毛**』の小田原宿風景は，

040

| 🚋 7分 |
|---|
| 入生田駅 |
| ↓↓ 🚶 10分 |
| 紹太寺 |
| 約4時間30分 |

この辺りを描写したものだろう。

宮前町には**清水金左衛門本陣跡**がある。清水本陣跡は現在高齢者専用賃貸住宅に隣接した小公園の中にあり，「明治天皇小田原行在所跡」の碑が立っている。高齢者専用賃貸住宅の2階では，脇本陣古清水旅館資料館本陣関係の古文書などを展示しており，見学もできる。旧東海道をはさんで北側の路地を入ると，小田原の総鎮守といわれる**松原神社**がある。

宮前町から本町へ進むと，旧道と国道1号線が合流するところに旧網問屋の建物を再整備した**小田原宿なりわい交流館**があり，休憩所としても利用できるので是非行ってみよう。

さて，ここからさらに西に100mほど向かうと**片岡永左衛門本陣跡（片岡本陣）**がある。現在は本町バス停前の国道から中に入った所に「明治天皇本町行在所跡」（旧片岡本陣跡）の碑が立っている。さらに箱根方面へ向かって200mぐらい進むと，国道の北側に城郭を模した華麗な建物が目に入る。これが，歌舞伎十八番の「外郎売」に薬「外郎」を扱う外郎家として出てくる店**ういろう**である。『東海道中膝栗毛』でも主人公の弥次郎兵衛・喜多八がここに立ち寄った記述がある。

街道の南側，ういろうの向かいが清水彦左衛門本陣があったとされる場所だが，詳細は不明。その並び，箱根口交差点角には梅干しの老舗ちん里うがある。街かど博物館として店の中に入ってみるのも楽しい。

箱根口交差点を北に渡り，100mほど戻ると，さきほどのういろうがある。店内を見学してからそのまま200mほど戻ると御幸の浜交差点にくる。そこを左折するとお堀端通り，その先が小田原城址公園で，二の丸堀があらわれる。2009（平成21）年に復元された馬出門，内冠木門から馬屋曲輪に入り，さらに住吉橋を渡ると二の丸の表門である銅門がある。渡櫓門，内仕切門と石垣による枡形門の構造をもち，従来の工法で1998（平成10）年に復元された。

二の丸は広場として整備され，その一角に小田原城歴史見聞

近世小田原の城下町を歩く　041

> ## コラム
>
> ## 小田原とかまぼこ
>
> 　かまぼこの歴史は古く，平安時代の『類聚雑要抄』にも，「蒲鉾」の文字をみることができる。
>
> 　小田原では江戸時代に，かまぼこ生産が盛んになっていたようである。漁獲量が多く，きれいな水が豊富な小田原産のかまぼこは，保存がきき，新鮮な魚をもって行くことが困難な箱根に提供された。また，参勤交代など，小田原を通過する大名や旅行者からもかまぼこは求められ，その存在は全国に知られていった。江戸後期には，きめ細かい弾力のあるすり身を板に扇型に盛りつけるものになっていった。小田原生まれの二宮尊徳も手土産に使っていたようである。
>
> 　現在でも，小田原にはたくさんのかまぼこ製造・販売所がある。中でも1度訪れたいのが，箱根登山鉄道風祭駅すぐ近くの，国道1号線沿いにある鈴廣かまぼこの里である。入館無料のかまぼこ博物館が敷地内にあり，かまぼこの歴史や素材・栄養などについて楽しみながら学べる。また，有料ではあるが，かまぼこやちくわ手作り体験教室もある。自分でつくった熱々のちくわを味わうのも楽しい。体験希望者が多いので，事前にインターネットや電話などで予約してから，行くことをおすすめする。

館があり，小田原城や後北条氏の歴史を模型や映像を活用してわかりやすく説明している。歴史見聞館の左手常盤木橋を渡って階段をあがると**常盤木門**がある。本丸の正門にあたる多門櫓と渡櫓を配した枡形門で，小田原城の城門の中ではもっとも大きく堅固につくられていたという。1971(昭和46)年に復元され，1706(宝永3)年の再建時の姿を今に伝えている。門をくぐると本丸広場でその先に天守閣がある。

　現在の天守閣は，1960(昭和35)年に復元された3階4層の天守櫓に付櫓・渡櫓が付属する複合式天守閣で，内部は歴史資料

の展示室となっている。高さ約60mの最上階からは相模湾が一望でき、晴れた日には房総半島まで眺めることができる。

帰路、本丸から常盤木門の手前を右におりると**小田原市郷土文化館**がある。ここでは小田原地方ゆかりの歴史・考古・民俗資料を展示している。御茶壺橋から城外に出ると交差点南東側に小田原市立三の丸小学校があり、ここは小田原藩の藩校であった**集成館**の跡である。小学校の正門脇には後北条氏時代の大手門であった箱根口門跡がある。ここから国道1号線に戻り、箱根口交差点から西へ向かう。国道の右側を歩いて行くとすぐに薄皮あんぱんで有名な柳屋ベーカリーがある。有名店なので午前中で売り切れてしまうこともある。

柳屋ベーカリーから10分ほど歩き、東海道本線のガード手前の交差点が早川口。ここを過ぎてすぐ左にあるのが宝聚山**大久寺**(日蓮宗)である。大久寺は小田原藩主大久保氏の菩提寺で、1590(天正18)年、初代大久保忠世が建立した。忠世は1594(文禄3)年に小田原城中で死去し大久寺に葬られた。忠世の墓石は損傷も少なく立派なものであり、そのほかに一族の墓石もある。

大久寺を訪れた後は、小田原藩主をつとめた稲葉氏ゆかりの入生田にある**紹太寺**(黄檗宗)にまで足を向けたい。ここへ行くには旧東海道をひたすら歩く方法もあるが、大久寺から国道1号線に出て、西へ5分ほど歩いて箱根登山鉄道箱根板橋駅から電車で入生田に行くほうが早い。

さて入生田駅からは旧東海道に出て、小田原方面へ200mほど行くと、長興山**紹太寺**に出る。

紹太寺は小田原藩主稲葉正則が、父母の冥福を祈るため1669(寛文9)年、京都宇治の万福寺(黄檗宗)から鉄牛和尚を招き開山として創建された寺で、最盛期には18haもの寺域と七堂伽藍を誇っていたが、幕末に焼失し、現在は子院であった清雲院が紹太寺の寺号を継いでいる。稲葉氏の墓所は360段の石段をのぼった旧伽藍跡の背後にあり、春日局の供養塔や稲葉氏一族の墓石がある。紹太寺は枝垂れ桜でも有名で、稲葉氏墓所

近世小田原の城下町を歩く 043

から5分ぐらいの所に樹齢340年の大木があり，毎年春には多くの見学者が訪れる。

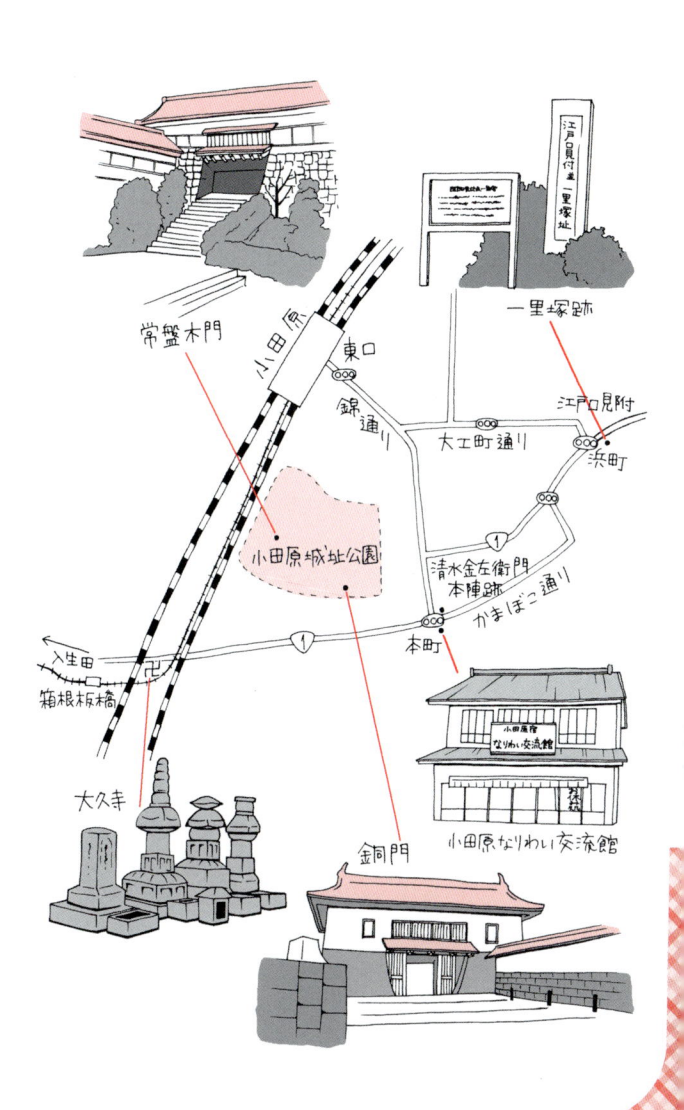

# ❽ 箱根の外国人ゆかりの地を歩く

箱根は現在，外国人観光客を集める日本有数の場所である。その理由は，多くの外国人がその足跡を箱根に残し，自分の母国に紹介したからであろう。箱根を愛した外国人の足跡を訪ねてみよう。

## 行程

箱根湯本駅
↓ 🚌 40分
バス停 元箱根
↓ 🚶 5分
ケンペルと
バーニーの碑
↓ 🚶 2分
バーニー邸跡の
碑文（御殿公園）
↓ 🚶 3分
賽の河原
↓ 🚶 12分
ベルツの碑
↓ 🚶 5分
箱根関所跡
↓ 🚶 7分
シュミットの碑
↓ 🚶 13分
パール下中
記念館
↓ 🚶 13分
バス停 箱根町
↓ 🚌 5分
バス停 元箱根
↓ 🚌 22分
バス停 宮ノ下
↓ 🚶 15分
ルボン将軍の碑

今日，箱根を訪れると日本人以上に外国人の姿が目に入る。彼らに箱根にきた目的を問うと富士山をみるため，温泉に入るためをあげる。歴史的にも外国人が箱根に惹かれたのは現在と同じようである。

元箱根の箱根神社一の鳥居を前に右折し少しのぼると**ケンペルとバーニーの碑**がある。この碑文は箱根の旧街道の入口に位置し，箱根旧街道石畳が続いている。ここから湖畔の方に少し戻ると**バーニー邸跡の碑文**がある御殿公園である。ケンペルとバーニーの碑と並んで立つケンペルの碑はもともとは国道1号線が芦ノ湖畔にさがって箱根神社参道とぶつかる辺りに建てられていた。このケンペルの碑を1922（大正11）年に建てたのが貿易商バーニーである。しかしこの碑は長い期間忘れられていた。この碑を日本人に思い出させたのは，1975（昭和50）年に日本を初めて訪れたイギリス女王エリザベス2世の宮中晩餐会であった。ここで女王はケンペルの業績に触れ，その著書『日本誌』から「『日本人は，人々が礼儀正しく，勤勉，人情に厚く，商業が栄え，天然の美に恵まれた国土を持つ国である』と書いてある」と紹介したのである。これがきっかけになりケンペルとバーニーの碑

| | |
|---|---|
| ↓ 🚶 3分 | |
| ベルツの別邸跡の碑 | |
| ↓ 🚶 10分 | |
| 富士屋ホテル | |
| ↓ 🚶 10分 | |
| 宮ノ下駅 | |
| ↓ 🚃 25分 | |
| 箱根湯本駅 | |
| 約5時間 | |

がつくられるとともに、毎年11月23日にケンペル祭が箱根でおこなわれるようになった。

国道1号線を湖畔に戻ると一の鳥居下にケンペルの『日本誌』に登場する**賽の河原**がある。現在残っているものはケンペルが見た頃のほんの一部分である。ケンペルは当時芦ノ湖の下に7歳以下で死んだ子どもが苦しみを受ける地獄があり、この賽の河原から札を湖底に沈めることで子どもの苦しみが減ると当時の人が信じていたことを指摘している。

賽の河原から箱根**関所跡**に向かって歩くと湖畔沿いに神奈川県立**恩賜**箱根公園がみえてくる。この恩賜公園の中央階段をあがった所に**ベルツの碑**がある。この地はもともと箱根**離宮**の場所であり、明治時代の**皇太子嘉仁親王**（大正天皇）の別荘があった場所である。この箱根離宮は正式にいうと**函根**離宮であり多くの外国の王族が利用した場所であった。箱根の多くの土地の購入を**宮内省**にすすめたベルツ博士の碑が、箱根離宮跡の恩賜公園の中にあるのも興味深い。ベルツはあかぎれに効く薬「ベルツ水」をつくったことで有名な人物であるが、箱根の温泉を医療的に積極的に活用した最初の医師でもあった。

恩賜公園を過ぎると**箱根関所跡**がある。江戸時代に多くの外国人が通過した場所である。とくにケンペル、シーボルト、ハリスの3人の記録は関所の性格をよくあらわしている。ケンペルも**シーボルト**もこの関所で女性・鉄砲の検閲を受けている。シーボルトは使節待遇で**駕籠**からから降りなかったが従者が乗り物の左側を開け、確認した。また**ハリス**はこの駕籠の左側を開けるチェックを断固拒否していたにもかかわらず手違いで駕籠が開けられ激怒するさまは、**ヒュースケン**の『日本日記』に描かれている。

関所跡を過ぎて湖畔沿いに歩くと、芦ノ湖の観光船箱根**海賊**船乗り場がみえてくる。この乗り場に向かう右側に**シュミット**

*の碑*がある。シュミットは1896（明治29）〜1935（昭和10）年まで日本で過ごし，ライカのカメラを日本に普及させた人物である。また彼は最初に芦ノ湖畔に別荘を建てた人物としても知られている。そうした足跡からこの碑が建てられた。彼の別荘地跡には，現在箱根駅伝ミュージアムが建てられている。

　シュミットの碑を過ぎて小高い丘をのぼって行き，御堂前バス停の小道を入って行くと**パール下中記念館**がある。ここは事前予約が必要なので注意しよう。

　この記念館の中には，インドの法学者パールが東京裁判（極東国際軍事裁判）で身につけていた法服や東京裁判で意見書を書いた万年筆が残されている。パールはインドの裁判官として，勝者が敗者を裁く東京裁判を批判する意見書を書いたことで有名な人物である。彼は東京裁判後，世界連邦アジア会議の結成に努力した。この努力に日本で協力したのが，平凡社の創業者であった下中弥三郎である。この2人の夢を象徴するように，館の正面には国境線のない世界地図が掲げられている。

　パール下中記念館の後，元箱根から宮ノ下に戻り，ここで桃源台方面に15分ほど歩くと左側に**ルボン将軍の碑**が立っている。1923（大正12）年に建てられた碑は，コケと汚れで判読するのは難しい。しかしこの碑文の題字を書いたのが山県有朋であることから，ルボン将軍の日本陸軍の貢献度が計れよう。日本の陸軍というとドイツの影響を強く受けたと思われがちであるが，明治初期においては海軍はイギリス，陸軍は幕府軍の延長上でフランス的な編成を行おうとしていた。砲兵大尉ルボンは日本陸軍の軍事教練の開拓者として多大な功績を残した。ルボン将軍の碑を越えて宮ノ下の方に3分ほど歩くと**ベルツの別邸跡の碑**がある。ベルツはこの別荘を1882（明治15）年に建設し，「箱根でもっともいい所である」と木賀温泉を激賞している。

　ここから宮ノ下に戻ると**富士屋ホテル**がみえてくる。箱根を訪れた人が1度はその壮麗な外観に惹かれるホテルである。この富士屋ホテルの創業者山口仙之助は，1871（明治4）年に岩倉使節団と同時期にアメリカに渡り，帰国後1878年にホテルを開

箱根の外国人ゆかりの地を歩く　047

業している。明治時代は外国人専用ホテルだった関係で多くの著名人が宿泊した。明治の動乱期の記録を残したイギリスの外交官アーネスト・サトウ，作家小泉八雲ことラフカディオ・ハーン，中国の政治家孫文，アメリカの社会事業家ヘレン・ケラーなどは何度も利用している。富士屋のライバルであった奈良屋旅館の地には現在会員制ホテルが建っており，明治天皇行幸の碑以外残るものはない。

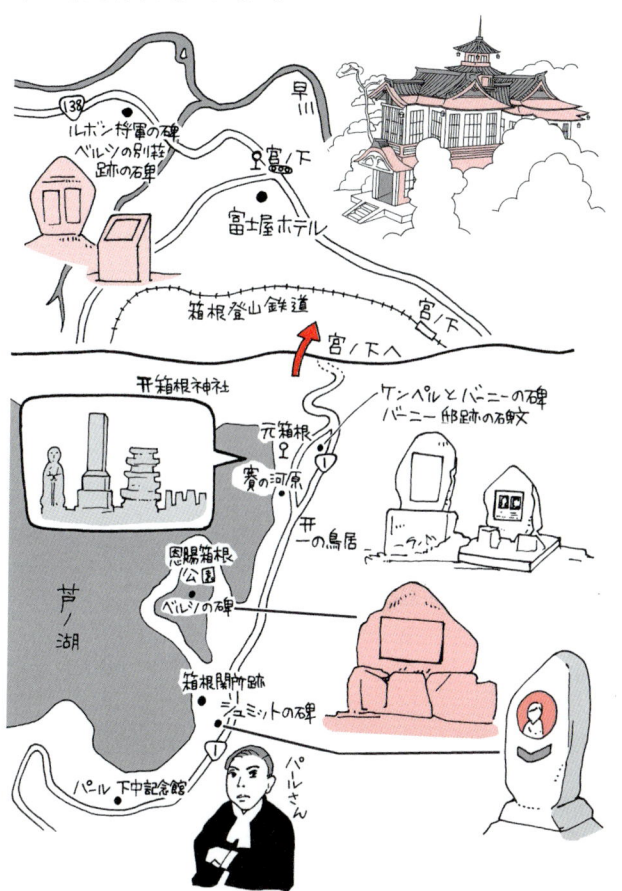

048

# ❾ 近代小田原の別荘地を歩く

実業家益田 孝が「山七分海三分」の地がよいと医師にすすめられ別荘を構えた小田原。近代の政財界，軍の要人が営んだ別荘を訪ね，板橋の丘陵から南町海岸近くまでをめぐる。

## 行程

箱根板橋駅
↓ 🚶 5分
掃雲台入口跡
↓ 🚶 10分
松永記念館
↓ 🚶 5分
古稀庵
山月(旧共壽亭)
↓ 🚶 20分
伝肇寺
↓ 🚶 10分
瓜生坂
対潮閣跡
↓ 🚶 10分
清閑亭
↓ 🚶 20分
御幸の浜海岸
↓ 🚶 3分
滄浪閣旧跡
↓ 🚶 10分
小田原文学館
↓ 🚶 15分
早川口遺構
↓ 🚶 10分
小田原駅跡の碑
↓ 🚶 10分
箱根板橋駅

約4時間30分

箱根登山鉄道箱根板橋駅を降り，国道1号線を右側の歩道で横断し進むと旧道に交わる。そこを右に行くと掃雲台入口跡の表示がある。**掃雲台**とは三井物産初代社長**益田孝**が，1906(明治39)年から営んだ別邸で，今は宅地となり面影はまったくないが，当時はこの入口に松並木，その先に茅葺の門があり坂をのぼり道が左に曲がった先に邸宅があった。鈍翁と号し，近代茶人として有名な益田邸には多くの茶室があった。

古い建物が残る旧道を戻り，古稀庵の案内に従い右に曲がり小田原用水に架かる小橋の右下を覗くと鉄管がみえる。この先の山県有朋の別邸古稀庵につながる水道管であろうか。山県は風祭の水源池から鋳鉄管で別荘に導水する近代水道を建設し，庭にも使用した。

用水沿いに箱根方面に進み右に曲がると**松永記念館**がある。「電力王」といわれ，第二次世界大戦後日本の電力会社の枠組みをつくった**松永安左エ門**が，1946(昭和21)年から営んだ終の棲家である。門を入り左側の2階建ての建物が，茶人でもあり耳庵と号した松永みずからが収集したコレクションを展示した私設美術館で，前庭の池では園遊会も開かれ多くの政財界人が訪れた。また，園内の茶室葉雨庵は，財界人で茶人

の野崎広太(幻庵)の小田原別邸より移築された。富山県黒部の大石，大ケヤキの横をあがると松永の住まい老欅荘があり見学できる。庭には松永が収集したもののほか，掃雲台の石造物などがあり，益田邸を偲ぶことができる。記念館の受付に板橋界隈の地図があるので利用するとよい。

　香林寺山門を右に行くと**古稀庵**に着く。現在，保険会社の研修施設になっている古稀庵は，明治の元勲**山県有朋**の別邸であった。復元された茅葺の門，竹垣は作庭を趣味とした山県の別邸らしい。門にかかる「古稀庵」という額は，伊藤博文の書である。現在は庭園のみ残り，日曜日に公開されている。少しくだった所の門が山県邸の暁　亭の門で，暁亭［国登録］の建物は箱根湯本に移築され料亭として営業している。道をのぼると右側，風情ある個人宅の門に「皆　春　荘」の表札がかかる。ここは山県の側近で首相もつとめた清浦奎吾の別邸で，のちに山県邸に合併され山県の夫人吉田貞子の所有となった。

　その向かいの**山月**が，のちの大成建設創業者**大倉喜八郎**の別邸**共　壽亭**である。庭には伊藤博文命名の白雲の滝があり，敷石のツルは大倉の号鶴彦にちなむ。関東大震災にも耐えた大きな床の間のある大倉の部屋などが残る。

　道をあがり皆春荘裏の細い道に入り，途中で左にのぼり車道に出て右に行くと私立相洋高校裏に出る。この辺りから小田原女子短期大学，旧神奈川県立小田原　城　内高校までが閑　院　宮別邸であった。**閑院宮載仁親王**は「髭の参謀総長」ともいわれた軍人で，1945(昭和20)年敗戦前にここで亡くなった。子の春仁殿下は近くの旧制小田原中学に通っていた。石垣山，小田原の街，海をみながら小峯の大堀切と反対側の道を案内表示に従いくだると**伝　肇　寺**(浄　土宗)に出る。**北原白秋**が境内に「木菟の家」を建て仮寓し，多くの童謡を作詞した。

　道をくだり東海道本線・車道を越えて左側に石垣が続く小路を進む。左手の急な坂を**瓜　生坂**といい，日露戦争時の海軍大将**瓜生外吉**の別邸があった。瓜生の妻繁子は益田孝の妹でその縁により小田原にきたという。少し行った山角天神社の階段の

途中に瓜生の胸像がある。さらに進むと左側に対潮閣跡の説明板がある。ここは山下汽船の創業者山下亀三郎の別邸で，宮内大臣などをつとめた田中光顕の歌碑と釣鐘石が残る。この石のあった庭園は山県の指導でつくられ，友人で日露戦争の日本海海戦参謀であった秋山真之がここで療養し，亡くなった。

道を戻り，天神横の坂を進み，閑院宮別邸のあった旧城内高校前をくだると，清閑亭［国登録］に出る。敷地に「閑院宮」の標石がある。清閑亭は旧福岡藩主直系で長らく貴族院副議長をつとめた侯爵黒田長成の別邸で，現在は小田原市の所有となりNPO法人が運営している。数寄屋風の建物の２階からは石垣山や真鶴半島，伊豆大島や利島が望める。小田原邸園めぐりのパンフレットがあり利用できる。

道をくだり車道を右に行くと，左に報徳二宮神社，御感の藤，小田原城二の丸の堀をみる。小田原城二の丸には一時，御用邸がおかれ皇族も訪れていた。さらに進み右に曲がり国道１号線を横切り直進すると御幸の浜海岸に出る。明治20年代の別荘は海岸沿いにつくられた。降口の石垣付近は幕末の台場があった場所で，神奈川県令をつとめた野村靖の別邸黄夢庵があった。益田孝は野村の世話で土地を入手したという。近くには小田原のリゾート旅館養生館があった。道を戻り左の道に入り少し行くと左側個人宅入口の築山の木々の中に伊藤博文の胸像がある。1890(明治23)年から大磯に移る96年まで，別邸を構えた滄浪閣旧跡である。日清戦争や，その講和条約である下関条約締結の時期にあたり，明治民法はここで起草された。胸像と金子堅太郎撰文の石碑は伊藤生誕100年を記念して立てられた。

道なりに進むと，左側にレンガ塀が続く。ここが建築家横河民輔の別邸だった所で，三越本店のために特別に焼いたものという。少し行き右の道に入って進むと西海子小路に出る。向かい右側の邸宅が山県有朋の秘書松本剛吉の黄樹庵，手前左側森の中の小田原文学館［国登録］が坂本龍馬の最期に駆けつけ，のちに宮内大臣をつとめた田中光顕の別邸である。スペイン瓦の洋館は小田原に関係する文学展示，奥の日本風の家屋では白

秋の資料などが展示されている。

　道を進み諸白小路との交差点に立つ。右前には実業家望月軍四郎の別邸であった静山荘が残り，諸白小路を挟み右側の黄色い塀の個人宅が野崎広太の別邸自怡荘のあった場所である。諸白小路を左に進み突き当たりを右に行くと，左手にみえる赤屋根の邸宅が初代文部大臣森有礼別邸の場所で，のちに藤館というリゾート旅館になった。道なりに進み交差した車道を右に行き，左側の細い用水沿いの道に入ると**早川口遺構**に出るが，ここも山県側近の因藤成光邸で庭の石組が残る。

　国道135号線に出て右に進み，交差した国道1号線右側に架かる歩道橋の下に**小田原駅跡の碑**がある。現在の東海道本線の小田原駅ができる前の，熱海に行く人車鉄道・軽便鉄道の小田原駅で，国府津と箱根湯本をつなぐ小田原電気鉄道からの乗り換えの待合いで栄えた。国道1号線を箱根方面に進み，板橋見附で旧道に入ると，掃雲台入口に戻る。

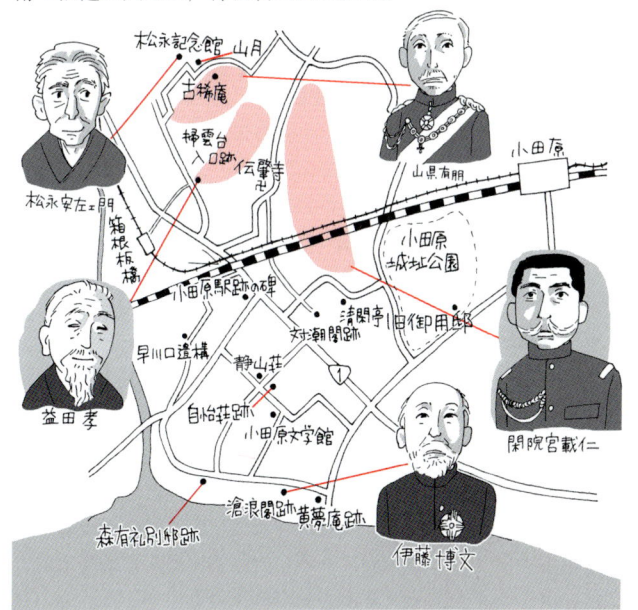

## ❿ 箱根の中世石造物を歩く

中世の箱根は、聖地として多くの人びとの信仰を集め、人びとはその信仰の証として、たくさんの石造物を残した。そうした石造物を訪ねることで、当時の人びとの願いや思いを感じ取ることができるかも知れない。

### 行程

箱根湯本駅
　↓↓🚶 30分
阿弥陀寺
　↓🚶 15分
早雲寺
　↓ 🚶 10分
正眼寺
　↓ 🚶 5分
バス停 曽我堂上
　↓ 🚌 30分
バス停 元箱根
　↓ 🚌 10分
バス停 六道地蔵
　↓ 🚶 5分
元箱根石仏群
　↓ 🚶 5分
バス停 曽我兄弟の墓
　↓ 🚌 10分
バス停 元箱根
　↓ 🚶 5分
興福院
　↓ 🚶 10分
賽の河原
　↓ 🚶 5分
バス停 元箱根
　↓ 🚶 40分

---

箱根登山鉄道箱根湯本駅前を右手に進み、登山鉄道のガードをくぐると、箱根寮に向かう長い坂道がある。途中、阿弥陀寺の看板を目印にしてさらに坂道をのぼると、**阿弥陀寺**（浄土宗）に着く。阿弥陀寺は幕末の悲劇のヒロイン皇女和宮の位牌を安置する寺として有名である。阿弥陀寺本堂から、さらに急な山道を20分ほどのぼったところに奥ノ院がある。奥ノ院は崖を穿ったお穴稲荷とよばれる洞窟で、入口から入って右に「至徳丁卯（1387年）十一月日」の銘をもつ**宝塔**がある。高さ104cmで欠損部分もなく、その端麗な姿は神奈川県内でも屈指の優品である。

箱根湯本駅まで戻り、今度は早川に架かる橋を渡って南に歩き始める。途中、箱根町役場に隣接する郷土資料館に立ち寄り、箱根の歴史の概観を学ぶと良いだろう。駅から徒歩15分ほどで**早雲寺**に着く。早雲寺は、北条氏綱が伊勢長氏（法号早雲）の遺言により、1521（大永元）年に建立された臨済宗の寺である。本堂左手の墓地奥に小田原北条（後北条）氏の５代にわたる墓所がある。これは1672（寛文12）年に、後北条氏の末裔である河内国狭山藩主北条氏治によって建立された近世の墓塔である。その右

箱根の中世石造物を歩く　053

| 箱根湯本駅
| 約6時間

隣に**宝塔**(伝飯尾宗祇墓)がある(塔身欠)。室町時代のものと思われるが、この地域では比較的珍しい大型の宝塔である。

　早雲寺の門前から旧街道を10分ほどのぼると**正眼寺**(臨済宗)がある。境内には「早川庄湯坂勝源寺燈籠　応永二(1395)年乙亥」という銘文を竿にもつ**石灯籠**がある。竿と台座のみが当時のものである。この地域の同時期の石灯籠としては、静岡県御殿場市二岡神社の石灯籠がある。

　曽我堂上バス停からバスに乗り、元箱根でバスを乗り換えて**元箱根石仏群**［国史跡］へ向かう。元箱根石仏群は、箱根二子山の麓にある精進池周辺に散在する石塔・石仏の総称である。鎌倉時代後期の真言律宗の僧忍性を中心とする、地蔵信仰(地蔵講)の遺跡として知られており、現在は史跡公園として遊歩道などが整備されている。

　六道地蔵バス停で降りると、石仏群と歴史館があり、当時の地獄の様子を再現している。館から精進池の遊歩道を通り、国道下のトンネルをくぐって10mほどあがった山裾に、元箱根石仏群中最大の**地蔵菩薩坐像**［俗称**六道地蔵**、国重文］がある。正面向かって左に「**正安**二(1300)年八月八日」などの文字が刻まれている。元は露座だったが、現在は上屋建物が復元されている。

　遊歩道に戻ると、**宝篋印塔**(俗称**八百比丘尼の墓**、基礎と反花座のみ残存)がある。ついで、地蔵菩薩像が彫り込まれている三角形の自然石がある。像高50cmほどで、右手に錫杖、左手に宝珠をもつ。**応長地蔵**［俗称**火焚地蔵**、国重文］とよばれ、「応長元(1311)年七月廿日」の年紀がある。当地では、先祖の霊が精進池の対岸の山を越えて駒ヶ岳に赴くと信じられていて、身内に不幸があったとき、四十九日以内に六道地蔵に参り、さらに火焚地蔵の前で送り火を焚く信仰があった。火焚地蔵とは、そのことに由来してつけられた名称である。

　遊歩道をさらに進むと、高さ456cmの巨大な**宝篋印塔**［俗称**多田満仲墓**、相輪は後補、国重文］がみえてくる。塔身には

胎蔵界四仏の種子を刻むが，北方のみ法界定印を結ぶ釈迦如来坐像が彫られている。「永仁四(1296)年丙申五月四日」と「正安二(1300)年八月廿一日」の2つの年紀が塔の基礎に刻まれており，関東地方最古の宝篋印塔である。この塔には関西形式と関東形式の2形式の要素が混在していて，関西形式から関東形式に移行する最初の塔である。この地に所在する他の地蔵像や五輪塔などとあわせて，鎌倉の極楽寺忍性を中心とする真言律宗教団に編成された石工集団による作品と考えられる。銘文には，願主祐禅，供養導師良観上人(忍性)，大工大蔵安氏などの人名が刻まれており，歴史的にも非常に重要な石塔である。

宝篋印塔から精進池に沿って進むと，三角形に突き出た高さ6mほどの大きな岩がみえてくる。この岩に阿弥陀如来像と二十数体の地蔵菩薩像，それと変形阿弥陀三尊種子(梵字)が彫られている。国道を挟んだ反対側の岩にも3体の地蔵菩薩像があり，合わせて**二十五菩薩**とよばれている。刻まれた銘文から，永仁元(1293)年から永仁3年頃の造像であることがわかる。

二十五菩薩から国道をわたりしばらく歩くと，3基の**五輪塔[俗称曽我兄弟と虎御前の墓**，国重文]がある。大型の2基(右塔高さ248cm・左塔高さ256cm)を曽我兄弟の曽我五郎と十郎，小型の1基(高さ229cm)を虎御前の墓とする伝説がある。しかし，虎御前塔の銘文によれば永仁3年に地蔵を信仰する人びとが建立したという。

曽我兄弟の墓バス停からバスに乗って元箱根バス停で降りると，すぐそばに**興福院**(曹洞宗)がある。ここにも大型の**宝篋印塔**(基礎と笠のみ)があるが，もと賽の河原にあったものである。銘文に「元徳四(1332)年」の年紀とともに，「大工兵衛尉安行」という名が刻まれており，元箱根石仏群の宝篋印塔(俗称多田満仲墓)と同じ大蔵派に属する石工が造立したと考えられている。またこの塔には，失われた塔身のかわりに別の宝篋印塔の基礎が挿入されているが，この基礎も鎌倉時代後期の様式を備えている。

興福院の先の芦ノ湖畔には**賽の河原**がある。ここには江戸時

箱根の中世石造物を歩く　055

代の石仏・石塔が集められているが，それらの中心に**層塔**がある。銘文に「正和三(1314)年」の年紀が刻まれている。

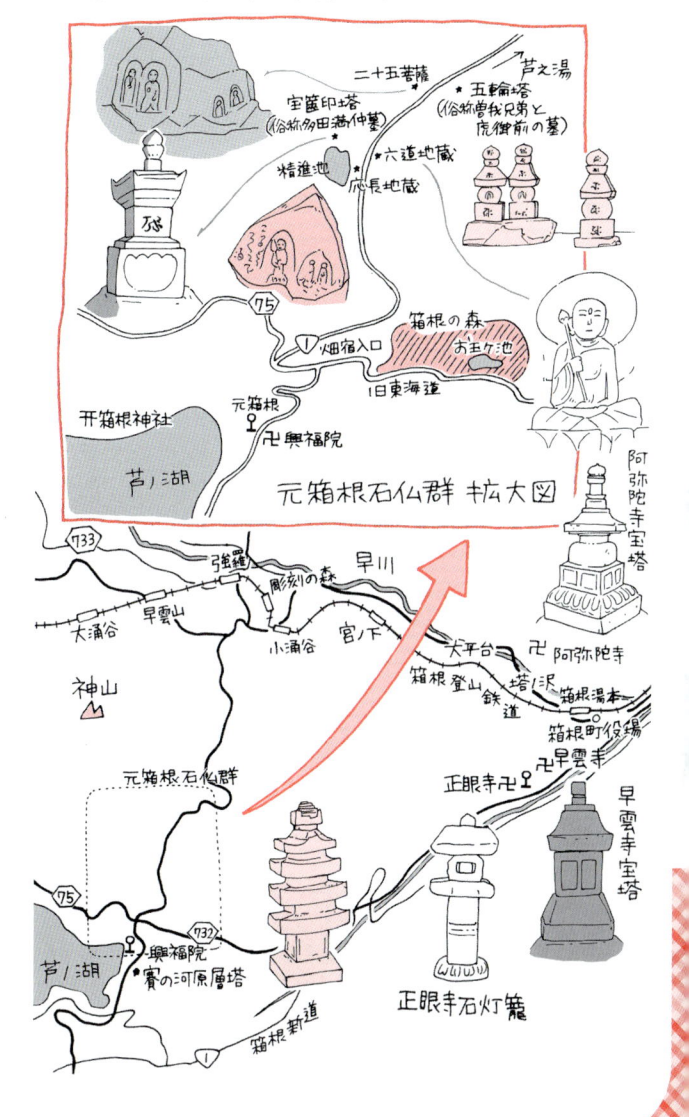

## ⓫ 箱根の戦争遺跡を歩く

小田原から箱根にかけての地域には，戊辰戦争・日露戦争・日中戦争・アジア太平洋戦争に関わる戦争遺跡が散在している。知る人も少ない戦争遺跡を訪ねることで，改めて地域と戦争との関わりを考えるきっかけになるだろう。

### 行　程

箱根板橋駅
　↓ 🚶 10分
宗福院
　↓ 🚶 10分
箱根板橋駅
　↓ 🚶 5分
風祭駅
　↕ 🚶 5分
国立病院機構箱根病院
　↓🚃 10分
箱根湯本駅
　↕ 🚶 15分
早雲寺
　↓🚌 15分
バス停 ホテル前
富士屋ホテル
　↓ 🚶 15分
バス停 東芦の湯
　↓ 🚶 5分
あじが池・松坂屋本店・東光庵
　↓ 🚶 5分
バス停 芦の湯
　↓🚌 15分
バス停 箱根町

---

小田原駅から箱根登山鉄道に乗り，1つ目の箱根板橋駅で下車する。北西に歩くと10分ほどで**宗福院**(曹洞宗)に着く。ここは地元で板橋地蔵尊とよばれ，毎年1月と8月の大祭には多くの参拝客で賑わう。境内に，1868(慶応4)年に建立された**戊辰戦争官軍戦死者の碑**がある。これは，神奈川県内最古の戦争碑である。

戊辰戦争に際し，小田原藩は新政府に恭順を誓った。ところが，江戸にもっとも近い譜代の大藩であったことから1868年3月の江戸開城後も藩内には佐幕論がくすぶっていた。そのため新政府は小田原藩に2人の軍監を派遣し，その動向を監視していた。5月になると，上総国請西(貝淵)藩主林忠崇率いる遊撃隊の動きが活発化した。また徳川将軍が新政府に反抗するとの情報が伝えられると，小田原藩は佐幕派に転向して遊撃隊と手を組み，軍監の中井範五郎を殺害してしまったのである。この報に激怒した新政府は，小田原藩に対して遊撃隊の撃滅を厳命したため，箱根周辺各所では小田原藩兵と遊撃隊との間で激しい戦いが繰り広げられることになった(戊辰箱根戦役)。とくに，現在の箱根登山鉄道箱根湯本駅と入生田駅のちょうど中間辺りの山崎であっ

箱根の戦争遺跡を歩く　057

↓🚶🚶 5分
**萬福寺**
🚌 40分
**箱根湯本駅**
約6時間

た箱根山崎の戦いが有名である。

　板橋地蔵尊の官軍戦死者の碑は、中井軍監ら11人の官軍戦死者の供養塔(くよう)である。一方、戦死した遊撃隊士の墓は、小田原市南町の大蓮寺(だいれんじ)(浄土宗(じょうどしゅう))、箱根町湯本の早雲寺(そううんじ)(臨済宗(りんざいしゅう))、同宮ノ下の常泉寺(じょうせんじ)(曹洞宗)、熱海日金山地蔵堂(あたみひがねさん)などに残っている。

　箱根板橋駅に戻って再び箱根登山鉄道に乗車して、次の風祭(かざまつり)駅で降りると、駅北側の丘の上に国立病院機構箱根病院がある。この病院は、日露戦争後に設立された東京巣鴨(すがも)(現、東京都豊島区(しま))の廃兵院(はいへいいん)(のち傷兵院(しょうへいいん)と改称)の流れを汲む。日中戦争以降は急増した戦傷脊髄損傷患者(せきずい)のために傷兵院内に併設された**軍事保護院 傷痍軍人箱根療養所**(しょうい)だった。湯本温泉の源泉から引いた温泉によるリハビリテーションが治療の柱だった。

　現在の病院正門から坂道をのぼりつめると、左手に木造2階建の洋風建物があらわれる。これが1936(昭和11)年完成の**旧傷兵院本館**である。建物の2階には明治時代以来の病院の資料が収蔵されているが非公開である。そのほか、本館裏には奉安殿(ほうあんでん)が残っている。これらの建物は地域と戦争を結ぶ、貴重な戦争遺跡である。戦後は、厚生省(こうせいしょう)所管の国立病院として一般の患者も受け入れていたが、戦前以来の元傷痍軍人も数多く入院しており、彼らと一般患者との摩擦を避けるため、西病棟が新設された。建物は、2013(平成25)年に取り壊された。

　風祭駅から箱根湯本駅に向かう。駅から小田原方面に少し戻ると三枚橋(さんまいばし)がある。この橋の周辺の温泉旅館には、アジア太平洋戦争中、臨時東京第一陸軍病院(臨東一)の湯本分院(ゆもと)がおかれていた。戦争のため遊休化していた旅館が病棟とされ、おもに回復期にある傷病兵が温泉で療養していた。

　三枚橋から東海道の旧道をたどって歩くと10分ほどで早雲寺に着く。早雲寺の山門(さんもん)外に**戦没者慰霊堂**がある。1955(昭和30)年に建立(こんりゅう)され、湯本地区出身戦没者100人余の位牌(いはい)を納めている。同時に発足した軍友会が管理してきた。建物は白壁の銅板(どうばん)

葺で、神社と見間違えそうだが、仏式で供養を行っている。早雲寺の境内に入ると、本堂向かって左側に、先ほど述べた**遊撃隊士の墓**がある。

早雲寺からは箱根湯本駅に戻り、バスで宮ノ下に向かう。宮ノ下には、戦前より多くの外国人が滞在した**富士屋ホテル**［国登録］がある。映画監督・俳優のチャップリンや社会事業家ヘレン・ケラーが訪れたことで有名である。戦時中は東京に駐在する同盟国や中立国の外交官とその家族のための避難所に指定され、戦争末期には空襲を避け多くの外交官が滞在していた。また、現在は廃業してしまったが、かつて富士屋ホテルのはす向かいに奈良屋旅館があり、そこには日本の陸軍士官学校に留学していたビルマ人たちが滞在していた。

富士屋ホテル前から元箱根行きバスに乗り、東芦の湯バス停で下車して旅館の松坂屋本店を目指して歩くと、右手に池がみえてくる。池の名前を**あじが池**という。1943（昭和18）年夏、芦之湯に滞在していたドイツ兵たちが、訓練を兼ねて世話になった地元の人びとのために労働奉仕をしたいと申し出て、相談の結果、防火用水の貯水池を掘ることになったという。いかにも外国人が掘ったらしく、楕円形をしている。

戦時中の箱根地区には、芦之湯の松坂屋本店のほかに芦ノ湖畔の数軒のホテルや旅館に、あわせて常時100人以上のドイツ海軍の兵士が滞在していた。彼らはインド洋から東南アジアの海域で軍事行動をとっていたドイツ海軍の仮装巡洋艦やUボート、そしてそれらの後方支援にあたる補給艦、キニーネやタングステン、生ゴムなどアジアの貴重な軍需物資を本国に運ぶ輸送艦の乗組員だった。本国から遠く離れた海域で活動する彼らのために、日本海軍は横浜港と神戸港を寄港地、箱根を休養地として提供していたのである。しかし戦局が悪化してくると、ドイツ艦船の活動は次第に低調となり、どこに行く当てもなく箱根に滞在するドイツ兵が増えていった。とくに1942（昭和17）年11月に横浜港でおこったドイツ軍艦爆発事件で廃船となった仮装巡洋艦トオル号や輸送艦ウッカーマルク号の乗員も

その中に含まれていた。

　松坂屋本店には、当時のドイツ兵たちの写真が保存されていて、見学も可能である。

　松坂屋本店の隣に**東光庵**(とうこうあん)があり、奥の墓地にドイツ海軍兵**テーオ・ツェラーの墓**がある。敗戦後の1945年10月、本国への帰国を待つ間、酒の代わりにメチルアルコールを飲んで中毒死したという。なお、戦中・戦後に死亡したドイツ人の墓は、東光庵のほかに芦ノ湖遊覧船乗り場近くの**萬福寺**(まんぷくじ)(**浄土真宗**(じょうどしん))に、海軍兵ゲルハルト・クロフィッシュの墓と5人の民間人の墓がある。クロフィッシュは、ドイツ海軍のUボート乗組員だった。結核(けっかく)に罹(かか)ったため艦を降りて箱根で療養していたが、1945年9月に死亡している。5人の民間人は3人が幼児で、2人が高齢者である。敗戦前後の混乱の中で、弱者が犠牲になったと考えられる。

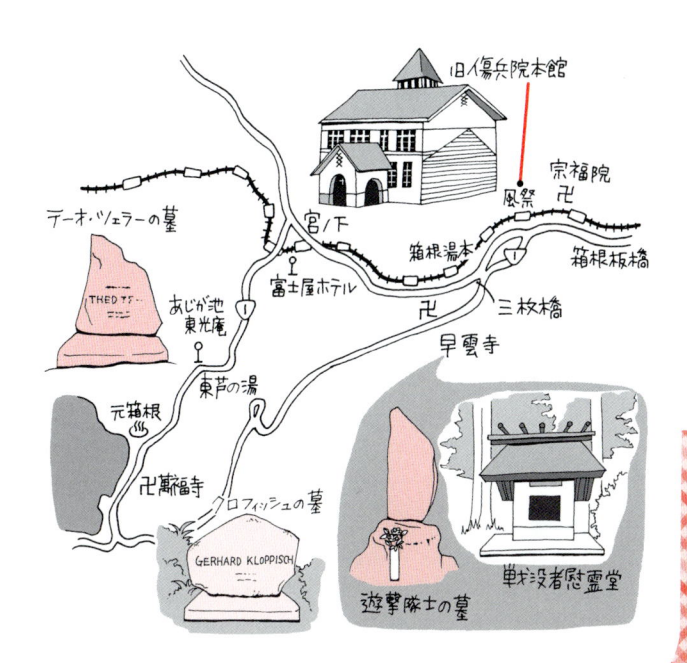

## ⑫ 曽我の里を歩く

> 曽我の梅林は，総数３万5000本といわれ，その歴史は500年前に遡るとされている。ウメを愛でつつ，曽我兄弟関連の旧跡を中心に，下曽我駅周辺の史跡をめぐる。

### 行　程①

下曽我駅
　↓ 🚶 10分
宗我神社
　↓ 🚶 6分
城前寺
　↓ 🚶 20分
伝曽我祐信
宝篋印塔
　↓ 🚶 20分
東光院
　↓ 🚶 5分
別所梅林
　↓ 🚶 15分
下曽我駅
　約５時間

### 行　程②

下曽我駅
　↓ 🚶 10分
永塚観音
　↓ 🚶 5分
下曽我遺跡
　↓ 🚶 1分
下永塚遺跡
　↓ 🚶 8分
千代廃寺跡
　↓ 🚶 5分
千代南原公園
　↓ 🚶 5分

---

御殿場線下曽我駅で下車し，山側へ向かって県道72号線の下曽我駐在所の辺りまで行くと大鳥居がみえる。大鳥居をくぐってしばらく進むと，曽我郷の総鎮守の**宗我神社**がある。江戸時代には小沢明神社とよばれていたが，明治時代になって現在の社名になった。主祭神は宗我都比古命・宗我都比売命である。９月の最終日曜日には，飾られた５台の山車が出る秋祭りが行われる。

大鳥居の右手には「曽我兄弟旧跡」という大看板と駐車場があり，その奥に**城前寺**（浄土宗）がある。ここは曽我兄弟の菩提寺として地元で親しまれている。曽我兄弟とは，曽我祐成・時致兄弟のことである。兄弟は父河津祐泰を所領争いが元で殺されてしまったが，1193（建久４）年源頼朝が行った富士裾野の巻狩りの際，仇の工藤祐経を討ち果たすことに成功する。兄弟は父が殺された後，母の満江が曽我祐信に再嫁し，曽我と名乗ることになった。兄弟討入りの日である５月28日には傘焼まつりが行われている。これは兄弟が，傘を燃やして松明にしたとの故事が由来の祭礼である。本堂裏手には，曽我兄弟，曽我祐信と満江の墓とされる，玉垣をめぐらせた２対４基の五輪塔もある。

曽我の里を歩く　061

| バス停 **上府中<br>駐在所前**<br>↓ 🚌 10分<br>**下曽我駅**<br>約2時間 |

　寺から道標に従ってミカン山を20分ほどあがって行くと，小田原市指定重要文化財で高さ2.2mの**伝曽我祐信宝篋印塔**がある。地元では「祐信さんの供養塔」とよばれている。造塔の意図や造立者，年次などの詳しい来歴は不明だが，宝篋印塔としては神奈川県内でも基本的な様式を備えたものとして知られている。

　来た道を途中まで戻り，道標に従って20分ほど行くと，**東光院**(真言宗)がある。ここには1834(天保5)年造立の僧徳本の名号碑や，1805(文化2)年の銘の入った石幢型六地蔵，小祠にまつられた延命地蔵(石造地蔵菩薩立像)などの石造物がある。

　東光院から5分ほどで**別所梅林**である。梅林はこのほかにも**原梅林**や，**中河原梅林**などがあるので，付近を歩いて楽しむことができる。曽我の梅林は総数3万5000本ともいわれるが，その歴史は500年前まで遡るらしい。戦国時代，小田原城を本城とする後北条氏が梅干しづくりを奨励したと伝わる。現在では2月の梅まつりの季節になると，この辺り一帯は，ウメの花見客でたいへんな賑わいをみせる。下曽我駅そばには，梅の里づくり事業の中心施設である**梅の里センター**があり，梅干しの展示と，梅の里をパネルで紹介している。ここは休憩所としても利用できる場所である。

　御殿場線の線路を挟んで反対側には，古代の息吹きを伝える遺跡群が広がっている。

　下曽我駅の改札を出て，東西連絡通路をくぐって駅の反対側へ出ると，「SOGA HOSPITAL(曽我病院)」の建物がみえるので，それを目指して歩いて行く。病院に着いたら，右折して道沿いに歩き，突き当りを左折してしばらく行くと，**永塚観音**に到着する。この辺り一帯が**永塚遺跡群**であり，古代の足下郡(足柄下郡)の郡家(地方の役所)推定地である。現在では住宅が密集していて，古代の姿を想像するのはなかなか難しいが，足下郡の政治的な中心地域であったと考えられている。来た道を

コラム

## 曽我梅林

　1月下旬から3月上旬にかけて，小田原市曽我の別所梅林や熱海梅園ではウメがみごろとなる。

　小田原でウメが栽培されるようになったのは，戦国時代に後北条氏が兵粮目的でウメの木を植えたのが始まりとされている。江戸時代には，小田原藩主の大久保氏により栽培が奨励され，さまざまな用途に使用されていた。

　とくに曽我梅林は，毎年2月に梅まつりが行われ，テレビやラジオで中継されるほど有名で，約3万5000本の白梅が植えられている。

　また，近くには曽我兄弟や二宮尊徳にゆかりの見どころもある。

　梅林までの交通アクセスは御殿場線下曽我駅より徒歩15分程度である。

戻り，最初の右折路を曲がって行くと5分で，曽我病院の駐車場への出入口がみえてくる。その隅に**下曽我遺跡**の説明板が立っている。この遺跡からは，弥生時代から平安時代にかけて使用された井戸がみつかっており，さらにその周辺から木簡や墨書土器などが出土している。墨書土器に記されている文字は，一般の集落から出土するものとは異なり，官衙などの公共施設に関係する文字が書かれている点が特徴的である。ここから道路を挟んで反対側にある，デイセンター永耕園入口前に，**下永塚遺跡**の説明板が立っている。ここからは，住居址や重圏文鏡などが出土しているほか，小石や土器や瓦の破片などで表面を舗装した，古代の道路跡もみつかっている。

　ここからさらに進み，上府中駐在所のある交差点を右折して100mほど行った左に**千代廃寺跡（千代寺院跡）**がある。道路からは直接みえず，左側の石垣にある細い階段をあがる必要があり，少しみつけにくい。ここには忠魂碑と，千代廃寺に関する説明板がある。千代廃寺は発掘の結果，8世紀初頭に在地豪

族の手で建立され，10世紀前半まで存続していた寺院であると考えられている。かつては，東大寺式の伽藍配置をもつ相模国分寺ではないかとされたが，現在では否定されていて，上述のように在地豪族の氏寺，もしくは郡寺というような性格の古代寺院であったとされている。伽藍配置も東大寺式ではなく，法隆寺式ではないか，との指摘がある。駐在所の交差点まで戻りそこを右折し，さらに3つ目の右折路を曲がって行った住宅街の一角に，**千代南原公園(千代南原遺跡)**がある。公園内に遺跡に関する説明板が立っているので役立つだろう。この辺りからは，千代寺の主要建物跡の基礎と，大型の柱穴などがみつかっており，千代廃寺の実態を解明するうえで，重要な発見がなされた場所ということができる。帰りは上府中駐在所まで戻るとバス通りである。バスの本数は少ないが，上府中駐在所前バス停から下曽我駅まで10分ほどである。

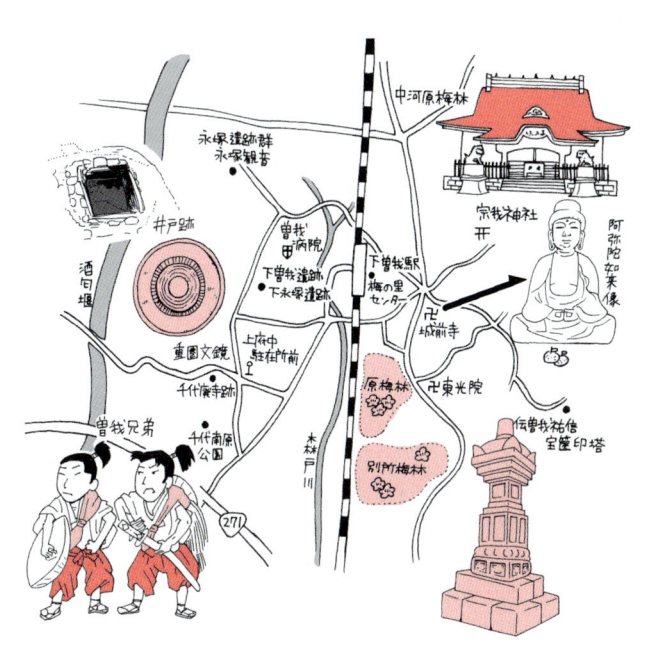

# ⓭ 箱根の山岳信仰を歩く

> 古代以降，神奈川県と静岡県の県境に位置する山岳地帯は，修行者たちにとっては厳しい環境に身をおきながらも，験力を体得するための一大パワースポットであった。こうした史跡を訪ねて，英気を養ってみよう。

### 行　程①
箱根湯本駅
↓🚌 35分
バス停 元箱根
↕🚶 10分
箱根神社
↓🚌 35分
箱根湯本駅
約3時間

### 行　程②
熱海駅
↓🚌 10分
バス停 伊豆山神社
↕🚶 10分
伊豆山神社
↓🚌 10分
熱海駅
↓🚃 3分
来宮駅
↕🚌 20分
日金山東光寺
約3時間

　終点元箱根でバスを降り，一の鳥居を過ぎて芦ノ湖畔の北東端に浮かぶ朱の鳥居を目標に進むと，スギの大樹に囲まれた参道の先に**箱根神社**がある。古くは箱根三所権現とよばれ，祭神として瓊瓊杵尊・木花咲耶姫・彦火火出見尊の3神がまつられている。『**箱根山縁起 幷 序**』(1191年，箱根山別当行実の編纂)によると，太古の昔，聖占仙人が湖を見下ろす駒ヶ岳に神仙宮を開いたのが始まりで，その後，利行が堂宇を建立して般若寺と号し，ついで利玄が東福寺と改称したという。

　山岳霊場として整備したのは，回峰修行をしながら全国を布教して回った**万巻上人**のときである。757(天平宝字元)年，万巻は箱根山に来山し，箱根大神3神の夢告により三所権現を勧請して神殿を造営するとともに，丈六の薬師如来を造立して，根本中堂に安置したという。802(延暦21)年の富士山の噴火により，東海道の主要ルートが足柄路から箱根路に転換される

と，箱根権現の地位はますます高まった。
　当社が飛躍的発展を遂げるのは鎌倉時代で，源頼朝は石橋山の戦いで敗北した際，別当の行実・永実兄弟の機転により命拾いをしたことに恩義を感じ，鎌倉入りを実現するとただちに，早河荘を寄進して知行を命じている。以後，鎌倉幕府は

伊豆・箱根両権現と三島大明神を関東の武家の守護神として，破格の待遇を付与している。

室町時代以降も鎌倉公方家の足利氏は篤い庇護を加え，戦国期の小田原北条(後北条)氏は，相模・伊豆国のほか上総・武蔵国を包含した4456貫文を宛行っている。これは，当時の箱根権現の別当が伊勢長氏(北条早雲)の子海実(菊寿丸，のちの幻庵)であったことにもよるであろう。その後，1523(大永3)年には，早雲の念願でもあった箱根山東福寺・三所権現の再建が子の氏綱を大檀那とし，別当の海実の指揮下で達成されたことが棟札によってわかる。しかし，再建された社殿も1590(天正18)年の豊臣秀吉・徳川家康による小田原征討の際に兵火を受け，社寺は灰燼と化した。その後，関東に入部した家康は，伊豆国田方郡沢地村(現，静岡県三島市)内の田地を寄進し，1612(慶長17)年にはみずから大檀那として宝殿・拝殿を再建した。

しかし，1868(明治元)年，明治政府の国家政策により神仏分離令(神仏判然令)が発令されると，別当寺金剛王院東福寺は廃寺とされ，別当職も廃止されることになった。これにともない，箱根三所権現は箱根神社と改称され，別当にかわり祀掌が管掌することになった。その結果，東福寺に伝えられた寺宝類は，

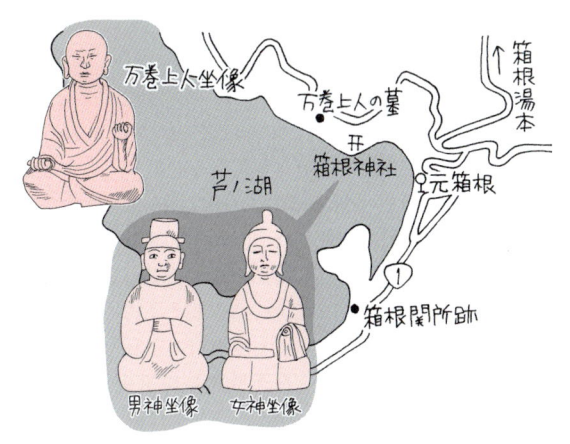

現在遺されているものを除いては、ほぼ大半が廃仏毀釈の煽りを受けて焼却・破却された。

宝物殿に所蔵されている**伝万巻上人坐像**［国重文］は、カヤの一木造で翻波式衣文が施され、平安初期の貞観仏の特徴が顕著で、東国最古の木造肖像彫刻であるとされている。社殿右手の小径をしばらくのぼった裏山には万巻上人の墓といわれる古石塔が建っている。ごく最近になって公開された神像として、**男神・女神坐像**［国重文］がある。前者は眼を見開いて張りのある快活な表情を、後者は伏し目がちで穏やかな表情をしているのが特徴的で、平安後期の作品と考えられている。このほか、宝物殿には常設展示品ではないが、鎌倉時代末期に作成されたといわれる『**箱根権現縁起絵巻**』［国重文］があり、継子いじめ譚や箱根三所権現と伊豆山権現の謂われなどが記されている。さらに宝物館入口脇には、「文永五(1268)年」の銘をもつ大きな**湯釜**［国重文］と、「弘安六(1283)年」の銘をもつ**浴堂釜**［国重文］があり、後者は別当隆実の命令で伊豆国出身の大工磯部康弘が鋳造したものである。両釜とも箱根山東福寺で使用されていたものである。神社の周辺からは、「鉄滓」とよばれる鉄の塊がみつかっており、製鉄遺跡が存在したことを物語っている。

東海道本線・伊東線熱海駅から七尾方面行バスに乗り、伊豆山神社前バス停で下車する。交番を左折してしばらく進むと、急勾配の石段の先に**伊豆山神社**がある。『延喜式』式内社の1つで、祭神は火牟須比命などである。古くは伊豆走湯権現とか伊豆山権現といい、関東総鎮守と称した。妄言により伊豆国に流された役行者(役小角、修験道の開祖)の修行場として、また罪人として伊豆国に流された源頼朝と北条政子の逢瀬の場でも知られる。頼朝は当社と箱根権現および三島明神を回る、いわゆる二所詣の先例を開いたが、これにともない、以後御師や先達の制度も確立された。本殿右手奥にある伊豆山郷土資料館には、**木造男神立像**や**後奈良天皇宸筆紺紙金泥般若心経**［ともに国重文］、伊豆山経塚のほか、ごく最近発見された宝

箱根の山岳信仰を歩く　067

篋印塔嵌装舎利厨子や拝殿向拝彫刻の龍神，北条政子の髪の毛で綴られたといわれる梵字曼荼羅が陳列されている。

　熱海駅に戻り，伊東線来宮駅から車で6kmほど県道熱海函南線をのぼり，伊豆スカイラインとの合流地点をさらにのぼって行くと，十国峠付近に至る。この頂上は，源実朝が箱根から伊豆山に向かう途中で歩を休め，「箱根路を　わが越え来れば　伊豆の海や　沖の小島に　波のよる見ゆ」と詠じた所である。山頂近くの樹木に覆われた薄暗い細道（一定の間隔で造立された石仏群）を東麓に向かって注意深くくだって行くと，日金山**東光寺**（地蔵堂，真言宗）に至る。この峠を通過する日金路は，古来，伊豆韮山・三島と湯河原・小田原，さらには箱根権現・伊豆山権現にも通ずる山岳信仰の盛んな所でもある。当寺の周辺には地蔵信仰の存在を感じさせる遺物が数多くみられ，一種独特の雰囲気を醸し出している。本堂の手前左には地獄を司る閻魔大王が，その手前右には三途の川に登場する奪衣婆の石像が配されている。また，本堂の裏山には，左から金地・松葉・木生の3仙人に関係した宝篋印塔3基が建っている。本堂には，本尊黄銅製延命地蔵菩薩像が安置されている。源頼朝の寄進とされているが，定かではない。古来，伊豆や足柄地域の人びとの間では，「人は死ぬと，その魂は日金山に集う」とされ，春秋の彼岸に日金山にのぼると，「亡き人の後ろ姿をみる」という。すぐ近くには，熱海市営熱海日金山霊園墓地がある。

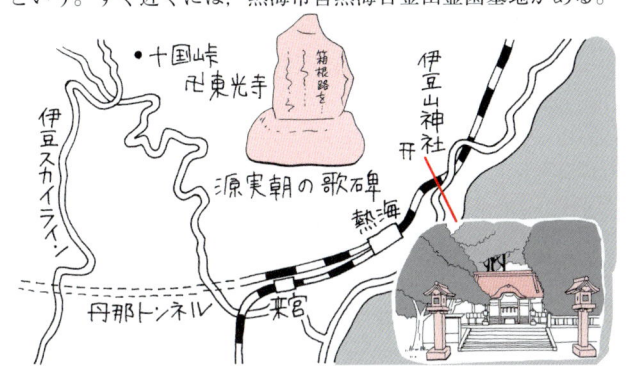

## ⑭ 箱根外輪山西側の近代建造物を歩く

箱根の西(駿東)と東(西湘)は,中世後期には大森氏,近世には小田原藩と,同じ領主の支配を受け,近代でも東海道線が御殿場経由であったことから,深いつながりをもって来た。箱根外輪山の西側を歩き,神奈川・静岡の県境を越える人びとの活動について考えよう。

### 行　程

駿河小山駅
↓ 🚶 20分
豊門公園
↓ 🚶 8分
森村橋
↓ 🚶 25分
駿河小山駅
↓ 🚌 10分
御殿場駅
↓ 🚶 25分
アメリカ村跡
↓ 🚶 10分
秩父宮記念公園
↓ 🚶 10分
東山旧岸邸
↓ 🚶 25分
御殿場駅
↓ 🚌 12分
岩波駅
↓ 🚶 5分
深良用水
↓ 🚶 35分
復生記念館
バス停 復生病院前
↓ 🚌 15分
御殿場駅
約7時間

　御殿場線で静岡県最初の駅である駿河小山駅で下車する。目の前には富士紡ホールディングス(旧富士紡績)の工場が広がる。交通至便で水に恵まれた小山町は,戦前期,隆盛を誇った富士紡績とともに発展をしてきた。駅から御殿場方面へ約15分歩き,小山町役場を目指す。役場前の小学校脇の坂道を5分ほどのぼると,現在は町の施設である**豊門公園**に至る。公園は富士紡績が従業員や地域の人びとのために大正末に設立された施設である豊門会館に由来し,豊門会館・西洋館・噴水泉・正門などが現存し国の登録文化財となっている。それらのうち,豊門会館は,富士紡績に大きな足跡を残した和田豊治の住宅を1925(大正14)年に移築したものである。西洋館は,大正末から昭和初期に建てられた塔屋が印象深い建物である。園内には町の人びとが造立した和田君遺惠碑もあり,町と富士紡績の良好な関係もみてとれる。道を戻り役場前の通りを5分ほど御殿場方面へ進むと鮎沢川に架かる**森村橋**[国登録]がある。この橋は旧東海道線から富士紡績工場への引込線の鉄橋で,「明治三十九(1906)年竣工」のプレートが掲げられており,日本人が設計・

施工した鋼製トラス橋としてはもっとも古いものの1つである。なお，市街地と駅を結ぶ道沿いには戦前期の商家建築が点在し，駿河小山駅東側の国道沿いには1930（昭和5）年に運用が始まった生土発電所の建造物も現存している。

　御殿場線またはバスで，御殿場駅へ移動する。御殿場は，御殿場線の主要駅で登山拠点，別荘地として現在も賑わう街である。駅構内には「鉄道唱歌」の歌詞が展示され，戦前期，東海道線の一部であった御殿場駅の繁栄を偲ぶことができる。

　ここでは，箱根外輪山麓の別荘地をまわろう。駅の箱根乙女口から県道401号線（箱根裏街道）を**二岡神社**目指して25分ほど歩く。東田中交番前で右に折れて進むと，外国人の別荘での生活と関係の深い**二の岡フーヅ（ハム）**の工場・売店がある。売店脇の道を入り，さらに進むと二岡神社へ至る。二岡神社付近は，かつて「**アメリカ村**」とよばれた外国人別荘地であった。明治中頃，1人のイギリス人が箱根で迷い，農民によって二の岡へ導かれた。このイギリス人が二の岡の地を気に入り避暑地として過ごしたことを契機として，富士山がよくみえる二岡神社付近で避暑をする外国人が増えていったという。これらの外国人はのちに，神社から500mほど離れた地域に，別荘やクラブハウス，教会などを計画的に配置した**万国村**を設立した。戦争の足音が近づく1930年代後半から，外国人たちは帰国して行き，これらの施設は，ミッションスクールや日本人キリスト教信者へ譲渡された。これが現在の二の岡地域である。現在，キリスト教系女子校が所有する近代的な施設奥の道沿いには，戦前期の教会堂やクラブハウスであった建物が現存しているが，私有地であるため許可を得た見学会など以外は，敷地に立ち入ることはできない。

　神社付近で，かつての外国人別荘地に思いをはせたら，来た道を戻り東田中交番から北東へ東山地区を目指して10分ほど歩こう。右手に**秩父宮記念公園**の正門がみえて来る。ここは，大正天皇と貞明皇后の第2皇子で，昭和天皇の弟である**秩父宮雍仁親王**が療養生活を送った別邸跡である。園内には，秩父宮

## 御殿場のハムとビール

　1891(明治24)年に横浜市元居留地百番のバンテングが高山植物採取のため,箱根に入り道に迷っていたところ,農夫の芹沢某に会い,二岡神社にやって来た。これを機に,二の岡の山林や家屋を借り夏期休暇を過ごすようになった。富士山の麓に広がる御殿場は,標高は250～700mと高く,冷涼多雨で霧が多く発生する気候やなだらかに傾斜した土地に広がる水田の美しい景観を求めて,その後も多くの欧米人が別荘を建てていった。なかでも二の岡の「アメリカ村」を建設したバプテスト教会の宣教師ボールデンらは,御殿場の青年層へ伝導するとともに,ハムやソーセージの製法やニワトリ・七面鳥の飼育などの指導を行った。やがて,第二次世界大戦による日米関係悪化によって,ボールデンやアメリカ村への官憲の警戒が厳しくなり,ボールデンの帰国やアメリカ村の閉鎖にいたった。しかし,その後も技術は継承され,現在は二の岡フーヅとして製造販売を行っている。

　二の岡から裾野ICへ,車で10分ほど走ると御殿場高原時之栖に着く。その中の施設の1つ,御殿場高原ビールは富士山の湧水とドイツの技術を使い,地ビールとして日本最大の醸造量がある。そのほかソーセージ工房,ホテル,温泉,球技場などを備えた一大総合レジャー施設となり,地ビールブームに乗って観光客は増加している。

が1941(昭和16)年からアジア太平洋戦争をはさんだ約10年間にわたり生活した母屋や,秩父宮妃のために建てられた新館を改装した展示室がありその内部を見学することができる。また,昭和天皇が秩父宮に贈った登山服姿をした秩父宮銅像も母屋前の広場にある。

　秩父宮記念公園正門前の道をさらに15分ほど北東へ進むと,右手のとらや工房と同じ敷地内に**東山旧岸邸**がある。別荘を建

てた岸信介は戦前期に商工大臣をつとめ，戦後A級戦犯として逮捕され(不起訴)，のち総理大臣をつとめ60年安保闘争を契機として辞任し，その後も政界に大きな影響力をもち続けた政治家である。邸宅は，近代数寄屋建築の祖といわれ，現代建築に日本風の簡素な意匠を取り入れた吉田五十八の設計によるもので，戸のすべてを戸袋に引き込み室内と自然が一体化する開放的な食堂や居間が印象的な建物である。東山地区は日本人別荘地として栄えた地域で，戦前からYMCAの施設があり，戦後には映画監督黒澤明の別荘などがあった。東山旧岸邸と道を隔てた隣は，岸信介の親類で戦前期外務大臣をつとめ，日独伊三国軍事同盟を締結した松岡洋右の別荘跡である。現在，この地では，松岡別荘陶磁器館が日を限って開館され，松岡が蒐集した陶磁器などを見学することができる。

　御殿場駅へ戻り，御殿場線を沼津方面へ南下し，岩波駅で下車する。駅ホームから，昭和40年代に御殿場線が電化されるまで使用されたスイッチバックホーム跡の築堤をみることができる。駅から5分ほど南下すると深良川に出会う。この川は江戸後期に箱根外輪山西側にトンネルを掘り芦ノ湖の水を深良地区へ導いた疏水(**深良用水・箱根用水**)である。なお，この川沿いの県道337号を車で20分ほどのぼると箱根外輪山の眼下に芦ノ湖を望む箱根スカイラインに至る。道の途中には，水を通したトンネルの出口があり，深良用水之碑がある。また，岩波駅南方にある深良南堀地区の松寿院(浄土宗)の北約50mの所に用水開削を主導した名主大庭源之丞の墓がある。

　岩波駅前の県道394号を北上すると30分ほどで神山復生病院に至る。敷地内には**復生記念館**［国登録］がある。神山復生病院は，1887(明治20)年フランス人神父が伝道中にハンセン病者と出会い，御殿場市街の借屋で患者を保護したことから始まる。その後，神山地区に移転し，多くのハンセン病患者を治療してきた。病院では，ハンセン病への理解とここで生涯を終えた人びとの生活の歴史を後世に残すために，1897年に建てられた旧本館事務所を利用して記念館とした。展示室には，入院患者た

ちの生活の写真・物品や6代目院長岩下壮一、初代婦長井深八重に関する資料・遺品などを展示している。

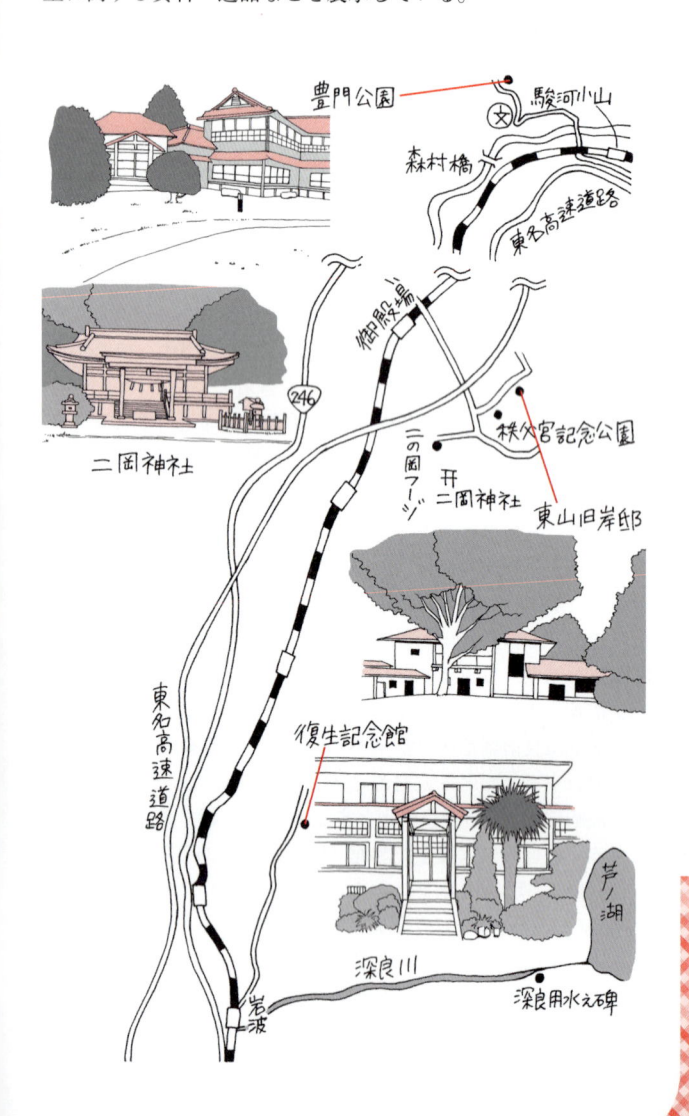

## ⓯ 熱海の近代の面影を歩く

> 熱海はその気候の良さから，多くの文人や名士に愛された土地である。明治・大正・昭和の趣を残す建造物の数々は訪れた者にとって，タイムトリップをしたような感覚と同時に，どこか懐かしさを感じさせる。

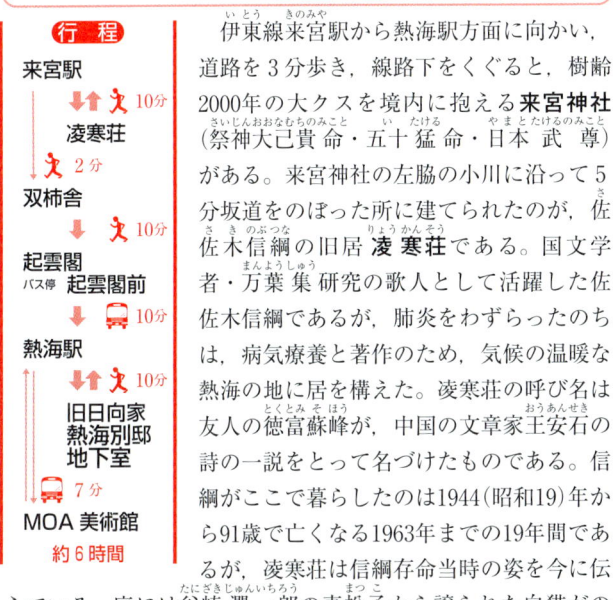

### 行　程

来宮駅
↓🚶 10分
凌寒荘
↓🚶 2分
双柿舎
↓🚶 10分
起雲閣
🚌 起雲閣前
↓🚌 10分
熱海駅
↓🚶 10分
旧日向家
熱海別邸
地下室
↓🚌 7分
MOA 美術館

約6時間

　伊東線来宮駅から熱海駅方面に向かい，道路を3分歩き，線路下をくぐると，樹齢2000年の大クスを境内に抱える**来宮神社**（祭神大己貴命・五十猛命・日本武尊）がある。来宮神社の左脇の小川に沿って5分坂道をのぼった所に建てられたのが，佐佐木信綱の旧居**凌寒荘**である。国文学者・万葉集研究の歌人として活躍した佐佐木信綱であるが，肺炎をわずらったのちは，病気療養と著作のため，気候の温暖な熱海の地に居を構えた。凌寒荘の呼び名は友人の徳富蘇峰が，中国の文章家王安石の詩の一説をとって名づけたものである。信綱がここで暮らしたのは1944(昭和19)年から91歳で亡くなる1963年までの19年間であるが，凌寒荘は信綱存命当時の姿を今に伝えている。庭には谷崎潤一郎の妻松子から譲られた白猫がのぼって遊んだウメの木や，志賀直哉が東京に戻る際に贈ったといわれるツクバネウツギの木などが植生しており，この別荘が多くの文士の集まった場所であったことを偲ばせる。また，横隣には谷崎潤一郎の旧居であった潤雪庵（見学は外観のみ）がある。

　来宮駅を出て右手に進み，カーブを曲がった地点の下り坂を2分ほど歩くと，坪内逍遥の別荘で，彼の終の棲家となった**双柿舎**に行き着く。坪内逍遥は，早稲田大学文学部の創設に尽力し，『小説神髄』『当世書生気質』などの小説を著し，近代小

> **コラム**
>
> ### 熱海梅園
>
> 　熱海梅園は横浜の豪商 茂木惣兵衛が造成し，1886(明治19)年開園した。1888年には御料地となった。1960(昭和35)年に熱海市に払下げられ，現在では1月上旬から3月中旬頃まで梅まつりが開催され，日本一早咲きのウメの名所として有名である。
> 　また，園内には中山晋平記念館，韓国庭園，澤田政廣記念美術館なども設けられている。
> 　梅園までの交通アクセスは伊東線来宮駅より徒歩10分程度である。

説の端緒をつくった人物として知られている。双柿舎の建物から庭のデザインは，すべて逍遥自身が設計したもので逍遥の感性をうかがい知ることができる。また，現在は残ってはいないが双柿舎の名の由来である2本の老柿が庭内にあった。一連の建築物の中でとくに目を引くのは，逍遥が書斎として使用していた書屋だろう。和漢洋を折衷したこのユニークな建物は，逍遥の業績や写真を紹介する展示スペースとなっている。双柿舎を出て左手に進み，坂を少しくだった所にあるのが逍遥を弔う海蔵寺(臨済宗)である。逍遥の墓は寺院の1番奥にある。

　海蔵寺からそのまま南東方向に8分歩くと**起雲閣**に着く。1919(大正8)年に建てられた起雲閣は，東武鉄道や南海鉄道(現，南海電気鉄道)の経営に携わり「鉄道王」として知られた根津嘉一郎や，農林大臣などもつとめた内田信也の別荘として使用された。起雲閣は岩崎別荘(非公開)，住友別荘(現存せず)とならんで，「熱海の三大別荘」と称賛された名邸である。広い庭を囲むように配置された建物は，どの部屋からも素晴らしい庭園を鑑賞できるようになっている。青い壁が印象的な麒麟は和風な造りであるが，隣に位置する玉姫は中国的装飾とアールデコ調に彩られ，玉渓は中世チューダー様式の床の間となっており，大正・昭和のモダンな別荘の雰囲気を残している。

また，当時の姿をそのまま残したローマ風浴室などが残っており，こちらも必見である。

　起雲閣は1947(昭和22)年に旅館として生まれ変わり，志賀直哉や山本有三，谷崎潤一郎，太宰治など日本を代表する文豪に愛されてきた宿でもあった。邸内には文豪の名を冠した客室があり，訪れた者は文豪たちの気持ちに想いを重ねることができるだろう。

　起雲閣入口付近のバス停よりバスに乗り10分程度で熱海駅に着く。熱海駅から北東方向に進み，三叉路の脇にある細い坂道を南方向にのぼって行くと，熱海の海を眼下に望む丘の上に，世界的なドイツ人建築家ブルーノ・タウト設計の**旧日向家熱海別邸地下室**［国重文］にたどり着く。第一次世界大戦後に勤労者のためのジードルンク(集合住宅)で国際的な評価を受けたタウトであるが，ヒトラーを指導者とするナチス政権の成立直後に身の危険を察し，夫人とともにドイツを離れ，かねてより招聘を受けていた日本へ来日した。「色彩の建築家」としても知られるタウトは，来日した際に桂離宮を見学し，「偉大な芸術をもつ美」と絶賛したことが知られているが，旧日向家別邸は，そうしたタウトの色彩感覚と日本的美が調和した空間となっている。各部屋は漆喰や絹といった日本の素材を用いながら淡黄色・深紅・灰緑色などで塗り分けられており，それぞれ異なる趣をみせている。その他，竹を使った壁面など随所にタウトのこだわりを感じることができる。タウトが日本に残した建築は旧日向家熱海別邸地下室のみのため，この場でタウトの美的感性を存分に堪能したい。

　熱海駅前からバスに揺られ，坂道をのぼること7分，熱海の海を見下ろせる丘の上に**MOA**(Mokichi Okada Association)**美術館**はある。美術館の創立者である岡田茂吉は「美術品は決して独占するべきものではなく，多くの人にみせることで，人間の品性を向上させる」との信念をもち，第二次世界大戦後，美術品の蒐集を行った。MOA美術館は，そうした創立者の豊富なコレクションを鑑賞できる。入館して先ず驚かされるの

は，本館まで続く長いエスカレーターの通路である。通路は空間を大胆に使った構造となっており，美術館自体が訪れた来場者を楽しませてくれる。美術館では日本および中国を中心とした東洋の絵画や陶磁器など，3500点の美術品を所蔵しているが，なかでも野々村仁清作色絵藤花文茶壺，手鑑「翰墨城」，尾形光琳筆紅白梅図屏風［いずれも国宝］は美術館の顔といえる。その他，本阿弥光悦作といわれる樵夫蒔絵硯箱を始めとした65点もの重要文化財を所蔵している。館内には黄金の茶室や尾形光琳の住まいを再現した光琳屋敷などがあり，体感できる美術館として来場者を楽しませる。また，本館2階には能楽堂があり定期演能会が開催されている。

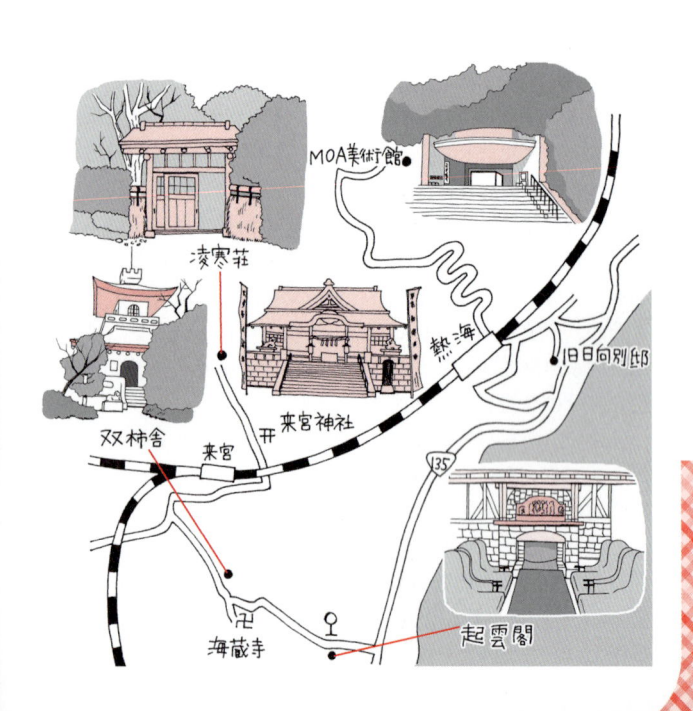

# ⑯ 災害と復興の史跡を歩く

富士山の宝永大噴火と関東大震災は，未曽有の被害をもたらした。被災地の史跡を訪れることで，災害の恐ろしさを再認識するとともに，災害に果敢に立ち向かい復興に尽力した先人たちの営為を振り返ってみよう。

## 行　程①

御殿場駅
　↓ 🚗 30分
冨士浅間神社
　↓ 🚗 1分
伊奈神社
　↓ 🚗 30分
御殿場駅
　約2時間

## 行　程②

大雄山駅
　↓ 🚃 10分
バス停　大口
　↓ 🚶 2分
大口西堤・東堤碑・福沢神社
　↓ 🚶 3分
大口東堤
　↓ 🚶 3分
バス停　大口
　↓ 🚃 10分
大雄山駅
　約1時間30分

富士山は，過去に802(延暦21)年，864(貞観6)年，1707(宝永4)年と3度の大噴火をしている。延暦大噴火では相模国足柄路が閉ざされて箱根路が開かれ，貞観大噴火では本栖湖・剗の湖が埋まって西湖・精進湖，青木ヶ原樹海や氷穴などができた。宝永大噴火は過去最大の噴火で，江戸にも火山灰が降った。大噴火の50日前には，東海・紀伊・四国南部の広域が震源地でマグニチュード8.4と推定される宝永大地震も発生している。

宝永大噴火は，宝永4年11月23日午前10時頃，富士山5合目付近の東南斜面でおこった。第3→第2→第1火口の順で噴火がおこり，第1火口の北側に海抜2700mの宝永山ができた。溶岩の噴出は少なかったものの，焼け石・砂・灰が北西風に乗って大量に吹きあげられた。降砂の被害がとくに甚大であったのは駿河国御厨地方(現，静岡県小山町・御殿場市および裾野市の一部)で，須走村(現，静岡県小山町)では9尺(約2.7m)以上も火山灰が積もり，延暦大噴火の際に国司らが当社で鎮火の祭事を執行したという**冨士浅間神社**の鳥居は，笠木部分のみがやっと顔をのぞかせる状況であった。相模国では足柄上郡山西村(現，神奈川県山北町)付近で3尺(約90cm)，同郡山北村岸(現，同)では2尺(約

## 行　程③

根府川駅
↓ 🚶 3分
関東大震災
殉難碑
↓ 🚶 5分
大震災耕地復旧
記念碑
（寺山神社）
↓ 🚶 5分
大震災殃死者
供養塔（岩泉寺）
↓ 🚶 5分
根府川駅
約1時間30分

60cm）前後であった。以後，この大量の降砂をいかに迅速に処理するかが，緊要の課題とされた。

当初，これらの地域を支配していた小田原藩は「亡所（廃村）やむなし」との方針を採用した。しかし，農民の復興に向けての必死の努力に鑑み，噴火の翌年，江戸幕府は被災地を幕府領として上知し，土木・治水の巧者として知られる関東郡代の**伊奈忠順**を砂除川浚奉行に任命した。忠順は酒匂村（現，神奈川県小田原市）に会所をおき，復興事業に着手した。噴火から1年半後，忠順は初めて御厨地方を巡検し，農民の声にみずから耳を傾けるとともに，勘定奉行所での内談にも農民を参加させて彼らの窮状を幕吏に聞かせ，砂除金支給への途を開いた。地元では忠順のことを「伊奈さん」とよび習わし，1982（昭和57）年には，彼の270回忌を記念して，**伊奈神社**内に彼を顕彰する銅像を造立した。

田畑や道路復旧のための砂除作業は，2次災害をもたらした。除去した土砂を川に捨てたため，川底が浅くなり，幾度となく酒匂川水系の氾濫を招いたのである。その結果，周辺住民は何世代にもわたって苦しみ，河川改修や築堤に莫大な費用と人員が投入された。この象徴的な復興事業が南足柄の**文命堤**である。文命堤は，新大口堤（大口東堤）と岩流瀬堤（大口西堤）の総称で，「文命」とは中国の伝説的な治水の名君として知られる禹王の号である。

　山間をぬって流

れ出た酒匂川が山北南部で平地に出た辺りを地元では大口と称している。江戸町奉行兼地方御用掛の**大岡忠相**の命を受けて，1726(享保11)年，**田中丘隅**(川崎宿名主・農政治水の地方巧者)は，立枠・弁慶枠とよばれる立体的構造をもつ新工法を駆使して，この大口堤の再建に着手し成功を収めた。

しかし，1734年の猛烈な台風の襲来を受け，文命堤はまたしても決壊した。この復旧難工事に従事したのは，奇しくも丘隅の女婿である支配勘定格の**蓑笠之助**であった。笠之助は十余年にわたって文命堤の復旧に専念し，1746(延享3)年に任務を完了して**井沢弥惣兵衛**に酒匂川普請の任務を引き継いだ。翌年，酒匂川西岸(右岸)の村々はようやく幕府領から小田原藩領に戻された。大口バス停から至近距離にある福沢神社の側に**東堤碑**があり，大口橋を渡ってすぐの所に**西堤碑**がある。

関東大震災は，1923(大正12)年9月1日，午前11時58分に発生した。激震により多くの建造物が倒壊するともに，昼時の地震ということもあって各地で火災が発生し，死者・行方不明者は約14万人余，全半壊・全半焼の家屋は約70万戸余にも達するほどの激甚な被害を関東地方にもたらした。

神奈川県西地域での大震災の際に発生した大惨事としては，熱海線(現，東海道本線)根府川駅での山津波による列車被災が挙げられる。大震災当日のその時刻，小田原発真鶴行の109号列車8輌編成が根府川駅に到着した瞬間，激震にともない駅背後にあった断崖約600mが突如として崩落し，それが山津波となって駅舎・プラットホームを襲撃したため，列車もろとも45m下に転落し，後部客車2輌を残して海中に没してしまった。この事故で乗客・乗員あわせて112人とホーム上にいた40

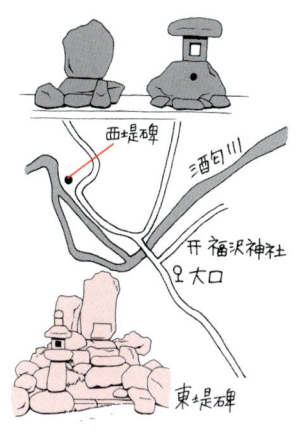

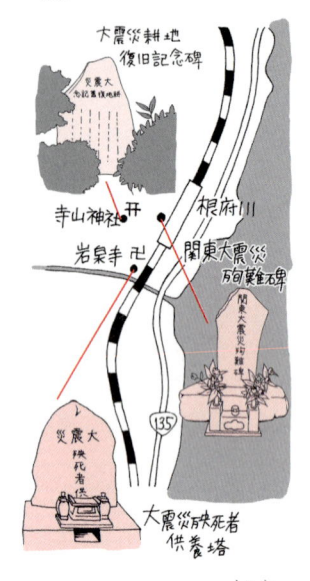

人余が犠牲となり、負傷者は13人におよんだ。このときの犠牲者の霊を弔うため、1942(昭和17)年に**関東大震災殉難碑**が、根府川駅の跨線橋から改札口に向かう途中に建てられた。震災後の復旧工事により、熱海線は小田原—早川間が1923(大正12)年11月、早川—根府川間が1924年7月、根府川—真鶴間が1925年3月に復旧し、約1年半かけて全線が開通した。

根府川駅から西へ約200m行くと寺山神社があり、当社内には1941(昭和16)年に建立された**大震災耕地復旧記念碑**がある。さらに神社の反対側の釈迦堂入口という碑がある坂道をくだって行くと、その先に岩泉寺(曹洞宗)がある。当寺には、大震災の際に根府川駅西方にある聖岳の一角が地滑りをおこし、これが山津波となって白糸川渓谷沿いの片浦村(現、小田原市)を襲撃した際の犠牲者200人余の霊を弔った**大震災殃死者供養塔**が、1925(大正14)年に遺族の手によって建てられている。

このほか、神奈川県西地域には関東大震災を刻んだ石碑が数多くみられるが、その幾つかを一覧表にしてここに紹介しておこう。

| 所在地 | 碑文の名称 | 造立年代 |
|---|---|---|
| 南足柄市上惣田 | 震災復旧祈念碑 | 1927(昭和2)年 |
| 南足柄市内山 | 震災復興碑 | 1926(大正15)年 |
| 松田町延命寺 | 水道記念碑 | 1935(昭和10)年 |
| 山北町用沢 | 不動堤之碑 | 1934(昭和9)年 |
| 山北町岩流瀬橋 | 震災復旧記念碑 | 1926(大正15)年 |
| 箱根町長安寺 | 震災慰霊碑 | 1923(大正12)年 |

## ⓱小田急線・箱根登山鉄道沿線を歩く

小田急線・箱根登山鉄道沿線は，室町時代・江戸時代の史跡とともに，近代化の過程をあらわす史跡が豊富である。

**行　程**

小田原駅
　↓🚃 40分
大平台駅
　↓↑🚶 5分
林泉寺
　↓🚃 20分
入生田駅
　↓↑🚶 10分
紹太寺
　↓🚃 35分
富水駅
　↓🚶 12分
小田原市
尊徳記念館
　約4時間

　小田原駅から箱根登山鉄道に乗り大平台駅を目指す。小田原駅と箱根湯本駅の間は，小田急線と箱根登山鉄道が相互乗り入れをしていた。小田急線の軌間（ゲージ，2本のレール頭部の内面間の最短距離のこと）は1067mm（**狭軌**），箱根登山鉄道のそれは1435mm（**国際標準軌**）であるため，かつてこの区間では線路が3本みえた。イギリスで鉄道敷設が始まって以降，後発国では，国際標準軌にするか狭軌にするかは大きな問題となった（例外的にロシアは1520mmという広軌を採用）。現役の鉄道の線路そのものが，近代化遺産だったのである。

　箱根湯本駅から先は，箱根登山鉄道専用の線路で，車内放送で，軽妙な口調の沿線ガイドを行う車掌が話題になっている。同駅を出て2つ目が大平台駅である。大平台駅で降りて左の出口（階段をあがる方の出口）を左に進み，湾曲した道路沿いに歩くと，ほどなくして**林泉寺**に到着する。1993（平成5）年に完成した十一面観音像がみえるのですぐに林泉寺だとわかる。この湾曲した道路は交通量が多いので気をつけたい。

　林泉寺は1559（永禄2）年に建立された，箱根最初の曹洞宗の寺である。ここには無政府主義者で僧侶の**内山愚童**の墓がある。内山は，1911（明治44）年の**大逆事件**に連座した1人である。曹洞宗も国家権力に追随する形で，内山の僧籍を剝奪した。名誉回復は1993（平成5）年のことであった。政治・宗教の近代を映し出す鏡となっているのが，この寺である。

　大平台駅に戻り，箱根登山鉄道を小田原駅方面に引き返す。

## 紫陽花

　6月上旬の梅雨の季節になると，神奈川県開成町では開成あじさい祭りが開かれる。開成町吉田島・金井島の水田地帯の農道や水路沿いに約5000株の紫陽花が植えられており，田植え後の緑一色に染まった風景と紫陽花とのコントラストがとても美しい。また，開成あじさい祭りの期間中には，大道芸，地元の人たちによる和太鼓演奏，高校生による吹奏楽演奏などさまざまな催しも行われている。

　近くには江戸時代旧金井島の名主を代々つとめた瀬戸家屋敷（築約300年）もある。

　交通アクセスは小田急線新松田駅もしくは御殿場線松田駅より徒歩25分程度である。

　また，6月中旬から7月中旬にかけては，箱根登山鉄道沿線でも紫陽花が見ごろになる。

　入生田駅で降りて，**紹太寺**に向かう。改札を出ると案内板があり，途中にも案内板があるのでわかりやすい。10分ほど歩くと寺に到着する。この寺は江戸時代初期の小田原藩藩主であった稲葉氏一族の菩提寺で，黄檗宗の寺である。同宗の寺としては関東一の規模を誇る。もとは小田原城下にあったが1669（寛文9）年に2代藩主稲葉正則が現在の場所に移築した。

　入生田駅からさらに鉄道で小田原駅方面に向かい，小田原駅で小田急線新宿方面の電車に乗り換える。次の目的地は富水駅である。各駅停車しか停まらない駅なので，乗る電車に注意したい。

　富水駅で下車し，東口から栢山駅方面に向かって歩く。行き

小田急線・箱根登山鉄道沿線を歩く 083

先は小田原市**尊徳記念館**である。富水駅東口に案内板があり，途中にも案内板がある。

　約12分で尊徳記念館に到着する。二宮尊徳の生い立ち，事績が展示されており。コーナーは次の7つに分かれている。「導入」「少年時代の金次郎」「青年時代の金次郎」「桜町の村づくり」「小田原藩内の村づくり」「各地の村づくりと弟子たち」「金次郎にまつわる遺品」。希望者には説明員が解説する。

　敷地内には尊徳の生家と尊徳像があり，隣接する**善栄寺**（曹洞宗）には彼の墓がある。なお，同寺には，後北条氏3代北条氏康夫人瑞渓院の墓もある。

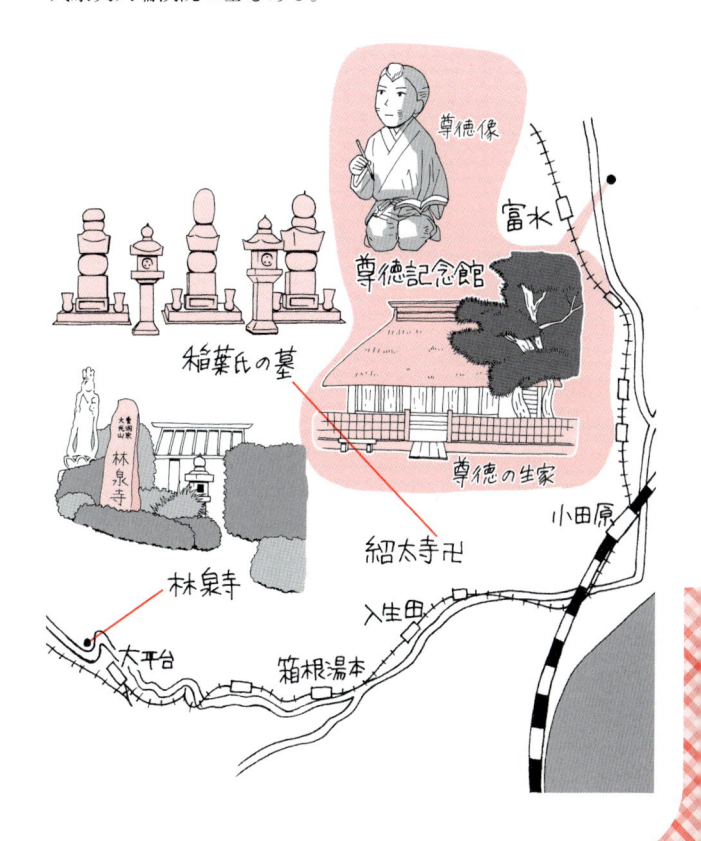

# ⓲ 大雄山線沿線を歩く

伊豆箱根鉄道大雄山線沿線には，後北条氏が相模に入る前に小田原を支配した大森氏ゆかりの史跡を始め，古墳時代から近世に至る史跡が散在する。3つのエリアに分け，探訪する。

## 行程①

大雄山駅
　↓↑🚶 5分
　長福寺
　↓🚶 5分
龍福寺
　↓🚶 2分
関本宿高札
　↓🚶 10分
範茂史跡公園
　↓🚶 15分
大雄山駅
　↓↑🚃 10分
バス停 道了尊
最乗寺

約3時間

## 行程②

塚原駅
　↓🚶 8分
日影公民館
　↓🚶 30分
長泉院
　↓🚶 40分
岩原城跡
　↓🚶 3分
八幡神社
　↓🚶 15分
塚原駅
　↓🚃 10分

---

大雄山線大雄山駅前の信号を渡り，市役所通りを進み，交番を右折すると，**長福寺**（臨済宗）がある。開基は応永年間（1394～1428）で，ここには，塚田古墳群の遺物が保管されている。かつて塚田古墳群は大雄山駅から南足柄市役所にかけての一帯に点在していた。大雄山駅に戻り，駅前の通りを東へ歩くと，竜福寺交差点の左手にあるのが永仁年間（1293～99）に開かれた**龍福寺**（時宗）である。門を入ると，右奥にある高さ4mほどの石碑が目を引く。江戸時代の義民**下田隼人**の顕彰碑（大正間の建立）である。竜福寺交差点を右折し，1つ目の信号の角に，**高札**がある。大雄山駅周辺の地名は関本といい，古代には東海道がここを通り，坂本駅がおかれていた。東海道の経路が変わってからも，関本は脇街道の宿場町で，この高札の付近が高札場であったという。信号を右折して神奈川県立足柄高校の方向に進み，切通し交差点に着いたら，左斜め方向の坂道をのぼると，**範茂史跡公園**がある。よく整備された公園の一角には，承久の乱で朝廷側についたために敗北し，鎌倉に護送される途中この地で殺害された**藤原範茂**の墓と伝えられる宝篋印塔があり，隣には顕彰碑が建つ。再び駅に戻り，道了尊行きのバスで終点

大雄山線沿線を歩く　085

相模沼田駅
↓ 🚶 5分
西念寺
↓ 🚶 10分
沼田城跡
↓ 🚶 10分
相模沼田駅
約3時間

**行程③**
井細田駅
↓ 🚶 20分
北条幻庵屋敷跡
↓ 🚶 5分
バス停 下宿
↓ 🚌 10分
バス停 諏訪原
↓ 🚶 5分
久野15号墳
↓ 🚶 5分
久野4号墳
↓ 🚶 8分
久野2号墳
↓ 🚶 10分
久野1号墳
↓ 🚶 15分
玉宝寺
↓ 🚶 2分
五百羅漢駅
約3時間

道了尊に向かう。道了尊とは、**大雄山最乗寺**の地元での呼称である。応永年間に**了庵慧明**により開山された曹洞宗の寺院で、大本山永平寺・総持寺につぐ格式を誇る。この創建に協力した弟子の妙覚道了が、師が亡くなると天狗になって山に身を隠したという故事から、境内には多くの高下駄が奉納されている。大雄山線が関本まで敷設され、開通した当初は、乗客の大部分は最乗寺に参詣する人たちだったという。

　次のエリアは、大雄山線塚原駅からスタートする。踏切の先の三叉路に立つ自治会案内板を右に行くと阿弥陀如来立像をおさめる**日影公民館**がある。向かい側の満蔵院左の路地を入り、川を渡って右へ進み、突き当りを左へ。ゆるい坂道をのぼり突き当りを右方向へ。途中の二又を左に進むと、大森氏の菩提寺であった**長泉院**（曹洞宗）がある。杉並木の参道奥の境内には、樹齢100年のセンベルセコイアの大木がある。人里離れた静かな寺院である。

　来た道を日影公民館まで戻り、公民館左の路地を入り、突き当りを左折し、さらに突き当るので右折する。カーブをのぼりきった所にある、岡本福祉館を右折し、ゆるい坂を約1分のぼる。ややわかりにくいが民家の駐車場の手前の細い畔道を左に入ると、その奥が、**岩原城跡**で、戦国時代初めに小田原地方を支配していた**大森氏頼**が晩年守っていた。奥の柵からは、足柄平野が遠望できる。来た道を戻り、岡本福祉館を右手にみながらまっすぐくだると、3分で**八幡神社**がある。再び福祉館の方向に戻り、2車線の道路に出たらひたすらくだ

ると，塚原駅付近に戻る。大雄山線に乗車し，10分で相模沼田駅へ。駅前の信号を渡り，しばらくして右手にマンションがみえたら，その先を右折すると**西念寺**(浄土宗)である。境内には，江戸初期の徳川家康の重臣**天野康景**の墓がある。西念寺を出て右に進み，先ほどのマンションを左にみながら道なりに進むと二又に分かれるので右へ。ゆるい坂になり右手に竹やぶが出てきたらその奥を右折。やや急坂をのぼると突き当りに**沼田城跡**の表示が立つ。周囲は農道と畑で，古城の面影はない。来た道を相模沼田駅に戻る。

　3つめのエリアは，大雄山線井細田駅を出て西へ進む。**小田急線**の踏切を渡り久野川橋際交差点を過ぎて小田原厚木道路の手前を右折し，2つ目の信号を左へ。そこから10分ほどバス通りを歩き，下宿バス停を過ぎると，やがて右側に**北条幻庵屋敷跡**の表示がある。豊臣秀吉の小田原攻め直前まで永らく生きた，北条早雲の子**北条幻庵**ゆかりの史跡である。奥に入ると，保育園の脇に社があり，手前には池がある。下宿バス停まで戻り，そこから諏訪原行バスで約10分，諏訪原バス停で下車し，**久野古墳群**を順に見学する。バス通りを戻って突き当りを左に行くと，久野15号墳の表示がある。ミカン畑に入ると，1958(昭和33)年に発掘調査が行われ復元された**久野15号墳**の石室をみることができる。さらに東へ徒歩4分で久野4号墳の表示があるので，右に入ってすぐの所に小さな墳丘を確認できる。**久野4号墳**から東へ8分で**久野2号墳**。1992(平成4)年の調査では副葬品が出土しており，有力首長の墓とも考えられるという。さらに東へ10分で**久野1号墳**。神奈川県下最大級の円墳である。東へ進み，すぐの社の手前を右にくだって，久野坂下交差点を左折。小田原厚木道路を過ぎて踏切を渡り，小田原市立白山中学校前を左折し，白山神社の前を道なりに進むと**五百羅漢**で有名な**玉宝寺**(曹洞宗)に到着する。寺院の建立は1534(天文3)年。ここの五百羅漢像は，1730(享保15)年から，檀家の添田智鉄によって170体が彫られ，のこりは弟が完成させたという。玉宝寺のすぐ裏手が五百羅漢駅である。

大雄山線沿線を歩く　087

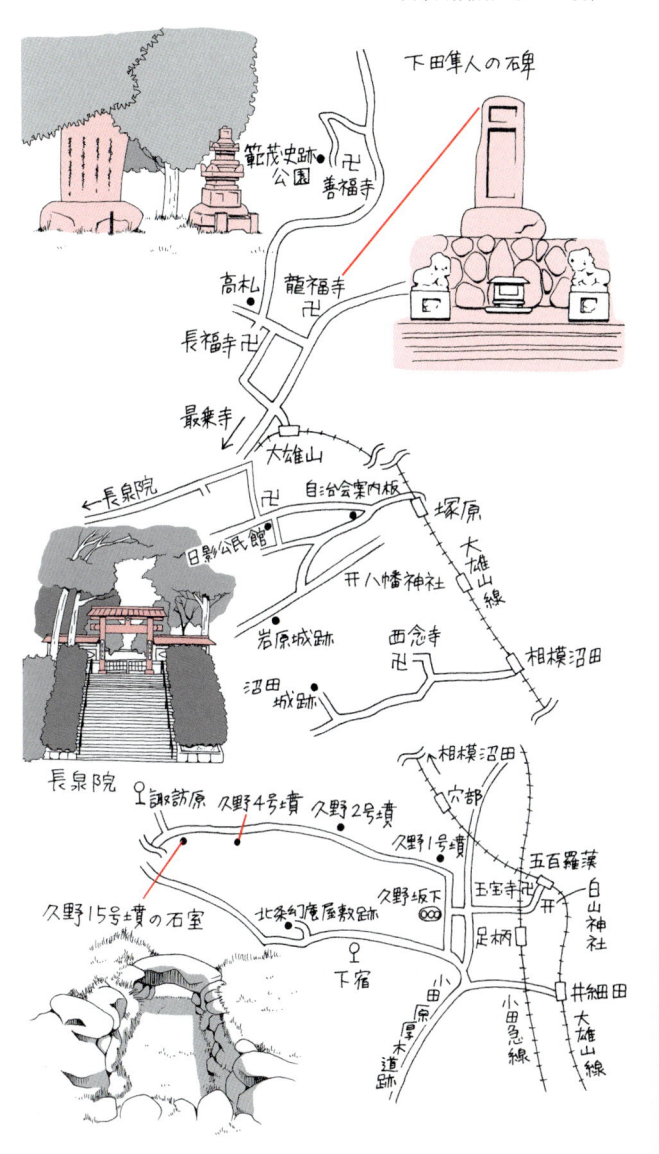

下田隼人の碑

範茂史跡公園

卍善福寺

高札

龍福寺卍

長福寺卍

最乗寺

大雄山

←長泉院

卍

自治会案内板

日影公民館

塚原

大雄山線

卍八幡神社

岩原城跡

西念寺卍

相模沼田

沼田城跡

長泉院

諏訪原

久野4号墳

久野2号墳

相模沼田

穴部

久野1号墳

久野15号墳の石室

北条幻庵屋敷跡

久野坂下

五百羅漢

玉宝寺卍

白山神社

下宿

足柄

井細田

小田原厚木道路跡

小田原

小田急線

大雄山線

# ⓳ 御殿場線沿線を歩く①　神奈川県

御殿場線沿線をめぐることによって，歴史の息吹きに触れるもよし，公園などで花鳥風月を楽しむもよし。それぞれの楽しみ方をみつけるコース。

## 行　程①

国府津駅
　↓ 🚶 3分
真楽寺
　↓ 🚶 5分
菅原神社
　↓ 🚶 5分
宝金剛寺
　↓ 🚶 5分
国府津駅
　↓ 🚌 15分
松田駅
　↓↓ 🚶 5分
延命寺
↓ 🚶 12分
寒田神社
　↓ 🚶 70分
福沢神社
バス停 大口
　↓ 🚌 15分
松田駅
　　約6時間

## 行　程②

松田駅
　↓↓ 🚌 10分
バス停 松田山入口
　↓↓ 🚶 70分
最明寺史跡公園
（からさわ古窯

---

東海道本線国府津駅の改札を出て右に，蒸気機関車と鉄道唱歌のレリーフがはめ込まれた**国府津駅開業100周年記念碑**がある。当駅の開業は1887（明治20）年7月11日で，これは横浜—国府津間の鉄道開通とともに開業したことを示している。この2年後の1889年には，国府津からさらに沼津まで延びた。明治の時代に鉄道がつぎつぎと延伸されて行ったことを感じられる記念碑といえよう。

駅近辺の国道1号線沿いを歩くと**看板建築**とよばれる建物がある。これは関東大震災後にみられるようになった建築物で，外壁を不燃材の銅板やモルタルで覆い，そこに和風のデザインや洋風の装飾を施した店舗兼住宅である。外見は洋風だが中は和風という建築物で，擬洋風建築といえる。長谷川家住宅店舗及び主屋や，神戸屋ふるや店店舗及び主屋など，国の登録文化財となっているものも多い。

国府津駅から国道1号線を小田原方面に向かって3分ほど歩いて行くと，**真楽寺**（浄土真宗）がある。もとは天台宗の寺院であったが，鎌倉時代の住持性順が親鸞の教えに感銘してその弟子となり，真楽寺という寺名を貰ったという。親鸞はここに7年間とどまって教えを説いたと伝えられ，

御殿場線沿線を歩く① 神奈川県　089

| 跡）
| 約5時間

草庵のあった場所には「御勧堂」と刻まれた石碑が建てられていたり、手植えと伝えられる菩提樹や親鸞にゆかりのある帰命石など多くの伝承が存在している。

　真楽寺から国道1号線をさらに小田原方面に進み、岡入口交差点を右折して、東海道本線のガード下をくぐっていくと**菅原神社**があらわれる。当社は国府津の「天神さん」として地元では親しまれている。境内にはわらべ唄「通りゃんせ」発祥の碑や、曽我兄弟に関連するとの伝承をもつ曽我の隠れ石や、天然記念物として小田原市の指定を受けているムクノキなどがある。

　さらに道沿いに進み、岡石橋バス停から斜め右の旧道に入るとすぐ右手に**宝金剛寺**(真言宗)がある。山門を入るとウメの老木が出迎えてくれ、さらに進むと左手に宝篋印塔など多くの石造物群が目に入る。寺伝によると、829(天長6)年隣大徳が地青寺として創建し、1555(弘治元)年後奈良天皇の勅命により宝金剛寺と改称したのだという。戦国時代は後北条氏の祈願所として隆盛し、その滅亡後は徳川家康から寺領22石の寄

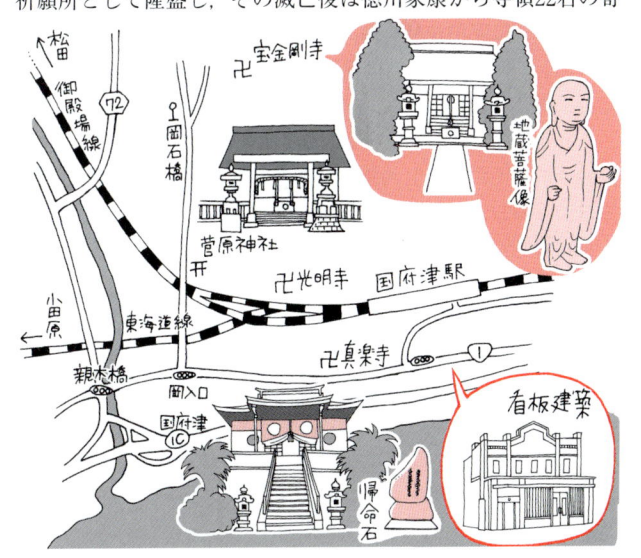

進を受け，末寺31カ寺を抱える大寺であった。平安時代の作である本尊の地蔵菩薩は神奈川県指定の重要文化財で，地元では安産祈願の帯解地蔵の別名でも親しまれている。宝金剛寺からミカン畑の山道をのぼった所に以前は**国府津建武古碑**があったが，現在は宝金剛寺の境内に移設されている。これは地元の根府川石でつくられた板碑で，その形状・様式から相模型板碑に分類されている。「建武五(1338)年」の年号が刻まれていることでも著名である。

　国府津駅に戻って御殿場線に乗り，15分で松田駅へ。松田駅の山側の改札口を出て，まっすぐに進んで県道72号線の松田駅入口を右折し，5分ほど歩いて行くと，**延命寺**(曹洞宗)の入口が左手にあらわれる。鎌倉時代の聖観音菩薩立像を本尊に，同じ鎌倉時代の薬師如来像，室町時代の薬師如来立像の3体が観音堂に安置されている。参道には約50種類，2000株のボタンが植えられていて，毎年4月中旬から下旬にかけてぼたん祭りが開催される花の寺でもある。

　松田駅に戻り，駅前を右折して踏切を渡ってしばらく直進すると，右手に**寒田神社**入口の案内板をみつけることができる。『延喜式』神名帳に「(相模国)足上郡一座小　寒田神社」と記載がある式内社としても有名。社伝によれば，315年の創建とされる。倭建命・弟橘比売命などをまつっている。日清戦争の「明治二十七八年之役陣亡軍人之碑」や，乃木希典の揮毫になる日露戦争戦没者の忠魂碑などもある。

　足に自信のある人は，寒田神社から県道に戻り右折し，十文字橋を渡ったらすぐに右折して，酒匂川沿いの道を約70分ほど歩くと**福沢神社**に行くことができる。福沢神社は近隣の12社を，1909(明治42)年に合祀して成立したもので，神社名は狩猟のためにこの地に宿泊した福沢諭吉にちなんでつけられたものである。また田中丘隅(休愚)の立てた文命東堤の石碑，石灯籠を始めとする多くの石造物群が，2009(平成21)年に当社におかれることとなったので，それらをまとめてみることができる。帰りは神社そばの大口バス停から，松田駅または大雄山線

大雄山駅に行くことが可能である。

　これとは別に，サクラの季節に合わせて，**最明寺史跡公園**へ行く散歩コースもある。公園までのルートは複数あるが，そのうちの１つに，御殿場線の松田駅から山北方面行きバスで10分，松田山入口バス停で下車し，徒歩約70分で，公園の管理棟のある場所にたどり着く。管理棟脇には，今から1200年前の奈良時代に瓦を焼いた**からさわ古窯跡**をみることができる。公園はさまざまな木々や花々，野鳥や山からの景色を楽しむことができる場所としてたいへん人気が高い。

　さらに，御殿場線の山北駅まで足を延ばすのであれば，駅のすぐ脇には鉄道公園がある。ここにはD52型蒸気機関車が展示されていて，遊具もいくつかおかれているので，鉄道好きや子ども連れには嬉しい公園である。

## 世附の百万遍念仏

　神奈川県山北町世附は丹沢湖畔にあり、渓流釣りやキャンプ場として賑わっているが、湖ができる前、世附の能安寺(曹洞宗)で毎年2月15～17日に百万遍念仏が行われていた。世附地域は1974(昭和49)年、三保ダムの建設にともない、水没し、念仏も一時中断していたが、1977年に向原の能安寺で復活した。以後、毎年2月15日に近い土・日曜日の2日間行われている。

　世附の百万遍念仏は、先祖の霊を慰め、地域の安全祈願と悪疫退散を祈願するためのものであり、多くの百万遍念仏が京都の浄土宗知恩寺型で行われるが、世附の百万遍念仏はこれらとはやり方が異なる。

　大数珠を巨大な滑車に取り付け、屈強な青年たちが回転させる形式で、全国的に珍しい行法であり、南北朝時代に始まったと伝えられている。

　念仏が終わると獅子舞が始まる。これは19世紀始め頃に甲州(現、山梨県)あるいは伊豆(現、静岡県)方面から伝わったものと考えられており、百万遍念仏に付属したものではなく、いつからか同時に行われるようになったものである。獅子舞は、姫の舞・幣の舞・狂いの舞・剣の舞があり、神楽は、二上がりの舞・おかめの舞・鳥さしの舞がある。

　また、2週間後の日曜日には、浄め祓いの舞(悪魔払い)が行われ、獅子舞が幣束をもってお祓いをして回り、最後にその幣を川に流し、祭りは終了する。

## ⓴ 御殿場線沿線を歩く② 静岡県

静岡最東部の御殿場線沿線地域は，古代より東海道が通る東西交通の要衝であった。富士と箱根の山間地に線路と並行して黄瀬川が流れ，神奈川との県境は足柄山とよばれる万葉の歌枕で関東地方への入口である。静かな地域に残る歴史の跡をたどってみよう。

### 行　程

下土狩駅
　↓↑ 🚶 25分
一柳直末公首塚
　↓ 🚃 10分
裾野駅
　↓ 🚶 15分
定輪寺
　↓ 🚶 20分
佐野原神社
　↓ 🚶 5分
裾野駅
　↓ 🚌 10分
岩波駅
　↓↑ 🚌 15分
深良用水
　↓ 🚃 15分
御殿場駅
　↓↑ 🚶 5分
新橋浅間神社
　↓ 🚃 10分
足柄駅
　↓↑ 🚶 5分
竹之下古戦場跡

約6時間

　御殿場線終点2つ前の下土狩駅にて下車，黄瀬川の名所鮎壺の滝の上流の橋を渡り，北西に進む。坂道を右に折れ人家の並ぶ道を進むこと約25分，下長窪の住宅地・畑地の中に一柳直末公首塚がある。安土桃山時代，1590（天正18）年豊臣秀吉の小田原攻めのとき，北条方の伊豆山中城を先手として攻撃，討死にした美濃軽海西城主の一柳直末の首級が葬られているとされる。同年3月27日，秀吉は沼津に到着して総攻撃を開始，29日に羽柴秀次を総大将として山中城を攻めた。城主松田康長を討ち取り落城させたが，豊臣方は直末ら数十人が戦死するなど激しい戦闘による被害を出した。この後，秀吉は箱根に入り小田原に進んだ。この地より東方に望む箱根外輪山中腹に山中城があり，斃れた直末は宿営した当地付近に部下に弔われ，江戸時代に後裔の一柳家当主らが碑や灯籠を奉納した。丘のこんもりした木々の下に墓や石灯籠，掲示板などがある。

　下土狩駅に戻り御殿場線に乗車，次に裾野駅で下車する。御殿場線・県道21号線を越えて西に進み，黄瀬川を花園橋で渡り約15分，桃園の閑静な住宅地の中に桃園山

**定輪寺**(曹洞宗)がある。「桃園親王」を号する清和天皇皇子の貞純親王の命名とされ，1456(康正2)年に没した春屋宗能の開山であるこの地域の中心的な寺院である。駿河守護よりおこった戦国大名今川氏とのゆかりが深く，氏親のときに伽藍修造がなされ義元・氏真まで代々当主の位牌を安置するなど尊崇を集めた。親王をまつる桃園神社と山門を越えて階段から境内に入ると，正面に本堂，左に連歌師飯尾宗祇の墓がある。中世の東海道・足柄路は多くの庶民を始め，文人墨客・僧侶が往来したが，室町中期，諸国を遍歴して活躍した宗祇もその1人であり，応仁・文明の乱直前の1466(文正元)年より関東にくだり，1472(文明2)年まで過ごして，その間同寺にも滞在した。帰京後の後半生も旅を続け，終世を越後(現，新潟県)に求めたが，病んで駿河に向かう途中の箱根湯本にて82歳で没する。遺骸は故人の遺志により，門人の宗長らによって足柄路を越えて同寺に葬られた。

　裾野駅方面に戻り，駅前の道を南下，約5分で平松にある**佐野原神社**に至る。社域は線路に隣接して鎮守の森が突出してみえ，参道入口に目立つ赤橋がある。1876(明治9)年の創建で，本コースに後述する南北朝時代の竹之下の戦いで戦死した廷臣歌人の二条為冬を祭神とする。竹之下で劣勢となった為冬は当地まで後退し戦死したとされる。その後，明治の王政復古で建武政権が意識され，地元篤志家らに為冬がまつられた。境内の碑文は谷干城の撰で，篆額は戊辰戦争の東征軍大総督の有栖川宮熾仁親王による。入口やや先に為冬の歌碑があり，ゆかりの塚や五輪塔がある。

　裾野駅から北上，次の岩波駅でおりる。南に深良川が流れるが，川に沿って東に向かい，箱根外輪山の山道を湖尻峠目指してのぼる。遠距離なので自動車の利用が適当である。駅より約15分，道幅もやがて狭くなり，標高約700m付近の山中の道路脇に**深良用水**の出口がある。同用水は箱根用水ともよばれるが，管理運営する芦ノ湖水利組合および地元自治体の正式呼称としては深良用水とされる。江戸前期の1666(寛文6)年より1670年

にかけて箱根外輪山を掘り抜き1280mもの隧道を完成，芦ノ湖の湖水を裾野市などの地域に引いた灌漑用水路である。元来この地域は火山による地形のため水利に乏しく旱害に悩まされていたが，深良村名主大庭源之丞，江戸浅草の町人友野与右衛門らにより，計画・実施されてつくられた。現在も発電や家庭生活用水として利用されている。用水の碑があり，柵の外から用水の出口とその清冽な水をみることができる。

　再び岩波駅から御殿場線に乗車，3駅先の御殿場駅にて下車する。駅前から商店街を西に進むと，約5分で新橋の**新橋浅間神社**に着く。市街地の中，参道の赤の大鳥居と巨木が目立ち，富士登山関連の記念碑や江戸時代の講ゆかりの庚申塔などが多々ある。富士山を神体とするいわゆる浅間神社はこの地域に多くあり，噴火活動が活発な古代・中世では鎮静化が祈願されたのであるが，同社の社伝では1193(建久4)年の源 頼朝の富士巻狩りの際に建立されたものとある。主祭神は富士山頂と同じ木花咲耶姫命であるが，境内の富士湧水は「木の花名水」の名称があり，また豊富な湧水を生かした公園が隣接してある。明治期に富士登山東口(御殿場口)が開かれ，1889(明治22)年に国府津—静岡間開通により東海道線が全通すると，設置された御殿場停車場からの登山で賑わった。

　御殿場駅に戻り御殿場線に乗車，次の小山町の足柄駅にて下車する。開業当時の面影を残す駅前より鮎沢川を渡り西北へやや進むと，約5分で道沿いの住宅の脇にある**竹之下古戦場跡**の碑に着く。周囲は足柄峠をすぐ東に望む山間の地である。1335(建武2)年，中先代の乱鎮圧後，京都の建武政権に反旗を翻した鎌倉の足利尊氏らと京都方の新田義貞らの間で戦いが行われた。同年12月11日から13日にかけて，尊氏は竹之下で尊良親王・脇屋義助・二条為冬らの軍と，箱根路では足利直義が義貞らの軍と戦った。箱根・竹之下の戦いはこれらの総称であるが，建武政権と決別する尊氏らの運命を決した重要な戦いである。足利方は尊氏の参戦で戦いを優勢に進め，12日に京都方の大友氏などが尊氏に寝返り大勢が決した。敗れた義貞らを追い

足利方は大挙上洛，一旦京都に入る。『太平記』や『梅松論』や諸文書が戦いの様相を伝えるが，足柄峠直下の竹之下から，鮎沢川を経て黄瀬川沿いの現御殿場・裾野市域，そして伊豆国府のあった三島市までおよぶ広い地域が戦場になったと考えられる。二条為冬が戦死した佐野原の「佐野」の地名は，『裾野市史』によると伊豆・駿河両国をまたぐ地名で，合戦の場所を伊豆国佐野山と推定，竹之下・佐野山合戦としている。

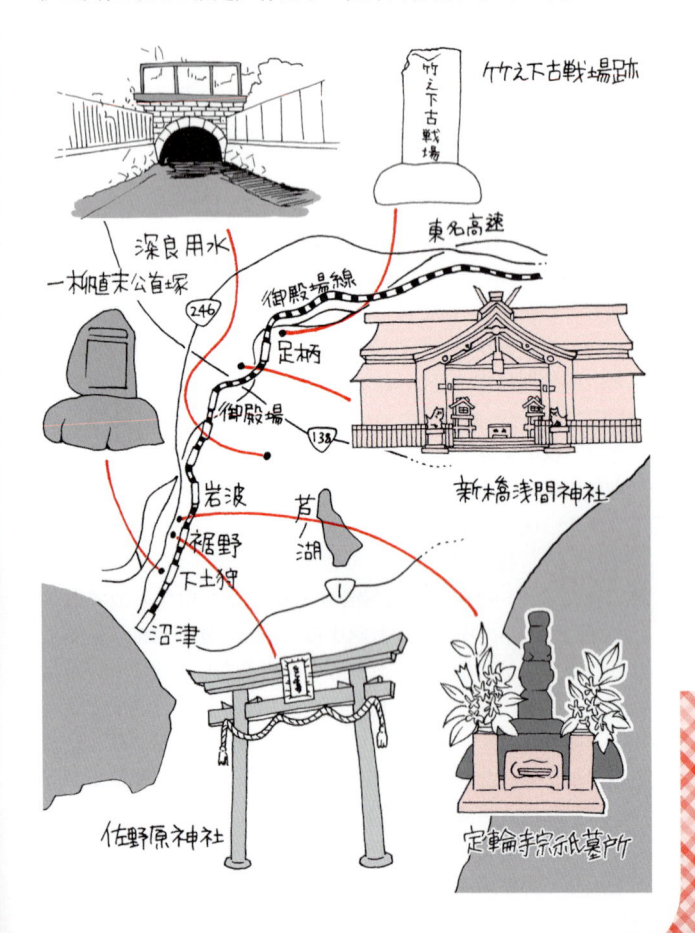

## 21 東海道線沿線を歩く

オレンジと緑の湘南カラー，この色が似合うのは小田原から熱海に広がる海と山の沿線風景だろう。のどかなこの沿線は，関東大震災や二・二六事件など近代史の舞台にもなった。

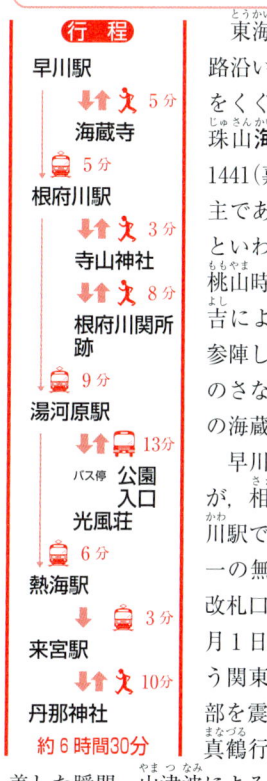

**行　程**

早川駅
　↓↑🚶 5分
海蔵寺
　↓🚃 5分
根府川駅
　↓↑🚶 3分
寺山神社
　↓↑🚶 8分
根府川関所跡
　↓🚃 9分
湯河原駅
　↓↑🚃 13分
バス停 公園入口
光風荘
　↓🚃 6分
熱海駅
　↓🚃 3分
来宮駅
　↓↑🚶 10分
丹那神社

約6時間30分

　東海道本線早川駅改札を出たら左へ，線路沿いを小田原方面に行く。まもなく線路をくぐるガードがあり，道案内に従い，宝珠山海蔵寺(曹洞宗)を目指す。海蔵寺は1441(嘉吉元)年の創建で，開山は小田原城主であった大森氏2代頼春の子安曳宗楞といわれている。この寺の裏手には，安土桃山時代の武将堀秀政の墓がある。豊臣秀吉による1590(天正18)年の小田原攻めに参陣した秀政は，早川口を担当する包囲戦のさなか，疫病にかかって38歳で没し，この海蔵寺に埋葬された。

　早川駅から熱海方面に向かって最初の駅が，相模湾に面した景色の素晴らしい根府川駅である。東海道本線東京—熱海間で唯一の無人駅である。この駅の跨線橋から改札口に向かう途中に，1923(大正12)年9月1日に発生した関東大震災の犠牲者を弔う関東大震災殉難碑がある。相模湾北西部を震源として発生した地震で，小田原発真鶴行109号列車8輛編成が根府川駅に到着した瞬間，山津波による大惨事が発生したことは有名である。根府川—真鶴間の線路は白糸川鉄橋の直った1925年3月1日に復興したが，すでにその先の熱海までの新線もほぼ完成しており，熱海駅の開業は同月25日であった。

　根府川駅から西へ200mの所に**寺山神社**がある。神社の反対側に釈迦堂入口という碑がある坂道をくだって行こう。この先

にみえる赤い鉄橋の下を流れる白糸川の左岸斜面の中ほどに建っているのが，大震災殃死者供養塔がある岩泉寺（曹洞宗）である。さらにその岩泉寺から階段をおり東海道本線の鉄橋の真下に行くと，白糸川の右岸に釈迦如来尊像をまつる釈迦堂がある。台座の銘文から1656（明暦2）年に旧家の当主廣井宗左衛門が，石匠寅佐代らに彫らせたものとわかる。ここも震災の山津波により埋没してしまったが，堆積した土を取り除き，現在のように階段をおりる形になっている。

　釈迦堂から川沿いに2分ほど遡ると東海道新幹線の鉄橋真下に着く。江戸時代の**根府川関所跡**である。小田原藩内足柄・箱根地方には，箱根本関所のほか脇関所として5カ所の関所があった。とくにこの根府川は格上で，箱根の次に重視されていた。ここから根府川駅までは徒歩10分足らずで戻ることができる。

　根府川駅から東海道本線で熱海方面に2つ行くと，湯河原駅である。1936（昭和11）年，日本近代史上未曽有のクーデタ未遂事件**二・二六事件**が発生したが，この事件で，東京以外で唯一の現場となったのが湯河原であった。その光風荘に向かおう。駅からバスで約13分，公園入口で下車する。左手の橋を渡ったすぐ右にあるのが，1936年当時は温泉旅館伊藤屋の別館だった光風荘である。ここに静養のため滞在していた元内大臣**牧野伸顕**は，東京から雪の湯河原に着いた陸軍大尉河野壽以下8人の別働隊により襲撃を受けたが，九死に一生を得た。「史跡　二・二六事件光風荘」という入口右側にある碑文は，牧野の曽孫にあたる元首相麻生太郎の直筆を刻んだものである。二・二六事件に関する唯一の資料館である光風荘では，当時の新聞・写真などや，襲撃に失敗した河野大尉がのち自決に用いた果物ナイフなど，多数の資料が展示されている。

　河野大尉は，護衛の当直であった巡査皆川義孝と銃撃戦で，部下の下士官とともに重傷を負い，車で隣の熱海町（現，静岡県熱海市）の東京第一衛戍病院熱海分院に運びこまれた。

　湯河原駅まで戻り電車で1つ先の熱海に足を延ばしてみる。熱海駅改札を左に出て湯河原方面に行き，春日町信号右側の

坂をくだると国際医療福祉大学熱海病院がみえてくる。道は国道135号線に合流するが，その右脇に「豆相人車鉄道軽便道」「河野寿大尉自決の地」「熱海陸軍病院裏門跡」と3面に字の入った白い標柱が目にとまる。河野大尉は，3月5日，病院裏門手のこの地で差入れの果物ナイフにより自決を行った。

　熱海駅から伊東線で1つ目が来宮駅である。来宮駅のプラットホームからもみえる東海道本線**丹那トンネル**の熱海東口の上まで行ってみよう。このトンネルは，現在の東海道本線熱海駅と函南駅の間を結ぶ全長7808mのトンネルで1934（昭和9）年に開通した。来宮駅改札口を出て左に徒歩4分，線路下をくぐり左へ，その先6分余りのガソリンスタンド先分岐点を左に行くと，丹那トンネル入口の上に出る。ここにある**丹那神社**は，トンネル工事中の事故犠牲者をまつっている。トンネル開通時に鉄道省が建てた神社内にある丹那隧道殉職碑には，犠牲者67人の氏名が刻まれている。神社内にある**救命石**は，事故から奇跡的に生還した11人の命を救ったといわれる石である。

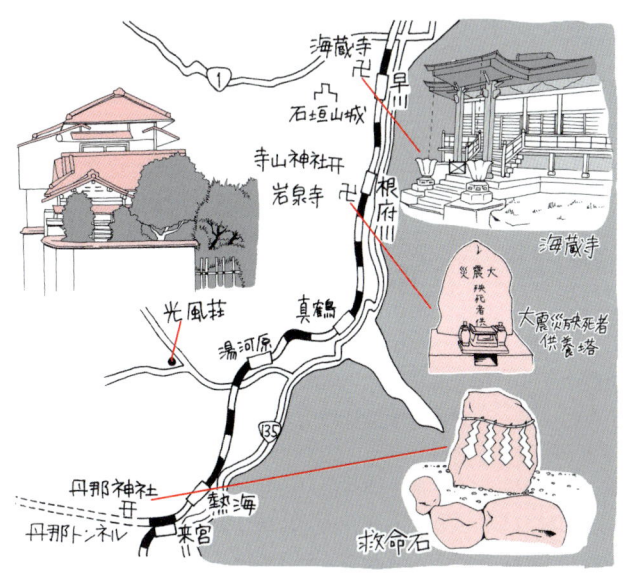

## ㉒ 近代化産業遺産・土木遺産を歩く

箱根・小田原は，リゾート地，東海道の難所として交通や水力発電などいち早く近代の技術や生活が導入された地でもある。経済産業省の近代化産業遺産，土木学会選奨の土木遺産となった現役で使用されている設備・施設を，みて，体験しよう。

### 行程

小田原駅
↓ 🚃 55分
強羅駅
↓ 🚃 10分
宮ノ下駅
↓ 🚶 10分
富士屋ホテル他
↓ 🚶 5分
バス停 宮ノ下温泉
↓ 🚌 20分
バス停 上塔之沢
↓ 🚶 20分
箱根地区
国道1号施設群
↓ 🚶 5分
日本水力発電発祥地跡の碑
↓ 🚶 10分
箱根湯本駅
約5時間

小田原駅から**箱根登山鉄道**［近代化産業遺産・土木遺産］に乗り，箱根湯本駅を目指す。途中，入生田の駅を過ぎると左手に**東京電力山崎発電所**［土木遺産］がみえる。モダンなデザインのこの発電所は，早川の水を小田原北部へ導く**荻窪用水**［土木遺産］の関連施設であり，当初，箱根登山鉄道によって設置された。箱根登山鉄道は，1888(明治21)年に国府津—湯本間で営業を開始した小田原馬車鉄道に始まる。

箱根湯本からは，箱根登山鉄道で，終点の強羅を目指す。塔ノ沢駅を過ぎ，**早川橋梁**(通称出山の鉄橋，国登録)で早川を渡ると，次の大平台駅を含む3カ所で，電車は前後が入れ替わるスイッチバックを行い，車掌と運転士が持場を交代する様子をみることができる。ここは眼下に今通ったばかりの線路や鉄橋をみることができる区間でもある。

復路は宮ノ下で下車する。駅を降り，国道1号線へ出ると**富士屋ホテル**［国登録・近代化産業遺産］がみえてくる。このホテルは，第二次世界大戦前に外国人が保養に訪れたリゾート地箱根を象徴する施設である。創業者の**山口仙之助**は，国道1号線の塔之沢—宮ノ下間の開削に尽力し，また日本のホテル事業発展に尽力した人物である。周辺には箱根で最初の写真館で多数の写真資料を伝える嶋写真店や古美術品を扱う店も現存し，

外国人が付近を散策した往時を偲ぶことができる。ここからはバスで，国道1号線をくだって行こう。バスは箱根登山バス・伊豆箱根バスの2社が運行しており，箱根の観光開発に多くの東京の資本家がかかわったことが分かる。

なお，宮ノ下からは，バスを利用して東海道を西へ移動し，芦之湯を経て，芦ノ湖の畔の元箱根まで出ることもできる。芦ノ湖までの道路は，芦之湯温泉の松坂屋本店主人松坂萬右衛門を初めとする地域の人びとが主導し，1904(明治37)年に開削されたもので，芦之湯には，関連する碑もある。

このように，現在の国道1号線は，旅館主など各地域の人びとの尽力のもと開削されたため，江戸時代の東海道の道筋と大きく違い，曲がりくねりながら箱根七湯などの街並みを通って行くことになる。その様子は正月にテレビ放送される「箱根駅伝」の沿道風景からも感じ取ることができる。

バスで登山鉄道の「出山の鉄橋」近くを過ぎると，車中左手に，1909(明治42)年に運用が開始された東京電力塔之沢発電所がある。発電所は当初，箱根水力電気が設立したものであり，箱根開発の歴史を物語る施設である。上塔之沢で下車し，塔之沢の温泉街へ進むと環翠楼，塔之澤一の湯本館，福住樓があり，国の登録文化財になっている旅館建築を数多く目にすることができる。

塔之沢から箱根湯本を目指し，徒歩で国道1号線をくだって行くと，土木遺産である**箱根地区国道1号施設群**がある。昭和初期に建造された千歳橋，函嶺洞門，旭橋と続くが，橋は，狭隘な谷間に架かり，下の空間に余裕がないことから，下路式のアーチ橋となっていて，アーチ部分が橋の欄干のように上部に出ている。また，函嶺洞門は落石から身を守るため道路を覆う構造体である。いずれも観光地箱根を意識して，東洋風の宮殿を意識した意匠となっている。途中，函嶺洞門と旭橋の間の早川で，東京電力山崎発電所早川取水堰がみえる。風船状のゴム布で川の流れを遮るラバーダムで，ここで取水された水がコース初めに車窓からみた山崎発電所や荻窪用水に利用されて

いる。

　旭橋からは，萬翠楼福住(福住旅館)の旧館**萬翠楼・金泉楼**[ともに国重文]が植栽の向こうに垣間見える。これらは明治初期の擬洋風建築で，日本の建築史上重要な建築である。また，この旅館の10代目当主で二宮尊徳の弟子であった**福住正兄**は，小田原―箱根湯本間の道路・鉄道，発電など各分野で箱根の発展に尽力した人物である。

　右手の湯本橋を渡り，旅館吉池を目指す。この旅館の前には，**日本水力発電発祥地跡の碑**がある。この地で，国産の水車と発電機を使って，初めて営業用発電が行われたことを記念する碑である。

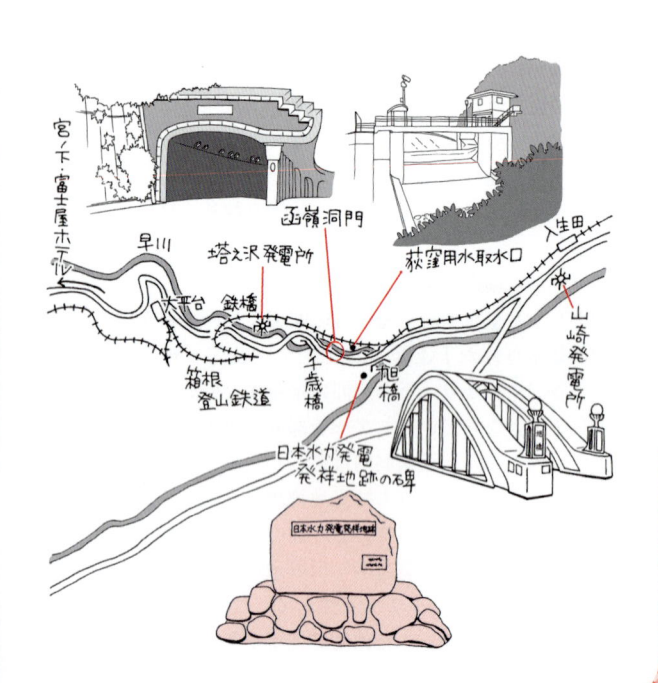

# ㉓ 近世・近代の土木遺産荻窪用水を歩く

小田原駅の北側，荻窪の水田を潤す荻窪用水。江戸時代後期，箱根湯本の早川から山を越えて引かれた用水沿いのハイキングコースを歩く。近代に発電や，別荘の水道として利用されたことにも注目しよう。

## 行　程

入生田駅
　↓　🚶 8分
東京電力山崎発電所
　↓　🚶 15分
紹太寺
　↓　🚶 20分
芳之田隧道
　↓　🚶 25分
丸山隧道
　↓　🚶 20分
萬松院
　↓　🚶 10分
丸塚隧道
　↓　🚶 10分
山県水道水源池
　↓　🚶 10分
桜田隧道出口
　↓　🚶 20分
荻窪用水溜池跡
　↓　🚶 8分
日透上人の墓
　↓　🚶 5分
水車小屋
　↓　🚶 5分
市方神社
　↓　🚶 5分
めだかの学校

箱根登山鉄道の入生田駅で降り，旧道に出て左側箱根湯本方面に線路沿いを行くと，国道1号線と交わる。道の向こうに**東京電力山崎発電所**の建物がみえ，線路右上の斜面から太い導水管がおりてきている。発電用の水は荻窪用水から取水している。荻窪用水は江戸時代後期に水田に水を引くためにつくられたが，1923(大正12)年の関東大震災で被害を受けた後，負担の大きい用水の改修・維持を電力会社が負担する代わりに，用水の60％を発電に利用するようになった。

**荻窪用水**は箱根町の早川を水源としている。現在，箱根湯本の函嶺洞門へ行く途中に，東京電力早川取水堰がある。そこから隧道と掘削により，小田原市の入生田・風祭・水之尾を経て荻窪につながり水を提供している。

今来た道を戻ると線路側に「日本最初の有料道路」の説明板がある。1875(明治8)年，小田原の板橋から湯本まで東海道を人力車が通れる道に改修し，5年間は通行料を徴収したという。この道を風祭方面に進み**紹太寺**の入口方面へ左に曲がり，宮沢川沿いに枝垂れ桜方面へのぼる。川側に荻窪用水ハイキングコースの詳しい説明板が

> ↓ 🚶 15分
> **小田原駅西口**
> 約3時間

あるので確認するとよい。これからは所々にある案内板に従って山道を進もう。

　右手に石垣山(いしがきやま)(標高241m)を眺めながら坂をのぼり始めた所に、荻窪用水の幹線水路が顔をのぞかせる。坂をのぼりきった正面で視界が開け、小田原の海、風祭の街並みが望める。小さくみえる赤い屋根の建物は、国立病院機構箱根病院の旧傷兵院(しょうへいいん)本館である。そこから、畑の中の細い急な坂をくだると竹藪の中に再び用水の流れがみられ、一部が分水されている。**芳之田(よしのだ)隧道**付近である。用水の下の舗装道路に出ると左側に安山岩(あんざんがん)の壁があり、用水がこの中を貫通していることに気づき、工事の困難さに思いをはせる。舗装道路を進み、小屋近くの案内板に従い、ミカン畑の細い道に入り少し行くと左側に岩壁がそそり立つ。烏帽子岩(えぼしいわ)隧道付近である。竹藪を抜け、右にくだると風祭への近道とあるが案内板に従い萬松院(ばんしょういん)方面へと進む。少し行くと道は右にカーブし、ミカン畑を抜けると小屋の下から用水が流れている。**丸山隧道**である。農道を横切り案内板に従い右側の急な山道をのぼる。少し行き沢沿いの細い道をくだり、仮設の橋を渡り、沢を右下にみながら滑りやすい斜面の細い道を注意して歩く。舗装道路に出てくだると左手に**萬松院**の墓地がみえる。

　荻窪用水は萬松院の敷地を通過しており、寺にはその許可に関する書類が残され、茅葺(かやぶき)の庫裏(くり)は工事関係者からの寄付によるという。そして駐車場を左に曲がり、寺裏側の舗装された坂道を約10分のぼると、用水が開け、「全国疎水(そすい)百選荻窪用水」の看板のおかれた場所が、**丸塚隧道**付近である。

　案内板に従い土留(どど)めの階段を進み、舗装道路を横切り畑の中の道をくだると、真下に用水の流れがあらわれる。このコースの中でもっとも疎水の風情を堪能できる。少し行くと右下に人家があり、その横に**山県水道水源池(やまがた)**がある。山県有朋(ありとも)は板橋に古稀庵(こきあん)という別邸を営み、「小田原の大御所(おおごしょ)」ともいわれた。荻窪用水から分水しこの人工池に溜め、鋳鉄管(ちゅうてっかん)により別邸まで導水した。この水道は古稀庵近くの実業家益田孝(ますだたかし)や山下汽

船創業者山下亀三郎（かめさぶろう）などの別荘にも引かれた。現在水道としては利用されていないが，山県水道水源池は山県の下で水道の管理をしていた人の子孫の所有となり，大切に守られている。「山縣家」と刻まれた土地境を示す石柱も残っている。

そこからすぐ，桜田隧道により用水はまた隧道に入る。荻窪用水ができた当時は，素掘りのトンネルだったようだが，現在，入口はコンクリートでしっかりと固められている。細い道をあがり，車道を横切る。ここが水之尾（みずのお）の尾根で真下を桜田隧道が貫通している。民家と畑が点在する農道をくだると，正面に国府津（こうづ）から続く丘陵が望め，下には**桜田隧道**出口から用水があらわれる。説明板によると，開通当時，桜田隧道は340mともっとも長く，出口の所で分水し，板橋用水として狩俣（かりまた）隧道，小田原市立大窪（おおくぼ）小学校裏を経て板橋の水田を潤し，幹線水路は200m下流で滝になって荻窪川に合流する。荻窪地区ではいくつかの堰により分水して荻窪地区を潤すという。桜田隧道の近くでは，分水した板橋用水がみられる。

そこをくだると煙硝蔵堰（えんしょうぐら）取水口があり，分水している様子がよくわかる。川沿いに進み，車道と交差した所に2011（平成23）年土木遺産認定の石碑がある。水之尾橋を渡り，畑の中の道を進む。途中に細い分水の流れをみながら小田原厚木道路のトンネル上部を通り，煙硝蔵堰の表示で荻窪IC方面にくだり車道を右に行くと**荻窪用水溜池跡**がある。これは荻窪用水以前の1757（宝暦（ほうれき）7）年に完成した溜池で現在は資材置き場となり，微かに土堤（どてい）の痕跡が残る。

バス通りをくだり，堀田堰（ほった）の表示で分水沿いの細い道に入り畑，木々の中を進み，用水の雰囲気を味わう。少しして道をくだると「南無妙法蓮華経（なむみょうほうれんげきょう）」と刻まれた1668（寛文（かんぶん）8）年の日透（にっしゅう）上人（しょうにん）の墓に出る。そこから再びバス通りに出て，荻窪中バス停を過ぎると，道の左側には市方堰（いちかた）の分水の流れ，右側には今では珍しくなった荻窪字駒形（あざこまがた）の**水車小屋**が目に入る。用水による水車の動力は灌漑（かんがい）だけでなく，精米・製粉・製糸にも利用されていたが，今では小田原市内でこの水車を残すのみという。

そこから，火の見前バス停を左の道へ行くと**市方神社**がある。石段をあがった境内には，江戸時代，荻窪用水開発に功労のあった山北の農民川口広蔵を讃えるため1957（昭和32）年に荻窪の住民が立てた頌徳碑と，関東大震災からの復興経緯を記す1928（昭和3）年造立の荻窪灌漑溝復興碑があり，地元住民の荻窪用水に対する思いを知ることができる。また，用水関係の石碑としては1848（嘉永元）年の石橋供養塔が目をひく。

もとの道に戻り，少し行くと左側に1950（昭和25）年茶木滋が荻窪用水周辺で童謡「めだかの学校」を作詞したことを記念してつくられた**めだかの学校**，めだか公園，せせらぎのこみちがある。ここから税務署前に出で，右に進むと東海道本線・小田急線小田原駅西口に着く。

## ㉔ 後北条氏の史跡を歩く② 小田原城西方

> 戦国大名後北条氏は，敵国との領国境に城郭を多く築き，とくに武田氏を初め敵の多い西方には強力なものを整備した。最後は豊臣秀吉の圧倒的な軍事力に敗れてしまったが，後北条氏にかかわる城跡を訪ねてみる。

【行程①】
早川駅
↓ 🚶 40分
石垣山一夜城歴史公園
↓ 🚶 10分
早川石丁場群
↓ 🚶 50分
入生田駅
約3時間

【行程②】
山北駅
↓↑ 🚶 30分
河村城跡
約1時間30分

【行程③】
バス停 元箱根港
↓↑ 🚗 15分
山中城跡
約1時間30分

【行程④】
御殿場IC
↓↑ 🚗 20分
深沢城跡
約1時間30分

東海道本線早川駅より海蔵寺（曹洞宗）を通り，石垣山農道を約40分のぼる。宇喜多秀家ら石垣山に参陣した武将たちを紹介する沿道の説明板をみながら坂をのぼると，やがて石垣山一夜城歴史公園［国史跡］の入口がある。石垣山は本来笠懸山とよばれていたが，1590（天正18）年，約22万の大軍を率いた豊臣秀吉が，小田原城全体を見下ろせるこの山に，その本陣として関東で初の総石垣の城を築かせたことからこの名が生まれた。林の中に城を築いて，完成すると同時に周りの樹木を切り倒したため，小田原方は，城が一夜で出現したと思い驚愕したという話は有名である。通称とは異なり，実際はのべ4万人が動員され，完成には4月から6月まで約80日間が費やされた。

石碑の右脇から急な旧城東登口をあがり，「石垣山一夜城の構造」という説明板の右の道をたどると着く二の丸は馬屋曲輪ともよばれている。二の丸の南西にある本丸は本城曲輪ともいい，標高250mにあってもっとも広い面積をもつ。本丸跡の展望台から眼下には，距離わずか3kmの小田原城を中心とした市街がよくみえる。本丸の南西部にある天守台の標高は261.6mで，小田原の本丸より200m以上高く，まさに

小田原城を見下ろす位置にある。二の丸のさらに北東側，二の丸の標高から25mもさがった位置にあるのが，井戸曲輪である。周りをふさぎ止めるようにして石垣を積みあげ，その底に井戸をつくったものである。一夜城の中では，ここの石垣がもっとも良い形で残っている。石積みは近江の穴太衆による野面積みといい，自然の安山岩を加工せず積みあげたもので，水はけがよいという特色をもつ。

　北側の早川の方へとおり箱根登山鉄道入生田駅に向かう道を10分ほどくだると，農道の橋下に**早川石丁場群(関白沢支群)**がある。切り出した石は，江戸城の石垣に用いられた。この石丁場は，道路脇の出入口も狭いため，通り過ぎてしまいがちなので注意しよう。

　つぎは後北条氏のいわゆる「境目の城」(敵国との領国境に防御用に築かれた城)をいくつか訪ねてみよう，甲斐(現，山梨県)から足柄平野へ侵入路をふさぐ役割をになった**河村城跡**に向かう。御殿場線の山北駅南口から山北町健康福祉センターを右側にみて駅正面の道を南に進む。まもなく突き当たるので右折して約3分行くと左手に河村城址公園の入口という小さな標示がある。そこを左折して国道246号線の下をくぐり，坂道をのぼって行く。盛翁寺(曹洞宗)を右にみてさらに進むと車を3台ほど止められる無料駐車場がある。この場所が公園の入口で，案内板とトイレがあり，ここからのぼると標高約225mの本城郭に到着する。

　河村城跡は急な斜面と入り組んだ谷をもつ地形に曲輪(郭)が配置されており，いたるところで中世山城の遺構をみることができる。頂上に行くまでにも茶臼郭と小郭と本城郭の間に2本の堀切(山城で斜面に対して水平に掘られた堀)や**畝堀**がある。この畝堀は敵方の侵入を困難にするために，堀の底に畝をもうけて区切った空堀である。

　つぎに向かう**山中城跡**［国史跡］は，元箱根港バス停から車で約15分の距離にある。箱根峠からは国道1号線を約5km三島方面にくだった所，駿河湾を一望に収めることのできる標高

581mの場所にある。この城は，後北条氏3代の**北条氏康**によって，西方よりの攻撃に備える関門として永禄年間(1558〜69)に築かれた。しかし，1590(天正18)年3月，豊臣軍7万人の圧倒的な攻撃力の前に，城主松田康長・副将間宮康俊以下4000人の北条軍は壊滅し，わずか1日で落城した。

　後北条氏独特の**障子堀**は，堀の底の畝が障子の桟のような形をしており，本丸堀・西櫓堀・西ノ丸堀・出丸の堀などにみることができる。その多くは西ノ丸堀のように空堀で，深さも9m以上，各区画の長さは8〜9mであり，斜面は，55度程度のすべりやすい関東ローム層の土がむき出しになっていて，敵方が素手でよじのぼるのは困難だったであろう。これら区画内の一部には，山城には珍しい用水路を兼ねた水堀になった部分もある。さらに，堀の底からは多数の鉄砲玉と大筒玉が出土しており，大筒まで戦闘に使用されたことがわかる。

　城内で1番西にあるのが，最長部が400mもある岱崎出丸で，細長く突き出た形をしている。その中の旧街道に沿う100m以上にわたる一の堀では17カ所の畝が確認されている。

　最後に**深沢城跡**，駿河(現，静岡県)・甲斐・相模(現，神奈川県)の国境を結ぶ交通の要地につくられた「境目の城」を訪れる。東名高速道路御殿場ICより県道78号線(足柄街道)に入

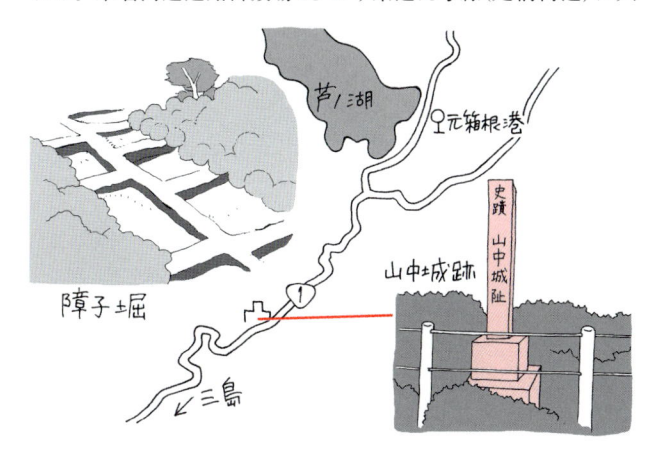

って東北東に約3km, 抜川の手前を左に入ると深沢城跡がある。馬伏川と抜川の合流点にあたる平坦な台地に立地する城跡で, その起源について諸説あるが, 1560年代末には小田原の後北条氏が支配, その重臣北条綱成が城主をつとめ, 甲斐の武田信玄の駿河侵攻に備えていた。1570(元亀元)年冬, 武田軍が包囲, 信玄は金山の採掘技術をもつ金山衆に坑道を掘らせたり, 矢文で開城勧告したりするなどの作戦を使い, それらに耐えきれなくなった綱成は, 翌年1月開城し, 以降, 深沢城は武田氏のものとなった。

　城跡の説明板の右に入口がある。1571年以降, 武田氏の重臣駒井昌直のもとで整備されたと考えられている武田流の縄張(曲輪・門などの配置法)は, 入ってすぐ三の丸跡の右側にみられる**丸馬出**や**三日月堀**により確認できる。下馬溜という表示の先の道は二又に分かれているが, 右に行くと水田が広がっている。ここは二の丸跡であるが, さらに二の丸跡より一段低い所にある奥の本丸跡に続く。袖郭, 城櫓という標示板の左側に湾曲する馬伏川が流れている。見下ろした対岸の地形があたかも曲輪のような形になっているところも面白い。

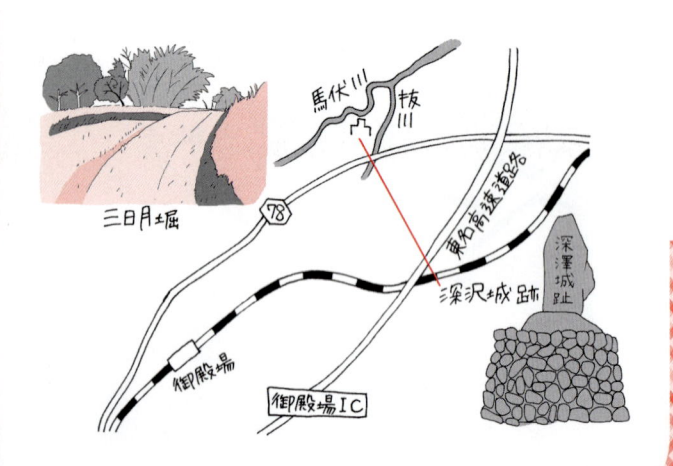

第 II 部

# 箱根・足柄散歩事典

元箱根石仏群の五輪塔

## 秋山真之　あきやまさねゆき
1868-1918

**コース ⑨**

　明治期の海軍軍人。伊予国(現，愛媛県)松山藩の出身。海軍兵学校卒業して，日清戦争に従軍した後，アメリカに留学し軍事理論の研究を行い，それが日本海軍の兵学の基本理論となった。日露戦争では連合艦隊の作戦参謀として活躍し，のちに海軍中将となった。司馬遼太郎の小説『坂の上の雲』の主人公としても有名である。晩年は宗教研究に没頭。胃の病気を患い療養に努めたが，1917(大正7)年，神奈川県小田原の山下亀三郎別邸で没した。

## 足利尊氏の動向　あしかがたかうじのどうこう

**コース ⑳**

　1335(建武2)年の中先代の乱に際し，後醍醐天皇の勅許を受けずに東下して反旗を翻した足利尊氏に，天皇は尊良親王を奉じた新田義貞らの追討軍を向かわせた。三河(現，愛知県)・遠江(現，静岡県)での足利方の敗北に対し，天皇との決別に躊躇する尊氏はこのとき，鎌倉の浄光明寺に籠っていたが，敗報により出陣する。天皇に対する明確な対立構想をもたなかったためともされるが，竹之下の戦いでは幕府再興を目指す尊氏を支持し，天皇方から寝返る武士たちによって勝利が決定的となった。

## 足柄城　あしがらじょう

・神奈川県南足柄市・静岡県小山町
・大雄山線大雄山駅バス地蔵堂方面行足柄万葉公園下車／東名御殿場ICまたは大井松田IC 車30分

**コース ❹**

　後北条氏によって築かれた山城。氏康の代に修築されている。自然地形を利用して，足柄古道を監視するように5つの曲輪を築いた。甲斐(現，山梨県)の武田軍の進攻を阻止する意図があったと思われる。1580(天正18)年豊臣秀吉の小田原攻め

の際，徳川家臣の井伊直政によって攻略された。城跡の本丸の木立の間には，玉手ヶ池があって，いかなる日照りがあっても沽れなかったという。

## 足柄神社　あしがらじんじゃ

・神奈川県南足柄市苅野274　0465-72-1801
・大雄山線大雄山駅バス矢倉沢方面行足柄神社前下車

**コース❹**

神社の縁起によると，940（天慶3）年の創建となっている。創建当初は足柄峠に建てられていたが，その後，矢倉岳の中腹に遷され，さらに，鎌倉時代末期に現在地に遷されたという。足柄明神，矢倉明神，苅野岩村明神と称する時期があり，近代に南足柄市内の旧18カ村の総鎮守となった。1939（昭和14）年から足柄神社とよばれるようになった。境内には，矢倉明神を聖観音菩薩の化身とする本地垂迹説に基づいて建てられた観音堂がある。鳥居前には境外社厳島神社をまつっている。

## 天野康景　あまのやすかげ

1537-1613

**コース⓲**

徳川家康の家臣。家康が今川義元の人質になった際にも行動をともにした。家康が関東に移封されると，1601（慶長6）年に駿河国（現，静岡県）興国寺藩主となり，農政や治水工事に尽力した。1607年に竹木を窃取する者を阻止しようした家臣が，容疑者として幕領の領民を殺傷する事件をおこし，家康の意を含んだ本多正純が犯人の引き渡しを求めるも激怒して出奔。翌年改易に処せられ，西念寺に入った。

## 阿弥陀寺　あみだじ

・神奈川県足柄下郡箱根町塔之澤24　0460-85-5193
・箱根登山鉄道箱根湯本駅下車徒歩30分。駐車場あり。

**コース❷❿**

浄土宗の寺。江戸時代初期に再建された。塔ノ沢山中で念仏修行をしていた木食僧弾誓が開山で，江戸芝増上寺の修行寺であった。塔ノ沢温泉も弾誓が発見したとの伝承がある。静

**阿弥陀寺本堂**

寛院宮(和宮)の葬儀当時の位牌と、和宮七回忌に増上寺より移した黒本尊阿弥陀如来の御代仏がまつられている。御代仏は徳川家康が守り本尊としてつくらせ、戦場にも持参したといい、和宮も14代将軍家茂没後、念持仏としていた。増上寺の本尊は開帳日しか拝観できないが、阿弥陀寺ではいつでも拝観できる。「至徳丁卯(1387)年十一月日」の銘をもつ宝塔がある。

## アメリカ村　アメリカむら

・静岡県御殿場市東田中周辺
・御殿場線御殿場駅下車徒歩25分

**コース⓮**

二岡神社付近にあった西洋人別荘地の通称。1891(明治24)年、横浜に住むイギリス人植物商バンテングが箱根山中で道に迷っていたところ、二の岡の農民に出会い、その案内で二の岡地区へたどり着いた。バンテングはこの地からの富士山の眺めを気に入り、二岡神社の神職から家屋を借り受け、夏季を過ごすようになった。その後、神社付近は外国人が保養に訪れるようになり「アメリカ村」とよばれた。大正中頃より福岡市の私立西南学院の3代院長をつとめたボールデンらにより、二岡神社から500mほど離れた地に計画的に教会・クラブハウス・プール・別荘などが配された万国村がつくられた。現在でも、教会やクラブハウスが現存しているが、私有地であるため許可を得た見学会以外は立入ることができない。ボールデンは1932(昭和7)年に院長を引退後、一時期この地に定住し、ハムや西洋家具の製法技術を地域の人びとに伝えている。1936年、ボール

**伊豆山神社社殿**

デンはこの地を離れ，1941年には万国村の施設すべてが，恵泉女学園・捜真学院などのキリスト教系女子校や日本人信者たちに譲渡された。この折に「二の岡荘」に関する組合規約を定めており，現在は，この別荘地を二の岡荘とよんでいる。

## 石垣山一夜城　いしがきやまいちやじょう

- 神奈川県小田原市早川梅ヶ窪　0465-33-1583（小田原市みどり公園課）
- 東海道本線早川駅下車徒歩40分。駐車場あり。

**コース㉔**

　戦国時代末期の城。1590（天正18）年，豊臣秀吉が小田原城に立てこもる後北条氏を包囲したときに，小田原城を眼下にみる笠懸山に築いた城である。約80日間で完成したが，短時日にできたことから石垣山一夜城ともよばれる。秀吉の本陣がおかれ，本丸・二の丸・西曲輪，南曲輪，井戸曲輪などからなっており，小田原城落城によって廃城となった。現在，史跡公園として整備・公開されている。

## 伊豆山神社　いずさんじんじゃ

- 静岡県熱海市伊豆山708-1
- 東海道本線・伊東線熱海駅バス七尾方面行伊豆山神社下車徒歩10分

**コース⓭**

　伊豆国における延喜式内社の1つで，おもな祭神は火牟須比命である。古くは伊豆走湯権現とか伊豆山権現ともいわれ，関東総鎮守と称された。妖言により伊豆国に流罪となった役行者の修行場として，また罪人として伊豆国に流された源

頼朝と北条政子(在地土豪北条時政の娘)との逢瀬の場所として知られる。鎌倉幕府を開いた頼朝は,当社と箱根権現および三島明神を回る,いわゆる「二所詣」の先例を開いた。本殿の右手奥には伊豆山郷土資料館があり,木造男神立像や後奈良天皇宸筆の紺紙金泥般若心経［ともに国重文］,伊豆山経塚などが陳列されている。

## 伊豆箱根鉄道大雄山線　いずはこねてつどうだいゆうざんせん

・静岡県三島市大場300(伊豆箱根鉄道)

**コース⑱**

　道了尊(大雄山最乗寺,曹洞宗)の参拝客のために敷設され,1925(大正14)年に開業した。1941(昭和16)年に駿豆鉄道の傘下に入り,1955年に伊豆箱根鉄道と改称された。現在でも道了尊は伊豆箱根鉄道の株式の約0.4%を所有し,第3位の株主である(2012年3月現在)。車両内部に掲示された路線案内図は,大雄山駅ではなく道了尊が終点のようにもみえ,大雄山駅から道了尊までがバス利用であることは表示されている。大雄山線と道了尊の関わりの深さを示している。

## 一夜湯治争論　いちやとうじそうろん

**コース❷**

　温泉はおもに湯治に利用され,長期滞在が普通だった。7日を一廻りとし,二～三廻りを標準とした。一方街道筋にある温泉では旅人が疲れを取るため1～2泊休んで行くこともあった。東海道に面した湯本(現,神奈川県箱根町)では両方の客が存在していたが,江戸時代も後期となると湯治より遊興を目的とする旅人が増え,さらに伊勢講・富士講・大山講などが盛んになり,団体客が多くなった。本来街道を旅するときは定められた宿場に泊まることが決められていたが,旅人も普通の宿場より温泉地での宿泊を望むようになった。湯本も「一夜湯治」と称して客を誘った。これに対して客数が減少した小田原宿(現,神奈川県小田原市)は,1805(文化2)年江戸の道中奉行に「間々村々旅人休泊取締り」違反として湯本を訴えた。双方の

役人が江戸に上り争ったが、最終的に「一夜湯治苦しからず」との許可が下りて決着した。

## 伊藤博文　いとうひろぶみ
　　1841-1909
**コース❾**

　明治・大正時代の政治家。長門国(現、山口県)長州(萩)藩出身で、松下村塾に学び尊皇攘夷運動に参加した。明治政府で岩倉使節団に特命副使として参加し、大久保利通の信頼を得て、その死後内務卿として政府の中心人物となった。憲法調査のため渡欧し、内閣制度を創設し初代内閣総理大臣になり、大日本帝国憲法制定を主導した。枢密院議長、初代韓国統監なども歴任したが、1909(明治42)年、満洲のハルビン駅頭で韓国の独立運動家安重根により暗殺された。神奈川県の夏島、小田原、大磯に邸宅・別邸を構えた。

## 内山愚童　うちやまぐどう
　　1874-1911
**コース❷ ⓱**

　神奈川県箱根町大平台の林泉寺(曹洞宗)住職で社会主義運動家。新潟県小千谷の菓子木型職人の家に生まれるが、若くして父が亡くなり、19歳で上京。縁戚の井上円了家の家庭教師として住み込んでいたこともあったらしい。22歳で出家し、1904(明治37)年29歳で林泉寺の住職となった。その間週刊『平民新聞』を読んで貧者救済の志に共鳴し、住職になる直前に「予は如何にして社会主義者となりし乎」と題する文を『平民新聞』に寄稿している。こうして仏教と社会主義の融合を目指して活動を始め、幸徳秋水も林泉寺を訪れたりしている。1909年出版法違反などで逮捕・起訴された。翌年実刑が確定した直後、大逆事件で追起訴となり、1911年1月18日に幸徳らとともに死刑判決を受け、24日処刑された。遺言により林泉寺の墓地内に埋葬されが、僧籍を剥奪されていたので墓碑銘もなかった。1993(平成5)年名誉回復が行われ、2005年の愚童忌に顕彰碑が建てられた。墓碑と顕彰碑は本堂裏の墓地内にある。

内山愚童墓碑　　　　　　　　　　　　　　　　　　瓜生外吉胸像

## 畝堀・障子堀　うねぼり・しょうじぼり

コース24

　畑の畝とよく似た形に土塁状の区切りをほぼ一定の間隔で設けた堀のこと。堀をつくる際に，その底をわざと掘り残して障壁にしたが，敵兵の堀の底での自由を奪い，侵入を防ぐのが目的であった。畝堀の変形が障子堀で，障子の桟のようにみえるところから名がついた。小田原城跡では，2008（平成12）年に行われた八幡山西曲輪西堀の発掘で，堀幅23m，深さ10mの堀底から最大幅4mの障子が確認された。ついで2012年にも2例目の障子堀が，三の丸北側虎口にあたる幸田口門の南側でみつかり，1570〜80年代の後北条氏時代のものと推定されている。

## 瓜生外吉　うりゅうそときち
1868-1918

コース9

　明治期の海軍軍人。加賀国（現，石川県）生れ。アメリカのアナポリス海軍兵学校を卒業し，1881（明治14）年中尉となる。日露戦争では第四戦隊司令官として仁川沖海戦・日本海海戦などに参加した。竹敷要港部司令官・横須賀鎮守府司令長官などを歴任し，1912（大正元）年海軍大将となった。妻は津田梅子らとともに岩倉使節団に同行しアメリカ留学の経験がある繁子

で，事業家益田 孝は義兄にあたる。益田のすすめもあり，退役後小田原の天神山（南 町）に別荘を構えた。その別邸付近は石段で道が狭かったため，益田や海軍軍人の援助により工事がなされ瓜生坂とよばれている。山角天神社にその胸像と説明板がある。

## 役行者　えんのぎょうじゃ

生没年不詳

**コース⓭**

大和国（現，奈良県）葛城山に住み，山林修行に専念した。699（天武天皇3）年，妖術を駆使して人心を惑わすとして，弟子の韓国広足に讒訴され，伊豆国（現，静岡県）に流された。日本最初の仏教説話集である『日本霊異記』にも登場し，神仙術を行う修行者とされる。平安時代中期以降，山岳宗教の隆盛とともに，修験の祖と崇められた。

## 大倉喜八郎　おおくらきはちろう

1837-1928

**コース❾**

明治から昭和時代初期の実業家。父は越後国（現，新潟県）新発田藩の名主だったが，上京し大倉屋銃砲店を開業し，戊辰戦争で利益を得た。のちに貿易商社の大倉組商会（のちの大倉組），建設業の大倉土木組（現，大成建設）を設立し，日清・日露戦争では軍の物資調達で利益を得て政商といわれた。帝国ホテル，帝国劇場，大倉集古館を含め内外に多くの事業を展開し大倉財閥を築いた。また，大倉商業学校（現，東京経済大学）を創立した。小田原の山県有朋別荘古稀庵の隣に別邸共壽亭（現，山月）を構えた。

## 大庭景親　おおばかげちか

?-1180

**コース❸**

平安時代末期の武将。相模国大庭御厨（現，神奈川県藤沢市）の下司職を相伝。景忠の子。源 義朝に従い，保元・平治の乱を戦う。平治の乱では敗れるが，許されて平家に臣従した。

1180(治承4)年，以仁王・源頼政の挙兵時には平家方に属してこれを討った。続いて，源頼朝挙兵の際にも平家方の総大将として石橋山の戦いに参加し勝利した。富士川の戦いの際には，頼朝追討軍に合流しようとしたが，果たせずに降伏し，処刑された。

## 大庭源之丞　おおばげんのじょう

?-1702

**コース 14 20**

　駿河国駿東郡深良村(現，静岡県裾野市)の名主。かねてより山上の芦ノ湖水に注目，水不足で用水が悲願である駿東郡地域への引水を構想。源之丞が発起人，友野与右衛門ら4名が元締として開削を計画，中心人物として村あげての協力を行う。完成後の消息は不明で伝説化される。

## 大森氏頼　おおもりうじより

?-1494

**コース 5 18**

　相模国(現，神奈川県)小田原城主(のちに岩原城主)で，室町から戦国時代の武将。氏頼は相模岡崎城の三浦氏とともに関東管領扇谷上杉氏の家臣で，永享の乱の際には鎌倉公方足利持氏と対立。このことがもとで持氏に仕えていた大森氏一族と内紛がおこるが，太田道灌の助力もあり，氏頼は室町幕府8代将軍足利義政の赦免を受け，内紛は収まった。小田原に城下町を整備して西相模を支配した。嫡男の実頼に小田原城を譲ってからは岩原城に入ったという。1494(明応3)年没。大森氏は仏教の信仰が篤く，氏頼は文明年間(1469～87)に大雄山最乗寺(曹洞宗)の大増築にもかかわっている。

## 岡崎義実　おかざきよしざね

1112-1200

**コース 3**

　平安から鎌倉時代初期の武将。三浦義明の弟。土肥実平の姉妹を妻として，本家の三浦氏と同様，土肥氏との関係を重視していた。相模国大住郡岡崎(現，神奈川県平塚市)を地盤とした。

**大庭源之丞の墓**

**荻窪用水**

　源頼朝（みなもとのよりとも）の挙兵に参加し，1180（治承4）年の石橋山の戦いで奮戦するも，長男佐奈田義忠（さなだよしただ）（通称与一（よいち））を失った。しかし，頼朝とともに安房（あわ）（現，千葉県）に逃れ，その再起に大きく貢献した。幕府草創の功臣である。

## 荻窪用水　おぎくぼようすい

・神奈川県足柄下郡箱根町湯本～神奈川県小田原市入生田，風祭，水之尾，荻窪　0465-33-1715（小田原市文化財課）

コース22 23

　早川（はやかわ）から取水し，小田原市内北部の荻窪地区をおもに流れ，市内渋取川（しぶとりがわ）となり，市街地東部の山王川へ合流して海へ流れ出る疏水（そすい）。川口広蔵（かわぐちひろぞう）と荻窪村（現，神奈川県小田原市）が主導し，入生田村・風祭村・板橋村・水之尾村（同）の5カ村共同事業として1802（享和2）年に完成。これによって，多くの田畑がひらかれ水車も建設された。近代に入り，山県有朋（やまがたありとも）別荘古稀庵（こきあん）など板橋の別荘地区へ水を送る山県水道水源池としても利用されるが，関東大震災で大きな被害を受けた。その後，箱根登山鉄道が用水の修理・管理を行い，用水を発電に利用する取決めがなされ，1937（昭和12）年に入生田近くに山崎発電所が完成し，早川の湯本上流に取水口も整備された。両施設ともモダンなデザインをもつ完成時の面影をとどめており，土木遺産としての

荻窪用水の一部を構成している。なお，小田原市内の市方神社には川口広蔵の功績を称える記念碑があり，近くには唯一残った水車が保存され，童謡「めだかの学校」の碑もある。

## 御汲湯　おくみゆ

コース❷

　献上湯としては，1579（天正7）年古河公方足利義氏が塩原温泉（栃木県）の湯を望み進上された例がある。江戸時代には，1604（慶長9）年徳川家康が熱海に湯治に行った後，湯治に行けない大名のために，熱海の汲湯を江戸まで取り寄せて病気治療にあてさせた例がある。やがてそれが将軍家への御汲湯（献上湯）へと発展していったらしい。箱根からは，3代将軍家光時代の1644（寛永20）年，木賀温泉から運ばれた例がいちばん古いもので，その後，湯本や塔ノ沢・宮ノ下などから何度も運ばれ，5代将軍綱吉の時代まで続いている。1回の汲湯は14日間（湯治の二廻り分の日数）で，毎日2樽ずつ封印して，名主が同道して小田原まで運ばれ，その後，東海道を通って江戸城まで運ばれた。このことは箱根の湯治効果の宣伝に役立ったようである。

## 小田原駅跡の碑　おだわらえきあとのひ

・神奈川県小田原市南町4-1付近
・東海道本線・小田急線小田原駅下車徒歩20分／箱根登山鉄道箱根板橋駅下車徒歩10分

コース❾

　小田原市南町の国道1号線に架かる歩道橋の下にある。1996（平成8）年豆相人車鉄道開通100年を記念して建てられた。豆相人車鉄道は「軽便鉄道王」といわれた雨宮敬次郎らにより設立され，1896（明治29）年熱海―早川間が開通した。東海道本線は当初，小田原・熱海を通らず現在の御殿場線のルートを通っていた。本線の国府津駅から小田原，箱根湯本までをつなぐ小田原馬車鉄道が開通していたので，小田原から温泉地熱海への交通手段として建設資金のかからない，人が客車を押す人車鉄

道がつくられた。馬車鉄道が小田原電気鉄道となり，1900年小田原―湯本間の電化を機に，早川橋近くにあった人車鉄道の駅が東海道沿いに延長され，この地に小田原駅ができ，乗り換え駅として栄えた。駅舎は木造で現在歯科医院がある場所にあり，鉄道の走った道を挟んだ青果店のある場所に待合の入木亭があった。人車鉄道はのちに熱海鉄道と社名を改め1907年に軽便鉄道となったが，熱海線国府津―小田原の開通にともない国に売却され，小田原―真鶴間開業や関東大震災などにより1924（大正13）年全線廃止された。

## 小田原市郷土文化館　おだわらしきょうどぶんかかん
・神奈川県小田原市城内7-8　**0465-23-1377**
・東海道本線・小田急線小田原駅下車徒歩15分

**コース 7**

小田原市内の歴史・考古・民俗・文化人・自然科学などの資料の保管・展示を行うとともに，調査研究や普及活動にも力を注いでいる。

## 小田原宿　おだわらしゅく
・神奈川県小田原市宮前町，本町，中宿町，欄干橋町
・東海道本線・小田急線小田原駅下車徒歩15分

**コース 7**

江戸時代の小田原は，城下町であるとともに東海道屈指の宿場として発展した。品川から8番目の宿場は，日本橋から20里（約80km）の距離にあり，小田原までに通常は1泊してくる。徒渡りの酒匂川と東海道随一の難所箱根の間にあるため小田原で宿泊する人が多く，常時90軒の旅籠に本陣4軒，脇本陣4軒を誇っていた。小田原城下は武家地・寺社地・町人地に分かれていて，宿場の中心は宮前町と本町にあたる。小田原宿は宿泊客が多かったため蒲鉾・ういろう・梅干・提灯などが有名になった。

## 小田原城址公園　おだわらじょうしこうえん

・神奈川県小田原市城内6-1　**0465-23-1373**(小田原市観光課城址公園係)
・東海道本線・小田急線小田原駅下車徒歩10分

**コース❼**

　小田原城は後北条氏滅亡後，関東に入国した徳川家康の重臣大久保氏が城主となるが，大久保忠隣改易後の1614(慶長19)年に，二の丸・三の丸の城門や櫓などが破壊された。その後1632(寛永9)年に稲葉氏が城主となると再建され，石垣積みの近世城郭として生まれ変わった。1686(貞享2)年に再度大久保氏が城主になるが，1703(元禄16)年に発生した地震により，天守を初め城内の各施設はほぼ倒壊焼失した。その後幾度かの災害に見舞われながらも本丸御殿などを除き再建が行われたが，1870(明治3)年に廃城となった。現在の小田原城跡は，本丸・二の丸の大部分と大外郭の一部が国の史跡に指定され，城址公園として発掘調査の成果を踏まえた整備・保存が進められている。

## 小田原城総構　おだわらじょうそうがまえ

**コース❻**

　後北条氏時代の小田原城は，総延長2里半(約9km)におよぶ空堀と土塁で城下町全体を囲む総構(惣構・大外郭ともいう)をもつ全国でも最大級の城郭都市であった。ただし，総構は1561(永禄4)年の上杉謙信，1569年の武田信玄来襲時にはまだ構築されていなかった。豊臣秀吉の関東攻めが避けられない状況となった1586(天正14)年頃より決戦に向けて城の作事(建築)と普請(土木工事)が進められた。三の丸の丘陵部を囲う三の丸新堀が築かれ，八幡山・天神山には大規模な空堀が完成した。総構の構築は，小田原攻めが必至となった1589年から行われ，大外郭の堀は深さ平均5m，掘りあげた土を土塁に積み，堀底から約10mの高低差がつけられた。

田中光顕別邸
(小田原文学館)

## 小田原文学館　おだわらぶんがくかん
- 神奈川県小田原市南町2-3-4　0465-22-9881
- 東海道本線・小田急線小田原駅バス箱根方面行箱根口下車徒歩5分

**コース❾**

　元宮内大臣田中光顕の別邸。本館・別館ともに国の登録文化財。1937(昭和12)年に建てられた。小田原にゆかりの文学者の資料を展示をする。本館は当時流行した南欧風造り3階建ての洋館で，屋根瓦はスペインから輸入したものという。1階は近代文学の先駆となった北村透谷のほか，川崎長太郎，福田正夫など小田原出身の作家の作品などを，2階では谷崎潤一郎，三好達治など小田原にゆかりある作家の活動を紹介している。別館は1924(大正13)年に本館に先立って建てられた2階建ての和風建築で，白秋童謡館として北原白秋の木菟の家の模型や自筆のスケッチ，原稿などが展示されている。また，小田原市下曽我出身の作家尾崎一雄の書斎も移築されている。

## 海蔵寺　かいぞうじ
- 神奈川県小田原市早川766　0465-23-0558
- 東海道本線早川駅下車徒歩5分

**コース㉑㉔**

　曹洞宗の寺。1441(嘉吉元)年の創建で，開山は大森氏一族の安叟宗楞といわれている。広い境内をもつことから，戦時には軍勢も駐屯でき，寺を防御拠点にすることも可能だったであろう。後北条氏の庇護も受け，2代北条氏綱は1533(天文2)年「草花竹木切取」の禁制を出しており，天正年間(1573～92)

には，後北条氏の帰依を得て関八州の僧録所(禅宗寺院の管理とその人事を司った寺)となったと伝えられている。

## 和宮　かずのみや
1846-77
コース❷❿

　孝明天皇の妹。公武合体策により1862(文久2)年，江戸幕府14代将軍徳川家茂に嫁した。家茂没後も江戸城にとどまり，戊辰戦争では徳川家への寛大な処置を求めた。その後一旦は京都に戻ったが，5年後の1874(明治7)年，明治天皇のすすめで東京麻布市兵衛町(現，東京都港区)の御殿に移った。この頃から脚気となり，1877年伊藤博文のすすめで，塔ノ沢の元湯(現，環翠楼)で静養したが，26日目に心臓発作で亡くなった。通夜・密葬は増上寺(浄土宗，東京都港区)末寺の塔ノ沢阿弥陀寺で行われ，本葬・埋葬は増上寺で行われた。

## 片岡永左衛門本陣跡　かたおかえいざえもんほんじんあと
・神奈川県小田原市本町3-12-3　**0465-33-1717**(小田原市文化財課)
・東海道本線・小田急線小田原駅下車徒歩15分
コース❼

　片岡永左衛門本陣は，小田原四本陣の1つ。伊予国(現，愛媛県)松山藩松平家15万石の大名を初めとする諸大名の常宿となっていた。1878(明治11)年11月7日，明治天皇が北陸・東海行幸の際，ここに宿泊している。幕末の当主片岡永左衛門は1860(安政7)年に生まれ，小田原町の助役をつとめ，『明治小田原町誌』を執筆するなど，小田原の近代史研究に大きな功績のあった人物である。現在，跡地に「明治天皇本町行在所跡」の碑が立つ。

## かまぼこ通り　かまぼこどおり
・神奈川県小田原市浜町
・東海道本線・小田急線小田原駅下車徒歩15分
コース❼

　旧東海道鍋町から青物町交差点までの約400mは，通称かまぼこ通りとよばれている。かつては千度小路または船頭小路と

よばれた通りだが，今ではその名のとおり，老舗の蒲鉾店が軒を連ねている。ほとんどが明治期の創業だが，なかには「うろこき」のように1781（天明元）年創業で，蒲鉾の元祖を名乗る店もある。また今は風祭に巨大な工場や飲食店・博物館を設けている鈴廣もかつてはこの辺りに店を構えており，今でも旧店舗が残っている。

## からさわ古窯跡　からさわこようあと
・神奈川県足柄上郡松田町松田庶子
・御殿場線松田駅バス山北方面行松田山入口下車徒歩70分

**コース⓳**

奈良時代前期の瓦窯跡。東名高速道路の建設にともなって発掘調査が行われた。神奈川県内でも珍しい登窯であったので，第3号窯跡を最明寺史跡公園に移設し，保存することになった。この窯は，全長約7m，幅約2mの9段の階段式煙道をもつ地下式瓦窯である。ここで焼かれた瓦は，小田原市の千代廃寺に供給されたことが明らかになっている。

## 河村城跡　かわむらじょうあと
・神奈川県足柄上郡山北町山北ほか
・御殿場線山北町駅下車徒歩30分

**コース㉔**

河村城の歴史は，平安時代末期に秀郷流藤原氏の一族波多野道義の2男河村秀高が築いたことに始まるとされる。南北朝時代の1352（文和元・正平7）年から翌年にかけて，河村一族は，南朝方の新田義興らとともに籠城，畠山国清を将とする北朝軍と戦ったが敗れ，落城した。戦国期には小田原城の支城とされ，さらに対武田氏の「境目の城」として足柄城などとともに重視された。1590（天正18）年，豊臣秀吉の小田原攻めで落城し廃城となった。山頂の本丸跡からは，南に足柄平野，北に西丹沢の山々を望むことができる。また西側は直下の酒匂川まで切りたった絶壁で，中世山城の地形の特徴がよくあらわれている。

## 閑院宮載仁親王　かんいんのみやことひとしんのう
1865-1945

**コース❾**

　皇族。1883(明治16)年フランスに留学し陸軍大学校を卒業し，帰国後日清戦争に大尉として従軍した。その後陸軍少将に昇進，騎兵第2旅団長となり日露戦争では秋山好古とともに騎兵を率いた。1912(大正元)年に陸軍大将となり，1931(昭和6)年参謀総長に就任し「髭の参謀総長」とよばれた。1906(明治39)年小田原に別邸を構え，1945(昭和20)年にここで没した。

## 関東大震災　かんとうだいしんさい

**コース⓰ ㉑**

　大正関東地震ともよばれる。1923(大正12)年9月1日11時58分相模湾北西部を震源としてマグニチュード7.9の地震が発生し，死者・行方不明者は14万人を超え，神奈川県だけでも死者約3万人を出すにいたった。現在の小田原市・箱根町・真鶴町・湯河原町の西湘地区は断層破壊面に近かったため人口の多い小田原を中心に大きな被害が出た。とくに根府川では，熱海線(現，東海道本線)根府川駅西方の聖岳の一部の山の一角が地すべりをおこし，土砂は白糸川の渓流沿いに集落を襲った。戸数123戸・人口858人のうち，埋没戸数64戸・死者406人を出す惨事となった。

## 看板建築　かんばんけんちく
・小田原市国府津
・東海道本線国府津駅下車すぐ

**コース⓳**

　国府津駅を出て，国道1号線沿いに小田原方面に歩くと道の両側でみることができる。東京大学名誉教授で建築史家の藤森照信の命名による。関東大震災後の復興計画で道幅が広げられたことにより，建物の敷地面積が減り，以前のように軒を前面に出せなくなった。そこで建物正面を看板様にし，ここにさまざまな装飾を施した擬洋風建築の店舗兼住宅がつくられるよう

**看板建築**

になった。外見は洋風だが，中に入ると三和土（たたき）や畳（たたみ）の部屋が広がる和風建築であった。耐火性の点から建物の外側は，モルタルや銅板，タイルなどを用いている。現在，日本各地でその姿を急速に消しつつある。

## 北原白秋　きたはらはくしゅう
1885-1942
コース❾

　詩人・童謡作家・歌人。福岡の柳川（やながわ）（現，福岡県柳川市）で育つ。1906（明治39）年新詩社（しんししゃ）に参加，1909年には『スバル』の創刊に参加し，第一詩集『邪宗門（じゃしゅうもん）』を出した。1918（大正7）年小田原（おだわら）に転居し伝肇寺（でんじょうじ）（浄土宗（じょうどしゅう））境内に「木菟（みみずく）の家」を建てた頃，童話作家鈴木三重吉（すずきみえきち）のすすめで『赤い鳥』の童謡，児童詩欄を担当，のちに作曲家山田耕筰（やまだこうさく）とともに多くの童謡の傑作を世に送り出した。関東大震災後小田原を離れ，各地に招かれ「ちゃっきり節」などの新民謡の制作に携わった。また，国家総動員体制の時代には，多くの愛国詩をつくった。小田原市では白秋ゆかりの場所をめぐる白秋童謡の散歩道をつくり，道につけられた赤い鳥と青い鳥のタイルを目印にたどることができる。

## 菊華荘　きっかそう

- 神奈川県足柄下郡箱根町宮ノ下359　富士屋ホテル内
  **0460-82-2211**（富士屋ホテル）
- 箱根登山鉄道宮ノ下駅下車徒歩7分

**コース❷**

　富士屋ホテルに附属する建物。もとは明治天皇8女の富美宮允子内親王のために1895(明治28)年に建てられた宮ノ下御用邸である。関東大震災で被災するも復旧され，1934(昭和9)年からは高松宮別邸として使用された。1946年富士屋ホテルに払い下げられ菊華荘と改称された。その後改装されたが，元の御座所部分はほぼ創建当時のままである。庭園や敷地の形状もそれに近い。

## 旧土屋家住宅　きゅうつちやけじゅうたく

- 神奈川県足柄下郡真鶴町岩596　**0465-68-4117**
- 東海道本線真鶴駅バス岩行岩海岸下車徒歩5分

**コース❸**

　明治時代の貴重な近代和風建築。土屋大次郎は1885(明治18)年から真鶴で石材運搬業を営み，相模回漕組合を設立した。横浜築港の石材運搬にも携わった。1892年には主屋と内蔵が新築され，関東大震災後に主屋の書院棟が再建された。書院棟は正規の座敷飾を備え，柱は太めのヒノキを用いた書院造で，建具も大正・昭和のデザインである。現在は真鶴町民俗資料館として利用され，一般にも公開されている。

## 救命石　きゅうめいいし

- 静岡県熱海市西山町43-1　来宮神社内　**0557-82-2241**（来宮神社）
- 伊東線来宮駅下車10分

**コース㉑**

　来宮駅近くの丹那神社内にある。1921(大正10)年4月，鉄道工業会社の作業員がトンネルの掘削した残土を大きな漏斗で受けトロッコで運び出す作業をしていた。しかしそのうちにズリ(排土)とともに大きな石が漏斗に落ち，漏斗の穴をふさぎ，6人の作業員が生き埋になった。そこで，11人がその除去作業に

あたることになった。その直後，熱海口(東口)大崩壊により，この17人は奥に取り残されたが，8日後，全員が奇跡的に救助された。仮に大石が漏斗に落ちずに11人によるズリの運搬作業が順調に進んでいたら，彼らはトロッコとともに坑口へ向かう途中で大崩壊に巻き込まれ，全員が圧死していただろう。命が救われたのは，この石のお陰であるということでその名がつけられた。

## 久野古墳群　くのこふんぐん

- 神奈川県小田原市穴部・久野ほか
- 東海道本線・小田急線小田原駅下車バス小田原フラワーガーデン行諏訪原下車徒歩5分(久野15号墳)／伊豆箱根鉄道飯田岡駅下車徒歩20分(久野4号墳)

**コース⓲**

　古墳時代後期の古墳群。古くから久野九十九塚・久野百塚ともよばれていたという。もとは200基以上あったとされるが，大半は墳丘の直径が20m前後で，横穴式石室を主体部とする小円墳だった。1950年代より発掘調査が行われ，現在見学できるのは1・2・4・15号墳などである。とくに1号墳は他に比べ卓越しており，「百塚の王」とか「王塚」とよぶにふさわしい人物が葬られていたと考えられている。

## 曲輪(郭)　くるわ

**コース❺❻㉔**

　城壁(石垣・土塁)，堀(空堀・水堀)，天然の崖や河川などで仕切られた防御用の小区画のこと。丸ともよぶ。城の中心となる曲輪を本丸(本曲輪)といい，二ノ丸(二の曲輪)は本丸を防御するのが目的で，兵糧や弾薬庫など物資の保管も行われた。さらに三ノ丸(三の曲輪)は，二ノ丸・本丸を防御するための曲輪である。この三ノ丸までが城の戦闘用区画として中心となり，守りにも力を注がれていた。これらの曲輪をどのように配置するかが築城術のみせどころあったが，これを縄張といった。

## 黒田長成　くろだながしげ
1867-1939

**コース❾**

　明治から昭和時代の政治家。旧福岡藩主黒田長知の長男でイギリス留学の経験をもつ。貴族院副議長を約30年間つとめた。明治憲法の起草にあたった金子堅太郎とも交流があり，漢詩や書を多く残している。1906(明治39)年，小田原に設けられた別邸が，現在清閑亭として公開されている。

## ケンペル
1651-1716

**コース❽**

　ドイツ人医師・博物学者。1651年にドイツで生まれ，1690(元禄3)年オランダ東インド会社の商館付医師として来日した。翌年江戸参府の旅に出発。その記録が『江戸参府紀行』であり，ここで箱根が詳しく紹介されている。芦ノ湖と富士山の絶景を記し，また箱根関所，賽の河原について貴重な記述を残した。こうした見聞をもとに，まとめられたのが『日本誌』である。この一部を蘭学者志筑忠雄が1801(享和元)年に「鎖国論」と訳したことで，「鎖国」という言葉が定着した。現在は，当時の日本が完全に国を閉ざした状態ではなかったことが常識化している。

## ケンペルとバーニーの碑　ケンペルとバーニーのひ
　・神奈川県足柄下郡箱根町
　・箱根登山鉄道箱根湯本駅バス元箱根方面行元箱根下車5分

**コース❽**

　もともとはイギリス商人バーニーが，1922(大正11)年に箱根の別邸に建てた碑。碑文には，「西暦千七百二十七年中御門天皇享保十二年四月廿七(27)日倫敦に於いて出版せられたるケンピア氏著『日本の歴史』の序文に曰く『本書は隆盛にして強大な帝国の歴史なり　本書は勇敢にして不屈なる国民の記録なり　その人民は勤勉敦厚にして其拠れる地は最も天恵に富めり』新旧両街道の会合する此地点に立つ人よこの栄光ある祖国

ケンペルとバーニーの碑　　　　　　　　　　　国府津建武古碑

を更に美しく尊くして卿らの子孫に伝えられよ」とある。この碑は箱根旧街道と国道1号線の合流地点に建てられていたが，長らく忘れ去られた存在だった。ところがこの碑の文章を，1975(昭和50)年に日本を訪問したイギリスのエリザベス女王が宮中晩餐会(ちゅうばんさんかい)での答礼で引用した。この出来事で碑の大切さを知った箱根町が，翌76年に碑を現在地に移すとともに，1986年新たにケンペルとバーニーの碑を建てた。

## 国府津建武古碑　こうづけんむこひ
- 神奈川県小田原市国府津2038 宝金剛寺内　0465-47-2530（宝金剛寺）
- 東海道本線国府津駅下車徒歩15分

**コース⓳**

　現在は宝金剛寺の境内に移設されたが，以前は寺の裏山にあった。関東では板碑(いたび)は緑泥片岩(りょくでいへんがん)(秩父青石(ちちぶあおいし))でつくられる例が多いが，建武古碑は地元の根府川石(ねぶかわ)でつくられている。左上半部が斜めに欠けた，高さ約150cmの石を用い，表面を平らに加工している。緑泥片岩を用いた武蔵型(むさし)板碑に対して，相模型(さがみ)板碑に分類されている。碑の中央には，弥陀(みだ)・観音(かんのん)・勢至(せいし)の三尊の梵字(ぼんじ)が刻まれ，左側には「建武五(1338)年」という年号と，願主(がんしゅ)として「沙弥法明(しゃみほうみょう)」という名がみえる。願主について，詳細は不明である。

## 光風荘　こうふうそう

- 神奈川県足柄下郡湯河原町562-3　**0465-63-2111**(湯河原町地域政策課)
- 東海道本線湯河原駅下車バス不動滝・奥湯河原行公園入口下車すぐ

**コース㉑**

　1936(昭和11)年2月に発生した二・二六事件に関する資料館。当時は温泉旅館伊藤屋の別館だったこの場所で，元内大臣牧野伸顕が反乱軍の別働隊である陸軍大尉河野壽らに襲撃された。早朝，2台の自動車に分乗して湯河原へ到着した河野大尉ら8人は，光風荘を襲い護衛の巡査皆川義孝と銃撃戦の後，同荘に放火・炎上させた。しかし目標の牧野は，地元消防団員らの活躍で脱出に成功した。現在再建された光風荘では，関係者の手紙や当時の新聞，写真などの資料が展示されている。

## 古稀庵　こきあん

- 神奈川県小田原市板橋827　あいおいニッセイ同和損保小田原研修所内　**0465-23-5615**(あいおいニッセイ同和損保小田原研修所)
- 箱根登山鉄道箱根板橋駅下車徒歩10分

**コース❾**

　山県有朋が古稀(70歳)の1907(明治40)年に小田原の板橋に営んだ別荘。現在は庭園のみが残り，保険会社の研修施設として，日曜日に一般公開されている。門は青竹の庭，茅葺の門という風情を復元したものだが，竹垣は京都の修学院離宮の茶屋中門を模したものともいわれる。門に掲げられた「古稀庵」の額の字は，山県(号含雪)に1908年伊藤博文が贈ったものである。庭園は海を望む斜面を利用した回遊式の庭園で，山県水道から引いていた水が流れ，秋はカエデの紅葉も美しい。古稀庵には多くの要人が訪れたが，1910年には皇太子時代の大正天皇が訪れ，庭伝いに益田孝邸まで訪問した。古稀庵の下に残る門が，古稀庵の離れ暁亭［国登録］の門で，暁亭は箱根湯本ホテルに移築され利用されている。また，伊東忠太設計の2階建て洋館は，関東大震災後，山県農場のあった栃木県那須に移築され現在山県有朋記念館になっている。

古稀庵

## 後北条氏　ごほうじょうし

**コース❻㉔**

　小田原城を本拠として，関東一円に勢力を拡大した戦国大名。鎌倉幕府執権北条氏と区別して，後北条氏あるいは小田原北条氏という。北条を名乗るのは2代氏綱のときからで，初代の早雲は荏原荘(岡山県)に生まれ，出家以前には伊勢長氏(通称新九郎)，出家後は早雲庵宗瑞と名乗った。新九郎は室町幕府8代将軍足利義政の弟義視の近侍となった後，今川家に請われ駿河(現，静岡県)に下向した。今川家の内紛に乗じて勢力を伸ばした新九郎は，伊豆(同)に侵攻した後，相模(現，神奈川県)征服に成功した。以降，5代にわたって栄え，関東の大半を支配したが，1590(天正18)年，豊臣秀吉に滅ぼされた。箱根町湯本の早雲寺境内に北条五代の墓がある。4代氏政の弟氏規の子孫は，江戸時代に河内国(現，大阪府)狭山藩主にとりたてられ，明治維新まで続いた。

## 小松石　こまついし
・神奈川県足柄下郡湯河原町・真鶴町

**コース❸**

　神奈川県真鶴町では平安から鎌倉時代以降，石材の採掘が行われるようになった。岩地区の小松山で産出される小松石は良質の安山岩で，墓石や記念碑などの製作に適した材質である。

　真鶴駅の西方にある西念寺(浄土宗)には，江戸城の築造を担当していた黒田長政の供養塔がある。これは長政より命を受

けて，真鶴に石丁場を開いた小河正良が，長政の十三回忌に建てたものといわれている。現在でも採石場が多数あり，石材業は真鶴の重要産業になっている。

**賽の河原**（層塔）

## 小峯御鐘ノ台大堀切　こみねおんかねのだいおおほりきり
・神奈川県小田原市城山3-30
・東海道本線・小田急線小田原駅下車徒歩20分

**コース❻**

　小田原城西端部に位置する空堀遺構。戦国時代に後北条氏によって構築された東堀・中堀・西堀という3本の空堀で構成されている。本丸に続く八幡山丘陵の尾根を分断している空堀群は，1590（天正18）年に小田原城の総構が完成する前からあった三の丸外郭に相当する。堀には障子堀や，クランク状に大きく折れ曲がっていて，敵方を鉄砲や弓矢で側面攻撃する横矢掛け（横矢折れ）が設けられていたことが，発掘調査によってわかった。中堀は現在道路となっているが，北西の未舗装道路の部分には，横に折れ曲がり防御を強化した部分が確認できる。また西堀は大半が埋め立てられているが，北側には空堀と土塁が良い状態で残っている。

## 賽の河原　さいのかわら
・神奈川県足柄下郡箱根町元箱根
・箱根登山鉄道箱根湯本駅バス元箱根方面行元箱根下車5分

**コース❽**

　箱根神社大鳥居そばの芦ノ湖畔に，54基の石仏・石塔が建つ一画がある。1691（慶安4）年の江戸参府の途中，ケンペルが箱根を通ったときは，この数倍の規模を誇っていたようである。ケンペルの記述によると，当時の人びとは芦ノ湖の湖底で7歳以下で死んだ子どもたちが苦しんでいると考えており，湖畔を

賽の河原に見立てたようである。ここで「祈りの札」を湖底に沈めると，子の苦しみが減ると信じられていて，5つの地蔵堂と僧侶が念仏を唱えていたという。

## 最明寺史跡公園　さいみょうじしせきこうえん

・神奈川県足柄上郡松田町松田庶子　0465-83-1228(松田町環境経済課)
・御殿場線松田駅バス山北方面行松田山入口下車徒歩70分

**コース⓳**

　園内の最明寺跡由来の石碑辺りが，もと最明寺のあった場所である。最明寺は鎌倉時代の創建と伝えられ，鎌倉幕府の5代執権北条時頼の保護を受け栄えたといわれるが，15世紀後半に大井町金子の現在地に移ったという。史跡公園として散策路が整備されてサクラが植えられ，「かながわの花の名所100選」に指定されている。

## 坂本駅　さかもとのえき

**コース❹**

　『延喜式』にみえる相模国（現，神奈川県）西端の駅。駅馬22疋が常備された。相模国の駅は坂本駅から小総—箕輪—浜田の各駅と続くが，いずれも駅馬は12疋で，坂本が一番大きい駅であった。平安時代前期に足柄関がおかれ，関本とよばれるようになったと考えられる。鎌倉時代以降，宿場利用や往来の人びとで賑わった。

## 寒田神社　さむたじんじゃ

・神奈川県足柄上郡松田町松田惣領1767　0465-82-1931
・御殿場線松田駅，小田急線新松田駅下車徒歩12分

**コース⓳**

　主祭神は，倭建命，弟橘比売命，菅原道真，誉田別命などである。社伝によれば315年に創建されたといい，神宝として弥生時代後期の椀一組が伝えられる。927（延長5）年に完成した『延喜式』神名帳に「足上郡一座小　寒田神社」と記載され，由緒ある神社として知られる。江戸時代には，3代将軍徳川家光から150石の朱印地を与えられた。境内には，足

柄上郡郡長であり地域の自由民権運動家でもあった中村舞次郎の碑や，歯の供養碑という珍しい碑もある。

## 三の丸外郭新堀土塁歴史公園

さんのまるがいかくしんぼりどるいれきしこうえん
・神奈川県小田原市城山4-14
・東海道本線・小田急線小田原駅下車徒歩20分

**コース❻**

　小田原城西端にある。総構完成前にその内側にあった外郭新堀の土塁の形状が良く残されていて，また土塁の一部が総構と重複している。西方には相模湾や石垣山一夜城や細川忠興の布陣した富士山砦（板橋城）を眺めることもできる。江戸時代になると，この場所は御留山となり，一般人の立ち入りが禁止されたという。2012（平成24）年から史跡公園として開放されている。

## 『七湯の枝折』 しちゆのしおり

**コース❷**

　江戸時代の箱根七湯の代表的な案内書。1811（文化8）年，江戸の文臙と弄花が絵と文を担当して著した全10巻の絵巻で，各湯治場の湯宿や温泉の効能，名所旧跡の紹介など，綿密な案内書である。各種写本があるが，底倉のつたや旅館に現存している浄写本がいちばん優れている。

## 鵐の窟 しとどのいわや

・神奈川県足柄下郡湯河原町鍛冶屋　**0465-63-2111**（湯河原町産業観光課）／同郡真鶴町真鶴　**0465-68-2543**（真鶴町観光協会）
・東海道本線湯河原駅バス元箱根行しとどの窟下車／同真鶴駅徒歩20分またはバス真鶴岬方面行魚市場下車2分

**コース❸**

　1180（治承4）年，石橋山の戦いに敗れた源頼朝主従7騎は，再起の機会をうかがって山中の窟に潜んだという。この窟の伝承地が湯河原町鍛冶屋にあり，土肥椙山巌窟ともよばれている。現在は窟内に20体ほどの石仏があり，神奈川県指定の史

鵜の窟(土肥椙山巌窟,湯河原町)

跡となっている。これとは別に，真鶴半島東岸にも同様の伝承をもつ窟がある。現在は痕跡をとどめるだけであるが，江戸時代には波が打ち寄せる高さ2～3m，奥行き10mにもおよぶ窟であったという。小田原の北条氏綱や水戸藩祖徳川頼房も訪れたという。

## 清水金左衛門本陣跡　しみずきんざえもんほんじんあと
・神奈川県小田原市本町3-5-5
・東海道本線・小田急線小田原駅下車徒歩15分

**コース❼**

　清水金左衛門家は江戸時代に町年寄もつとめ，宿場町全体の掌握を行っていた。天保期(1830～44)には間口18間，屋敷面積400坪，建坪242坪の大本陣で，尾張徳川家をはじめとする諸大名が宿泊した。明治になり明治天皇は，1868(明治元)年10月8日の最初の東行以来5回ここに宿泊している。江戸時代，清水家は本陣を兄が，脇本陣を弟が経営するという関係にあった。その脇本陣の跡には，明治以降，本陣と脇本陣を合わせた古清水旅館があったが，1996(平成8)年に廃業した。建物は残っていたものの，2007年に取り壊された。

## 下曽我遺跡　しもそがいせき
・神奈川県小田原市曽我岸148　曽我病院内
・東海道本線・小田急線小田原駅下車徒歩10分／御殿場線下曽我駅下車徒歩10分

**コース⓬**

　病院の建設工事にともない発見された。4基の井戸が発見され，弥生時代後期から平安時代の井戸と考えられる。井戸周辺

からは，木簡や墨書土器などが多数出土している。墨書土器には，「上主○（郡司の主帳と同じと考えられている）」「家」「大家」「門」などとあり，郡家（郡衙）のような官衙的施設の存在をうかがわせる遺物が多い。周辺の永塚遺跡群や千代遺跡群とあわせて，この地域一帯に官衙や寺院などが集まっていたと考えられる。

## 下田隼人　しもだはやと
?-1661
コース⓲

　江戸時代前期の典型的な代表越訴型義民。相模国（現，神奈川県）小田原藩主稲葉正則は，小田原城修築や城下町の整備に加え，諸大名への贈答などを盛んに行い，藩財政は逼迫していたという。万治元(1658)～3年，年貢増徴のために藩が検地を行うと，隼人は関本村（現，神奈川県南足柄市）の名主として，井細田大橋の下で直訴におよんだ。このため年貢増徴は撤回されたが，隼人は1660年，死罪となったという。龍福寺（時宗）にある顕彰碑は大正時代に建てられたものである。

## 集成館　しゅうせいかん
・神奈川県小田原市本町1-12-1
・東海道本線・小田急線小田原駅下車徒歩10分
コース❼

　相模国（現，神奈川県）小田原藩の藩校。1822（文政5）年，創設。藩主大久保忠真は，藩の財政再建のための藩政改革の一環として主席家老の大久保忠洪に命じて藩校の創立にあたらせた。藩校の入学年齢は9歳で，卒業年限はなかった。教育課程は筆道・素読・講釈・会読であり，素読科から講釈科に進級するには，年4回の試験，2年に1回の復習試験に合格しなければならなかった。そして講釈科を修了すると，また卒業試験があり，それぞれ優等の者には賞が与えられた。これで藩校の課程は終了となり，改めて武芸に励む者，医学へ進む者，会読を志す者，任官する者などの道があった。神奈川県立小田原高等学校の前身で，その跡地は現在小田原市立三の丸小学校となって

城前寺

いる。

## シュミット
1872-1936

コース❽

ドイツのライツ社(現，ライカ社)のカメラ「ライカ」を日本に輸入し，普及させたシュミット商会の創立者。1872年ドイツに生まれ，1896(明治29)年に来日し，シュミット商会を設立した。1906年に芦ノ湖畔に外国人として初めて別荘を構えた。日本とドイツの架け橋となって活躍した彼は，1935(昭和10)年に急死した。その別荘に建てられた記念碑が，現在の地に移ったのは1971年のことである。シュミットの別荘跡地には，現在箱根駅伝ミュージアムがある。

## 城前寺　じょうぜんじ
・神奈川県小田原市曽我谷津592
・御殿場線下曽我駅下車徒歩10分

コース⓬

浄土宗の寺。日本三大仇討ちの１つとされる，曽我兄弟の菩提寺として地元で親しまれる。入口にある阿弥陀如来坐像は，赤穂義士吉田忠左衛門(兼亮)の遺児で，城前寺14世の到誉達玄が，亡父の三十三回忌に造像したものと伝えられる。本堂の裏手には，曽我兄弟と曽我祐信・満江の墓とされる２対４基の五輪塔や，坪内逍遙の揮毫になる曽我兄弟遺跡碑などがある。毎年５月28日に行われる傘焼まつりは，兄弟が仇討ちの際に傘を松明として使ったことにちなむ。

## 聖天堂　しょうでんどう

- 静岡県駿東郡小山町竹之下3649　**0550-76-3838**
- 大雄山線大雄山駅バス地蔵堂方面行足柄万葉公園下車／東名御殿場ICまたは大井松田IC車30分

**コース④**

　足柄峠にある寺院。本尊として大聖歓喜天をまつる。歓喜天は象頭の2体が抱き合う双身像で，秘仏となっている。これには811(弘仁2)年，早川の海岸に出現し，足柄山にまつられるようになったという伝承がある。成立については不明だが，1720(享保5)年の絵図には「聖天宮」の名がみえる。足柄峠に建立されたのは，農作物の豊作を予祝・感謝する行事である古代の歌垣が，この周辺の広場で行われていたからとする説がある。

## 傷兵院・傷痍軍人箱根療養所
しょうへいいん・しょういぐんじんはこねりょうようじょ

- 神奈川県小田原市風祭412 国立病院機構箱根病院
- 箱根登山鉄道風祭駅下車徒歩2分

**コース⑪**

　戦争により重度の障害を負った軍人を収容する施設。傷兵院は，もと東京巣鴨(現，東京都豊島区)に1906(明治39)年設立された廃兵院を前身とする。1934(昭和9)年に傷兵院と改称し，1936年に現在地(国立病院機構箱根病院)に移転してきた。日中戦争の開始とともに傷痍軍人箱根療養所が併設され，戦傷脊髄損傷患者が入所した。現在，当時の建物は旧本館と奉安殿だけが残る。

## 真楽寺　しんらくじ

- 神奈川県小田原市国府津3-2-22　**0465-47-2317**
- 東海道本線国府津駅下車徒歩3分

**コース⑲**

　もとは天台宗の寺院だったが，鎌倉時代に住持となった性順が親鸞の説く本願念仏の教えに感銘を受けてその弟子となった。そして真楽寺という寺名をつけてもらい，浄土真宗の

散歩事典　143

寺院となったという。本尊は阿弥陀如来像。当寺には親鸞が,十字名号(帰命尽十方無碍光如来)と八字名号(南無不可思議光佛)を刻んだと伝えられる帰命石があるが,焼けてしまったので,現在は宝物堂である帰命堂の下に埋められていると伝わる。このほか,親鸞お手植えと伝えられる菩提樹(何度も火災に遭い,植え継がれてきたとされる)や,飛び地境内の親鸞草庵があったとされる場所に,御勧堂の石碑が建てられている。

## 親鸞　しんらん
1173-1262

**コース⓲**

鎌倉時代前半の僧侶で浄土真宗(一向宗)の開祖。父は中流貴族の日野有範と伝えられる。はじめ比叡山延暦寺で学んだが,法然と出会いその弟子となり,専修念仏に帰依するようになる。1207(承元元)年,伝統的な仏教勢力からの攻撃により師に連座し,越後(現,新潟県)に流罪となる。許された後もしばらく帰京せず,関東地方を転々として宗教活動に従事した。その後帰京。絶対他力や悪人正機説などを唱えた。主著は『教行信証』。有名な『歎異抄』は,弟子の唯円が親鸞の教えを記述したものである。

## 素鵞神社　すがじんじゃ
・神奈川県足柄下郡湯河原町吉浜1056
・東海道本線真鶴駅徒歩20分

**コース❸**

創建年代は不明だが,『新編相模国風土記稿』には牛頭天王社として記載がある。伝世品としては1708(宝永5)年の奉納額が最古のものである。1911(明治44)年に,神戸の熊野神社,千歳ヶ岡の稲荷神社,出雲台の熊野神社などを合祀して,素鵞神社となった。境内社として比叡神社と山之神社がまつられている。この神社に伝わる海民の群舞である鹿島踊りは,中国流の8行8列の隊形で行われる珍しいもので,日本唯一といわれている。また,例大祭では神輿の海上渡御もあり,海民の信仰の篤さが現代にも伝えられている。

清閑亭

### 清閑亭　せいかんてい
- 神奈川県小田原市南町1-5-73　0465-22-2834
- 東海道本線・小田急線小田原駅下車徒歩15分

**コース❻❾**

　小田原城三の丸土塁の一角に建つ侯爵黒田長成の別邸で，国の登録文化財。2008(平成20)年に小田原市の所有となり，現在は小田原邸園交流館としてNPO法人が運営し，公開をしている。建物は格式ばらない数寄屋造で，棟が斜めに並ぶ雁行型をしている。2階からは，小田原の海，伊豆の島々や半島を望むことができる。床の間には，「桜谷」と号した黒田の軸が掛けられている。また，1階にある大座卓は山県有朋の別荘古稀庵で使用されていた。

### 早雲寺　そううんじ
- 神奈川県足柄下郡箱根町湯本405　0460-85-5133
- 箱根登山鉄道箱根湯本駅下車徒歩15分

**コース❶❿⓫**

　臨済宗の禅刹。山号は金湯山。1521(大永元)年北条氏綱が，父伊勢長氏(北条早雲)の遺命により建立したという。氏綱は盛んに寺領を寄進して保護した。後奈良天皇から勅願の綸旨を受け，塔頭も数カ寺が建立され，名実とも関東でも屈指の禅刹へ発展していった。しかし，1590(天正18)年豊臣秀吉の小田原攻めで廃墟と化した。寺が再建されたのは江戸時代に入ってからで，1627(寛永4)年のことである。寺宝に北条早雲像(国重文)などがある。

## 総構山の神堀切と稲荷森　そうがまえやまのかみほりきりといなりもり
・神奈川県小田原市緑
・東海道本線・小田急線小田原駅下車徒歩15分
### コース❻
　堀切とは，普通の堀のように曲輪を囲む堀ではなく，部分的に掘られた堀である。斜面に対して水平に掘られ，尾根や峰に切り込みを入れたような形状となっている。谷津丘陵の茶畑の多い尾根道を行くと，小田原城の北側の守りを固めていた総構の部分がよくわかる。山の神堀切では，丘陵の斜面に掘られた空堀とそれに沿う形でつくられた土塁が良い状態で保たれている。丘陵を横断する堀切は，丘陵を東西に分け，それぞれ独立性をもつ陣地としての効果をもたせていたと考えられる。尾根道の先にある稲荷森には，空堀が丘陵に沿ってめぐらされている様子が非常に良く残されている。急傾斜のある空堀は，標識からやや北に入った先の竹林の中にあり，上から見下ろす形で見学できる。

## 滄浪閣旧跡　そうろうかくきゅうせき
・神奈川県小田原市本町4
・東海道本線・小田急線小田原駅バス箱根方面行御幸の浜下車徒歩5分
### コース❾
　伊藤博文の小田原別荘の跡。伊藤が大日本帝国憲法を，1886（明治19）年に建てた横須賀の夏島別荘で起草したことは有名だが，夏島で砲台建築が始まったため，1890年小田原の海岸近くに別邸滄浪閣を建て移り住んだ。跡地は現在，個人宅となっているが，入口の築山に伊藤の胸像と金子堅太郎撰文の滄浪閣旧跡の碑が建てられている。碑文には伊藤の事績とともに，石と台石が伊藤遺愛の庭石であること，伊藤の愛したウメとツバキを植え小公園としたことなどが記されている。伊藤は小田原に別荘を構えた時期に，日清戦争に対処し，その講和条約である下関条約に調印している。また，法学者穂積陳重らが明治民法の原案を執筆したのも小田原の滄浪閣で，「民法発祥の地」

滄浪閣旧跡(伊藤博文の像) 　　　　　　　　　　　　大久寺合掌型宝塔

ともいわれる。伊藤は1896年に大磯に竣工した邸宅を滄浪閣とし小田原から移った。その後，小田原の滄浪閣の２階建洋館はリゾート旅館養生館として使用されたが，1902年の大海嘯で崩壊し，養生館は場所を隣地に移して営業した。

## 曽我兄弟の仇討ち　そがきょうだいのあだうち

コース❿⓬

　曽我兄弟の仇討ちは，日本三大仇討ちの１つとされている。他の２つは，伊賀越の仇討ち(鍵屋の辻の決闘とも)と，赤穂浪士の討ち入り(忠臣蔵)である。同族間の所領争いがもとで，曽我兄弟(十郎祐成と五郎時致)は，父の河津祐泰を工藤祐経に殺されてしまう。兄弟の母である満江は，夫の死後子どもを連れて曽我祐信に再嫁したので，兄弟はこれ以降曽我と名乗ることになる。
　源　頼朝が征夷大将軍に任官した翌1193(建久４)年，富士山麓で行われた巻狩りにおいて，曽我兄弟は仇の工藤祐経を討ち果たす。しかし兄の祐成は討たれ，弟の時致は翌日斬首された。この出来事は『曽我物語』などに記され，のちに謡曲・浄瑠璃・歌舞伎などの演目となった。

## 宗我神社　そがじんじゃ

- 神奈川県小田原市曽我谷津386　0465-42-1282
- 御殿場線下曽我駅下車徒歩10分

**コース⓬**

　祭神は，宗我都比古命，宗我都比売命。創建は1028(長元元)年と伝えられ，江戸時代は小沢明神社と称していた。当時は小沢明神・応神天皇・桓武天皇の３神をまつっていたと『新編相模国風土記稿』に記載されている。明治に入って近在の鎮守を合祀して，宗我神社とよばれるようになった。現在の拝殿は，関東大震災で倒壊した後の1928(昭和３)年の再建である。1937年に芥川賞，1978年には文化勲章を受賞した作家尾崎一雄は，宗我神社神主の家に生まれた。宗我神社の大鳥居のすぐそばに，尾崎一雄文学碑があり，神社の手前にはその旧宅が残っている。

## 大久寺　だいきゅうじ

- 神奈川県小田原市城山4-24-7　0465-24-0830
- 箱根登山鉄道箱根板橋駅下車徒歩５分

**コース❼**

　日蓮宗の寺。1590(天正18)年，遠州(現，静岡県)二俣城城主だった大久保忠世により，日英上人を開山として創建された。しかし，２代忠隣のときの1614(慶長19)年，大久保家は改易され近江国(現，滋賀県)栗太郡中村(現，同栗東市)に移されたため，1633(寛永10)年，石川忠総(忠世２男・石川家養子)により，いったん江戸下谷(現，東京都台東区)に移され，72年後大久保忠朝(忠隣の曽孫)が，下総(現，千葉県)佐倉城から再び小田原に封ぜられたときに当地に戻された。本堂裏手の墓地内に大久保一族の墓がある。大久保忠世と大久保忠常(忠隣嫡男)の墓塔は，日蓮宗独特の合掌型宝塔とよばれる大変珍しいものである。

### 太閤の石風呂　たいこうのいわぶろ
・神奈川県足柄下郡箱根町底倉
・箱根登山鉄道宮ノ下駅下車徒歩20分

**コース❷**

　1590(天正18)年，豊臣秀吉の小田原攻めが始まり，大軍が箱根(現，神奈川県箱根町)に入ってきた。戦いの中で温泉地も混乱，荒廃したが，秀吉軍による占領が進む中で回復してきた。その中で底倉(同)には，兵による乱暴狼藉を禁止した上で疵や労を癒すための湯治を許可する布告が残っている。また秀吉自身も入湯したとの伝承があり，それが太閤の石風呂の場所といわれている。

### 田中丘隅　たなかきゅうぐ
?-1729

**コース⓰⓳**

　江戸中期の民政家。川崎宿(現，神奈川県川崎市)の本陣田中氏を継ぐ。江戸に出て荻生徂徠に学び，1723(享保8)年8代将軍徳川吉宗に登用された。荒川・酒匂川の治水など，民政に大きな業績をあげた。著書に『民間省要』がある。

### 田中光顕　たなかみつあき
1843-1939

**コース❾**

　明治時代の官僚・政治家。土佐国(現，高知県)土佐(高知)藩出身で，武市瑞山(通称半平太)の土佐勤王党に属し尊攘運動に，のちに中岡慎太郎の陸援隊に参加した。坂本龍馬と中岡が暗殺された現場に駆けつけたことでも知られる。維新後は，岩倉使節団に随行して渡欧し，のち元老院議官・警視総監・学習院長などを歴任し，11年にわたり宮内大臣をつとめた。晩年は，静岡県富士市の古渓荘(現，野間農園)，同静岡市の宝珠荘，神奈川県小田原市の別荘(現，小田原文学館)など多くの別荘を建て隠棲した。

## 丹那神社　たんなじんじゃ
- 静岡県熱海市西山町43-1　来宮神社内　**0557-82-2241**（来宮神社）
- 伊東線来宮駅下車徒歩10分

**コース㉑**

　丹那トンネル工事の犠牲者67人をまつる神社。例大祭の日は，熱海口（東口）工事現場で，起工以来最初の大崩壊事故がおきた1921（大正10）年4月1日にちなんでいる。この日，熱海口の坑口から300m地点の現場で最初の大崩壊事故が発生し，作業中の16人が犠牲になり，同年6月26日，鉄道大臣元田肇ら関係者400余人により慰霊祭が行われ，犠牲者の霊を鎮めるために，神社は坑口上に建てられた。工事期間中，6回の大事故により死者67人，重傷者610人という犠牲を払い，足かけ16年におよぶ工事が完成した。トンネル東口の真上の殉職碑には，犠牲者の氏名が，開通時に鉄道省によって刻まれた。

## 丹那トンネル　たんなトンネル
- 静岡県熱海市福道町
- 伊東線来宮駅下車徒歩10分

**コース㉑**

　1909（明治42）年当時の東海道本線の難所で，補助機関車が必要であった国府津―沼津間（現，御殿場線）にかわる路線の検討・調査が開始された。1913（大正2）年には熱海から三島へのルートが決定，1918年3月，熱海口（東口）から着工された。地質や豊富な湧水により工事は難航を極め，20m掘るのに5年間かかった所もあった。従事者数延べ250万人という大規模な工事は，セメントを注入して地盤を固めるなどの工夫をし，1933（昭和8）年6月貫通した。翌1934年12月1日には東京発神戸行の急行が第1号列車として通過，所要時間は9分2秒であった。従来の山北周りの路線に比べ，走行時間は40〜50分短縮され，石炭の消費量が従来の3分の1に，また運転コストも年間90万円削減されたという。

**秩父宮記念公園**
（井上準之助別荘）

## 秩父宮記念公園　ちちぶのみやきねんこうえん
・静岡県御殿場市東田中1507-7　0550-82-5111
・御殿場線御殿場駅下車徒歩25分。駐車場あり。

**コース⓮**

　昭和天皇の弟である秩父宮雍仁親王が療養生活をおくった別邸が，勢津子妃の遺言で御殿場市へ寄贈され，公園とした施設。藁葺の母屋は，秩父宮が1941(昭和16)年から太平洋戦争をはさんだ約10年間にわたり生活した場所で，内部も見学できる。この母屋は，もとは大蔵大臣をつとめた井上準之助の別荘で，江戸期の民家を移築したものである。一部が洋風の居間に改装され，日本間には囲炉裏が設けられるなど秩父宮の日々の生活の様子を偲ぶことができる。また，1992(平成4)年に勢津子妃のために建てられた新館を改装した展示室も併設されている。

## 秩父宮雍仁親王　ちちぶのみややすひとしんのう
1902-53

**コース⓮**

　大正天皇の第2皇子。昭和天皇の弟で，秩父宮家を創設した。スポーツや登山などを愛好し，「スポーツの宮様」とよばれた。陸軍士官学校を卒業，1922(大正11)年から陸軍軍人として勤務。のちに二・二六事件をおこす皇道派青年将校らと親交があり，将校の一部は秩父宮を精神的な支柱としていたとされる。1937(昭和12)年に訪欧してドイツ総統ヒトラーと会談。日中戦争の拡大に批判的であったが，肺結核を患い1941年より静岡県御殿場の別邸で療養生活に入り，終戦の玉音放送は弟の高松宮と

**長興山枝垂れ桜**

ともに御殿場別邸西の間で聞いている。敗戦後，執筆活動なども行うが，病状は悪化し，1953年に神奈川県藤沢市鵠沼の別邸で死去した。

## 長興山紹太寺と枝垂れ桜　ちょうこうざんしょうたいじとしだれざくら

・神奈川県小田原市入生田303　0465-22-7760
・箱根登山鉄道入生田駅下車徒歩10分

コース❼⓱

　黄檗宗の寺。長興山紹太寺は小田原藩主稲葉美濃守正則が，父母の冥福を祈るため，京都宇治の万福寺（黄檗宗）から鉄牛和尚を招き開山として創建された。最盛期には，寺域が東西約1.6km，南北約1.1km，面積約18ha にもおよび，清雲院など５つの子院が立ち並び，黄檗宗では関東第一の寺院であった。当時は360段の石段をのぼりきった高台に多数の堂塔伽藍があったが，安政年間（1854～60）に総門以外全て焼失し，残った総門も1915（大正４）年に焼失。今は長い石段と稲葉氏の墓所，ミカン畑と化した旧境内地が残るばかりである。現在は子院の清雲院が紹太寺の寺号を継いでいる。稲葉一族の墓所には春日局の供養塔を中心に，左右に一族の墓塔が静かに立っている。ここは枝垂れ桜で有名で，高さ約13m，樹齢340年余の老木は「かながわ名木百選」にも選定されている。

## 千代廃寺跡・千代遺跡群　ちよはいじあと・ちよいせきぐん

・神奈川県小田原市千代
・御殿場線下曽我駅バス小田原駅行上府中駐在所前下車徒歩5分

**コース⓬**

　千代遺跡群は、永塚遺跡群の南に位置する。ここに、千代廃寺とよばれる寺院が存在していた。千代廃寺は、在地の豪族によって8世紀に建立され、8世紀末から9世紀前半の時期に改修が行われ、10世紀前半まで存続したと考えられている。『新編相模国風土記稿』に、「地中より古瓦、布目あり、など出ることま〻あり」との記述があるとおり、ここから、武蔵国分寺と同范とされる鬼瓦や、神奈川県松田町のからさわ古窯跡で焼かれた瓦などが発見されている。同平塚市の四之宮廃寺や横須賀市にあった宗元寺からは、千代廃寺から出土した瓦と同范の瓦が出土している。これらのことは、瓦の供給ルートなどで千代廃寺が、他の寺院との関係をもっていたことを示している。

## 伝万巻上人坐像　でんまんがんしょうにんざぞう

**コース⓭**

　箱根神社蔵。国重文。カヤの一木造で、細めの両眼、隆起した鼻、きりっと閉まった口唇などに万巻上人の個性が滲み出ている。丸味を帯びた体軀は安定感と力量感に富み、僧衣には太くて高めの皺と細くて低めの皺が交互に刻まれた翻波式衣文が施され、平安初期の貞観仏の特徴が顕著である。おそらく没後間もない頃の作で、東国最古の木造肖像彫刻であるとされている。像高は84.8cmである。

## 『東海道中膝栗毛』　とうかいどうちゅうひざくりげ

**コース❼**

　十返舎一九の滑稽本。1802(享和2)年から1814(文化11)年にかけて出版された。後続の『続膝栗毛』は、1810(文化7)年から1822(文政5)年にかけて刊行された。大当りして、今に至るまで読みつがれ、主人公の弥次郎兵衛と喜多八、つなげて

**東京電力山崎発電所**

「弥次喜多」道中は，現代も娯楽メディア類に活躍している。小田原ではういろうに立ち寄り，小田原名物の菓子と思い込んで苦い薬を買ってしまったり，宿泊先の風呂が五右衛門風呂であったのだが，入り方がわからず，風呂の底を抜いてしまうなど，今見ても笑える珍道中が描かれている。

## 東京電力山崎発電所　とうきょうでんりょくやまざきはつでんしょ
・神奈川県足柄下郡箱根町湯本
・箱根登山鉄道入生田駅下車徒歩8分

**コース㉒㉓**

1936(昭和11)年に竣工した水路式水力発電所。現在の所有者は東京電力で，常時約1000kwの出力をもつ。この発電所を設計・建設したのは日本電力で，デザインは日本電力の嘱託技師で富山県の黒部川，庄川のダムや発電所などで有名な山口文象と考えられる。三枚橋や畑宿など早川水系の発電所は小田原—湯本間を走っていた小田原電気鉄道により開発され，鉄道以外にも地域に電灯，電力を供給していたが，1928(昭和3)年小田原電気鉄道は関東進出を目指す日本電力に合併され，日本電力小田原営業所となり，同年鉄軌道事業が分離され箱根登山鉄道となった。山崎発電所は取水口の早川取水堰とともに2011(平成23)年土木学会選奨土木遺産に認定された。

## 東光庵　とうこうあん
・神奈川県足柄下郡箱根町芦之湯
・箱根登山鉄道箱根湯本駅バス元箱根方面行芦の湯下車徒歩5分

**コース ②**

　芦之湯の熊野権現(熊野神社)にある東光庵薬師堂は，江戸時代には湯治に訪れた賀茂真淵や本居宣長，蜀山人などの文人墨客が，湯治の合間に句会や茶会で集う場所として有名であった。境内には，松尾芭蕉の句碑を含めて多くの歌碑が建っている。東光庵の建物は，1882(明治15)年には廃庵となり荒廃していたが，2001(平成13)年往時の姿に復元された。

## 土肥実平　どひさねひら
　　生没年不詳

**コース ③**

　平安から鎌倉時代初期の武将。相模国足下郡土肥郷(現，神奈川県湯河原町・真鶴町)に住んだ。石橋山の戦いでは源頼朝軍に属したが敗れて，頼朝主従7騎で逃走した。地元出身の利を活かし，頼朝主従を鵐の窟に潜ませた。さらに彼らを岩海岸まで導いて船出させ，安房(現，千葉県)への脱出を成功させた。続いて，源義仲や平家，さらには奥州藤原氏の征討にも従軍し活躍したと思われるが，以後のことは明らかではない。幕府草創の功臣として厚遇されたという。

## 豊臣秀吉　とよとみひでよし
　　1536-98

**コース ❻ ㉑ ㉔**

　戦国武将。尾張国中村(現，愛知県名古屋市)に生まれる。1554(天文23)年，尾張の織田信長に仕え，木下藤吉郎秀吉と名乗る。信長死後は，明智光秀，柴田勝家らを破り，九州・四国を次々と征討，1585(天正13)年には関白となり姓を豊臣と改めた。1589年，後北条氏は真田領であった上野国(現，群馬県)名胡桃城を攻略した。これは秀吉が出したとされる「天下惣無事令」(大名間の私戦の禁止)を破るものであり，秀吉との衝突は避けられないものとなった。1590年，秀吉は京都を発し，

天下の大軍勢が小田原へと向かった。3カ月におよんだ籠城戦の末,北条氏直は降伏,秀吉の天下統一はここに成った。

## 豊原時秋　とよはらのときあき

1100-?

**コース❹**

　平安時代の楽家。笙の名手。豊原時元の子。後三年合戦のときに源義光に従おうとしたことが,『古今著聞集』『時秋物語』などにみえるが,生年を考慮すると,これは時元の伝説とみるべきである。時元も楽家で,合戦後に御遊や御賀試楽,諸社の神楽で活躍し,堀河天皇や関白藤原忠実などにも笙を教えた。なお,時秋も楽家として,右近衛府や雅楽寮で活躍したらしい。

## 虎御前　とらごぜん

1175-1227(1228)?

**コース❿**

　『曽我物語』に登場する女性で,曽我祐成の妾。東海道大磯宿(現,神奈川県大磯町)の遊女とされる。祐成が父の仇討ち後に殺害されると尼となり,兄弟の母を訪ね,兄弟の供養をする。信濃国(現,長野県)善光寺(単立),紀伊国熊野(現,和歌山県・三重県)など全国各地にその伝承が残る。『吾妻鏡』にも名がみえ,実在の人物とする説もある。

## 永塚遺跡群　ながつかいせきぐん

・神奈川県小田原市永塚
・御殿場線下曽我駅下車徒歩10分(永塚観音)

**コース⓬**

　酒匂川左岸の永塚台地上には多く点在する遺跡群の総称。当時貴重な緑釉陶器が出土しており,これは官衙や寺院などの遺跡から発見されることが多い。そのため総合的に考えて,古代の相模国足下郡(現,神奈川県)の郡家(郡衙)が,永塚に存在していた可能性が指摘されている。小石や土器・瓦などの破片などで舗装した,珍しい古代の道路が発見されていることも重要で,剝ぎ取り模型を,小田原市郷土文化館でみることができ

る。2011(平成23)年の発掘調査では，関東では初とされる，「美濃」と刻まれた須恵器がみつかっている。

## 二条為冬　にじょうためふゆ

1303？-35

**コース⑳**

　鎌倉時代後期に活躍した宮廷歌人。二条(藤原)為世の子。正四位下・左近衛中将。『続後拾遺和歌集』などの勅撰集に作品を残す。1335(建武2)年，後醍醐天皇方の将として洞院実世らと東山道に出撃，足柄峠西の竹之下で足利尊氏軍と戦う。東征の上将軍尊良親王がもっとも頼みとしていたとされるが，配下の大友貞載らの寝返りによって敗死した。

## 二・二六事件　に・にろくじけん

**コース㉑**

　日本近代史上未曾有のクーデタ未遂事件。1936(昭和11)年2月26日，国家改造(昭和維新)を目指す陸軍の一部青年将校らが，雪の降り積もった早朝の東京で，1400人余の部下将兵を率いて軍・政府高官の官邸・私邸を襲撃。首相官邸・警視庁を占拠した。この事件で内大臣斎藤実・蔵相高橋是清・教育総監渡辺錠太郎や護衛の警察官ら計8人が犠牲になったほか，多数が負傷した。首都の中心部を占拠した蹶起部隊は，戒厳令布告の中，3日後に帰順し，武装解除・鎮圧された。事件の後，軍部は内部の統制を強化するとともに，組閣などに干渉し，政治関与を強めていった。

## 二岡神社　にのおかじんじゃ

・静岡県御殿場市東田中1943　**0550-83-6378**
・御殿場線御殿場駅下車徒歩30分。駐車場あり。

**コース⑭**

　箱根山麓の7つの神社を統合し，この地にまつったと伝える古社。交通の要所に位置し，中世には箱根山の東西にまたがる地域を支配した大森氏の崇敬を受けた。社殿前には，1422(応永29)年に大森氏が寄進した灯籠が現存する。境内では，黒澤

二岡神社

明や北野 武が監督した映画の撮影が行われている。また，明治時代からこの付近は外国人が夏の保養に訪れる地になっていったが，当初の外国人は神社の神職から家屋を借りて滞在した。

## 二の岡フーヅ　にのおかフーヅ

・静岡県御殿場市 東 田中1729　0550-82-0127
・御殿場線御殿場駅下車徒歩25分。駐車場あり。

コース⑭

　戦前期に，別荘で生活する外国人からハムの加工を学んだ人びとによって設立されたハム工房(二の岡ハム)。現在も営業が続けられている。御殿場の箱根山麓である二の岡地域には，明治時代から数多くの外国人が避暑に訪れ，アメリカ村(万国村)とよばれた。福岡県の西南学院などで活動したアメリカ人宣教師ボールデンはこの地に定住し，西洋式の生活を維持。付近の人たちに家具づくりや西洋野菜の栽培などいろいろな技術を伝えた。養豚はボールデン自身が行いハムづくりも指導していたが，1936(昭和11)年にボールデンが二の岡を離れたのちも，その伝統を伝えるのが二の岡フーヅである。なお，御殿場はその気候が西欧と似ており，他の外国人やキリスト教者賀川豊彦の指導のもとでも牧畜と肉の加工が行われ，現在でも，市内各所でその伝統が息づいている。

日本水力発電
発祥地跡の碑

## 日本水力発電発祥地跡の碑
にほんすいりょくはつでんはっしょうちあとのひ
- 神奈川県足柄下郡箱根町597（旅館吉池）
- 箱根登山鉄道箱根湯本駅下車徒歩10分

コース❷㉒

　箱根湯本の温泉旅館吉池の前に立つ碑。日本の商業的な水力発電事業は1890（明治23）年に琵琶湖疏水による蹴上発電所（京都市左京区）が最初であるが，この地では，海軍技師と11代目福住久蔵ら地域の旅館主の協力により，1892年に国産の発電機と水車による発電が始まり，湯本・塔之沢の旅館街の夜を照らした。碑の「発祥」とは国産のものでという意味を含んでいる。発電所の経営母体は変遷を重ね，最終的には小田原電気鉄道の第二発電所となったが，1900年に廃止された。

## 根府川関所跡　ねぶかわせきしょあと
- 神奈川県小田原市根府川
- 東海道本線根府川駅下車徒歩8分

コース㉑

　江戸時代，小田原領内足柄・箱根地方には，箱根本関所のほかに5カ所の脇関所が設置されていたが，とくに根府川関所は，箱根本関所の次に重視されていた。設置されていた当時，関所は白糸川の南側にあったが，その地は関東大震災で埋没し，その後東海道新幹線工事などで河床が移動して，現在関所跡は河床となってしまった。根府川に関所が設けられたのは，1615（元和元）年という記録があるが，実際はそれ以前から存在した

## 野崎広太　のざきこうた

1859-1941

**コース❾**

　明治から昭和時代の実業家。岡山市生まれ。『中外物価新報』(のち『中外商業新報』，現『日本経済新聞』)の編集・記者として活躍，慶應義塾でも学び，1898(明治31)年社長に就任した。1915(大正4)年には三越呉服店の社長に転じ，以後，鐘淵紡績監査役などを歴任した。茶道に造詣が深く「幻庵」と号し，60歳から移り住んだ小田原の別荘自怡荘で没した。益田鈍翁・松永耳庵とともに近代小田原三茶人といわれる。自怡荘にあった茶室葉雨庵は松永記念館に移築・保存されている。

## 野村靖　のむらやすし

1842-1909

**コース❾**

　明治・大正時代の政治家。長門国(現，山口県)長州(萩)藩出身。松下村塾で学び尊皇攘夷運動に参加し，1863(文久2)年の英国公使館焼討ち事件に連座した。明治政府では岩倉使節団に随行し，のちに神奈川県令，逓信次官，枢密顧問官となり，第2次伊藤内閣内相，第2次松方内閣逓相を歴任した。小田原に別邸黄夢庵を営み地元の名士と交流を深め，実業家益田孝らに小田原別邸用地を斡旋した。山県有朋に意見をいえる数少ない人物であった。

## 『箱根権現縁起絵巻』　はこねごんげんえんぎえまき

**コース⓭**

　全1巻。箱根神社蔵。国重文。縦34.8cm，全長14.97cm。紙本着色で大和絵風。製作は鎌倉時代末期(一説に南北朝時代

**箱根神社社殿**

とも)と思われる。縁起絵巻の主題は，継子いじめ譚と箱根権現・伊豆山権現の創始譚から構成されている。

## 箱根宿　はこねじゅく

**コース❶**

東海道五十三次の宿駅。箱根八里の中間地点。継立人馬は100人・100疋。ケンペルは『江戸参府旅行日記』で「村そのものは約250戸の貧しい家々から成り，大部分は長く弓なりに曲った町筋をなしていて」と記している。1803(享和3)年の家数196戸，本陣は6，脇本陣は1，旅籠屋36，人数809，問屋場2であった。1619(元和5)年には隣接地東側に箱根関所が設置され，また国史跡の杉並木もこの頃植えられたという。

## 箱根神社　はこねじんじゃ

・神奈川県足柄下郡箱根町元箱根80-1　0460-83-7123
・箱根登山鉄道箱根湯本駅バス元箱根方面行元箱根下車徒歩10分

**コース⓭**

旧国幣小社。祭神は瓊瓊杵尊・木花咲耶姫命・彦火火出見尊。もと箱根三所権現と称した。1191(建久2)年の『箱根山縁起并序』によると，箱根山は古代から山岳信仰が盛んで，山頂の駒ヶ岳には神仙宮が開かれ，山岳修行僧の信仰を集めていた。箱根三所権現は，そうした修行僧の1人万巻(満願)によって勧請，建立されたと伝える。鎌倉時代になると，源頼朝を初め歴代の将軍や幕府要人の崇敬を受け発展した。鎌倉時代以降も関東の支配者たちの崇敬は篤く，関東公方足利持氏，

北条早雲・氏綱などにより手厚い保護が加えられた。1590(天正18)年豊臣秀吉の小田原攻めで堂宇は焼失するが、1594(文禄3)年徳川家康から200石の朱印地を受け再建された。明治初年の神仏分離令により別当寺金剛王院東福寺は廃寺となり、この時より箱根神社と称するようになった。

## 箱根関所　はこねせきしょ

- 神奈川県足柄下郡箱根町箱根6-4　0460-83-6635(箱根関所資料館)
- 箱根登山鉄道箱根湯本駅バス箱根町行箱根関所跡下車徒歩2分

**コース❶❽**

　広義の箱根関は、箱根宿東側の関所のほか、仙石原・根府川・矢倉沢など5カ所の脇関所を含めた名称。西国から江戸に向かう箱根一帯は関所以外の通行が禁止されており、村人たちも監視の役をになわされた。狭義の箱根関所が設置された年代は不明だが、現在の関所跡が残る芦ノ湖南岸の隘路におかれたのは、1619(元和5)年といわれる。役人は小田原藩士が1カ月交替で派遣され、定番人の居付き手当は江戸幕府の支給であった。一般に「入り鉄砲に出女」といわれるが、箱根関所では入り鉄砲の検査は行っておらず、「出女」に厳しかった。関所破りは死刑とされており、1702(元禄15)年に江戸の奉公先から逃げ出し伊豆(現、静岡県)の実家に戻ろうとしたお玉が処刑されている。しかし、記録に残る関所破りは5件6人のみであり、未遂犯を「籔入り」(道に迷っただけ)として小田原藩境から追放することが多かったという。明治政府は1869(明治2)年に関所を廃止した。現在、関所跡は国の特別史跡に指定されている。以前は足軽番所だけが復元されていたが、1983(昭和58)年に静岡県韮山町(現、同伊豆の国市)の「江川文庫」から江戸末期の解体修理の詳細な報告書が発見され、全面復元の気運が高まった。発掘調査なども行われて復元が進められ、2007(平成19)年に復元整備された箱根関所が全面公開された。大番所・上番所休息所、足軽番所、厩、雪隠、遠見番所、京口御門、江戸口御門などや調度品が復元されている。役人などの人形は、衣服や身体の特徴が不明なため、淡い灰色で復元するシ

**箱根地区国道1号施設群**
(函嶺洞門)

ルエット展示が行われている。木工技術など当時の伝統技術も復元され，30億円の費用がかけられたという。すぐ近くには，箱根関所資料館があり，当時の遺物などが展示されている。また，ミニチュアの大名行列が展示してあって，参勤交代がいかに費用のかかるものであったのかが理解できる。

## 箱根関所と外国人　はこねせきしょとがいこくじん

**コース❽**

　箱根関所を通過した有名な外国人としてケンペル，シーボルト，ハリスがあげられる。ケンペルは江戸からの婦人連れの旅人は通さず，西国からやってくるものはこの関所を通らなければ江戸に行けなかったと記録を残している。ドイツ人シーボルトは日本に西洋医学を伝えたことで有名な人物であるが，ケンペル同様オランダ商館付き医師として日本に来航した。箱根関所に関してシーボルトは著書『日本』で「従者がわれわれの乗り物の左側の扉を開けた。これは婦人や武器がこっそり運び込まれないように，見張りの役人が確かめるためである。われわれは，駕籠に乗ったままでいる諸侯同様取り扱われた」と記している。一方ハリスは，この扉を開ける開けないで大論争を巻きおこした。

## 箱根地区国道1号施設群　はこねちくこくどう1ごうしせつぐん

**コース㉒**

　古代から近世まで，ルートをかえながらも常に日本の幹線道

路だった東海道を継承する道路が，国道1号線である。国道1号施設群とは，湯本―塔之沢間にある橋や洞門などの建造物の総称で，土木学会選奨土木遺産に選ばれている。近代に入り，箱根を通る東海道は，小田原―湯本間を福住旅館(萬翠楼福住)の福住正兄ら，湯本―塔之沢間を地域の旅館経営者たち，塔之沢―宮ノ下までを富士屋ホテルの山口仙之助ら，宮ノ下―芦ノ湖畔の元箱根・箱根までは芦之湯松坂屋本店の松坂萬右衛門らが主導して整備した。その後，1919(大正8)年施行の道路法によって自動車での通行を前提とした国道として神奈川県と国の手で整備が進められた。現在，旭橋・千歳橋・函嶺洞門が土木遺産に選ばれている。1933(昭和8)年に完成した旭橋と千歳橋は，橋の下が狭隘なことから，鉄筋コンクリート製の下路式アーチ橋となっており，橋の欄干を兼ねる山のようなアーチが興味深い。落石から車を守る函嶺洞門は1931(昭和6)年に完成した。工事中に発生した北伊豆地震による落石を防ぎその性能を実証している。いずれの建造物も観光地箱根を意識し，東洋の宮殿風な意匠をもち印象深い建造物である。

## 箱根登山鉄道　はこねとざんてつどう

・神奈川県小田原市城山1-15-1 小田急箱根ビル

**0465-32-6823**(小田急電鉄鉄道部)

コース**17 22**

　小田原―強羅間を走る登山鉄道。近代化産業化遺産・土木遺産となっている。現在，小田原―箱根湯本間は，軌間(ゲージ，鉄道の線路を構成する左右のレールの間隔)が標準軌の小田急線の車両が運行する。箱根湯本―強羅は，2～3両編成の軌間が広軌の箱根登山鉄道の車両が運行している。発祥は1888(明治21)年に国府津―湯本(現，箱根町)間に開通した小田原馬車鉄道である。その後，小田原電気鉄道となり1900年に電化され，のちに箱根登山鉄道線として改組，さらに1919(大正8)年には箱根湯本―強羅の登山鉄道を敷設するなどして現在の原型が出来上がった。全線開通時，箱根の急峻な山脈を流れる水力による電気を動力源として，80‰(1000mを進むと80m登る)を登る

鉄道であったが，建設予算・維持費の関係からレールに歯車を組み合わせたりしない通常の運行形式で建設された。この形式としては世界で2番目に急勾配を登る鉄道である。箱根湯本―塔ノ沢を過ぎ，早川橋梁（出山の鉄橋，国登録）で早川を渡ると，次の大平台駅を含む3カ所で，電車は前後が入れ替わるスイッチバックを行い，車掌と運転士が場所を交代する様子をみることができる。大平台駅ホームは，終着駅のように線路が途切れ片側が壁になっている。眼下には今，通ったばかりの線路や鉄橋をみることができ，ジグザクに電車が登っているのを実感できる区間である。宮ノ下からは，何度も急カーブをしながら終点強羅まで登坂して行く。カーブでの車輪の摩耗を防ぐために線路に水をまきながら運行される。

## 畑宿　はたじゅく

・神奈川県足柄下郡箱根町畑宿172付近（一里塚）
・箱根登山鉄道箱根湯本駅バス元箱根方面行畑宿下車徒歩すぐ

**コース❶**

　東海道小田原宿と箱根宿の中間にある。東海道23里の一里塚が復元されている。後北条氏支配の頃からすでに，当地で挽物生産が盛んだったらしい。江戸時代は小田原藩領。箱根路を往来する人の増加とともに，「間ノ宿」として賑わった。街道土産として木地細工の生産も盛んになった。1826（文政9）年に畑宿を通過したシーボルトは，『江戸参府紀行』に「われわれは美しい木製品で有名な畑村に着き，とくにそのために建てた家の中で，これらの製品が陳列してあるのを見たが，値段は非常に高かった。たいてい家具か贅沢品で，象嵌をしたもの，編んだもの，漆を塗ったものがあり，生の樹皮や貝がらを使ったものがあって，要するにこの国の人々の本当の趣味を表わしていた」と記している。木地細工は幕末から明治初年にかけて外国へも輸出された。

八幡山古郭
東曲輪

## 八幡山古郭東曲輪　はちまんやまこかくひがしくるわ
- 神奈川県小田原市城山3-24
- 東海道本線・小田急線小田原駅下車徒歩10分

**コース❻**

　小田原駅の南西側にあるこの場所は，八幡山遺構群ともよばれ，後北条氏時代の遺構が集まっている。後北条氏時代の城の主郭が存在したのは，この辺りといわれ，八幡山丘陵の標高69m付近の平坦部を中心として東曲輪などの曲輪が展開されていた。神奈川県立小田原高校校地内における発掘調査でも大規模な石組みをもつ井戸跡や障子堀がみつかっている。小田原城の現天守を見下ろす絶好の位置にあるこの東曲輪は，2010（平成22）年から史跡公園として一般開放されている。

## バーニー
1868-1958

**コース❽**

　バーニーは，当時イギリス領であったオーストラリアで1868年に生まれた。1888（明治21）年に海外貿易を行うブラウン商会に入ることで来日した。横浜のグランドホテルの大株主になったバーニーは，1918（大正7）年にこの碑の建つ地から湖畔までを買い取り別荘を建設した。バーニーがケンペルの文章を残した碑を建てた目的は，箱根の自然の美しさを後世に残して欲しいという願いがあったからである。碑を建てたバーニーは，アジア太平洋戦争中にオーストラリアに強制送還されるなどひどいめに遭ったが，再び日本に帰ってきた。1958（昭和33）年，90

早川石丁場群

歳で横浜で没し横浜市中区山手町の外国人墓地に眠る。

## 早川石丁場群　はやかわいしちょうばぐん
- 神奈川県小田原市早川
- 箱根登山鉄道入生田駅徒歩40分

コース❷❹

　小田原市と箱根町との境に存在する遺跡群。発掘調査の結果，17世紀前半に江戸城の石垣用石材を切り出した作業場が27カ所，また石材運び出す石曳道も確認された。一帯は箱根外輪山の東側の斜面で，ここから産出するのは硬い安山岩である。公開されている区域には，大きさ縦1m×横1m×長さ2〜3mに整形しようとした多くの石垣用の巨石が残されている。石材の表面には，石を割るための楔を入れる矢穴が彫られているのがわかる。また，刻印もみられるが，これは担当の石工を示すために彫られたとものと考えられている。

## 早川橋梁　はやかわきょうりょう
- 神奈川県足柄下郡箱根町
- 箱根登山鉄道箱根湯本駅バス元箱根方面行出山下車すぐ

コース❷❷

　出山の鉄橋ともよばれる。全線が土木遺産・近代化産業遺産になっている箱根登山鉄道の鉄橋。早川を渡る唯一の鉄橋であり，鉄橋単独で国の登録文化財でもある。明治中期を代表する鉄道構造物であり，三角形の構造をもつトラス橋(イギリス型ピン結合200フィート〈約63m〉のダブルワーレントラス橋)。東海道本線開通時の天竜川橋梁のうちの1連を移設したもので，

**早川橋梁**
**（箱根登山鉄道）**

イギリス製の錬・鋼両鉄の混合桁である。鉄橋の左右はすぐにトンネルとなるため架橋は難工事であったと伝える。

## パール博士と下中弥三郎　パールはくしとしもなかやさぶろう
- パール博士1886-1967，下中弥三郎1878-1961

**コース❽**

インドのパール博士はインド代表判事として東京裁判で第一級戦争犯罪人全員無罪を主張したことで知られる。それは日本人に同情しての主張ではなく，勝者が敗者を裁くことに疑問を感じた帰結にほかならなかった。このパール博士の主張に多くの日本人が感銘を受けたが，その1人が下中弥三郎である。1914（大正3）年に平凡社を創設した人物であり，世界連邦をつくる運動に邁進した人物である。1952（昭和27）年世界連邦アジア会議にパール博士を招いたところから2人の交友が始まった。1962年に下中が亡くなるまで交友は続いた。この2人の遺志を継いだ人びとが1975年に建てたのがパール下中記念館である。

## 萬松院　ばんしょういん
- 神奈川県小田原市風祭863　0465-23-1955
- 箱根登山鉄道風祭駅下車徒歩10分

**コース㉓**

曹洞宗の寺。1592（文禄元）年，徳川家康が関東入国後に小田原城主となった大久保忠世が，家康の長男松平信康をまつるために建立した。信康は謀反の疑いにより自刃させられたが，その身柄を預けられたのが忠世であった。墓所には，信康の供養のための五輪塔が残る。

東山旧岸邸

### 東山旧岸邸　ひがしやまきゅうきしてい
・静岡県御殿場市東山1082-1　0550-83-0747
・御殿場線御殿場駅下車徒歩25分。駐車場あり。

**コース⑭**

　官僚出身の政治家として重きをなした岸信介の別荘。御殿場市が買い取り，管理を外部委託して，一般に公開している。岸は，1970(昭和45)年73歳のときに御殿場市東山へ転居し，晩年の17年間をすごした。設計者の吉田五十八は，近代数寄屋建築の祖といわれ，モダンな建築でありながらも，日本の住宅建築の要素を取り入れた建物を各地に残している。旧岸邸は1969(昭和44)年に竣工した，吉田晩年の代表作品である。別荘建築ではあるが来客についても考慮し，「公私」の要素を織り交ぜた建物となっている。居間や食堂は，扉をすべて戸袋に引き込めるようになっており，庭と一体化した室内空間が楽しめる。また，岸信介が使用した調度品も，そのまま残してあり，その生活の一端を偲ぶこともできる。

### 日金山東光寺　ひがねさんとうこうじ
・静岡県熱海市伊豆山
・伊東線来宮駅下車車20分

**コース⑬**

　真言宗の寺。十国峠付近にあり，地蔵堂との異名をもつ。古来，この峠付近を通過する日金路は，伊豆韮山や三島，湯河原や小田原，さらには箱根権現や伊豆山権現に通ずる山岳信仰の拠点にも位置づけられていた。鬱蒼とした樹木に覆われた参

道にはほぼ等間隔に石仏が配され，本堂の周辺には地蔵信仰の存在を思わせる閻魔大王や奪衣婆などの石像が並んでいる。本尊は黄銅製延命地蔵菩薩像で源 頼朝の寄進とされているが，定かではない。足柄・伊豆地域の昔からの言い伝えでは，「人は死ぬと，その魂は日金山に集う」とされ，彼岸に追善供養で日金山にのぼると「亡き人の後ろ姿をみる」という。すぐ近くには，市営熱海日金山霊園墓地がある。

## 一柳氏　ひとつやなぎし

コース⑳

伊予(現，愛媛県)河野氏の末流。美濃(現，岐阜県)に移り土岐氏の被官となり一柳と改姓，直末が豊臣秀吉に従い歴戦して戦功をあげた。直末の死後弟の直盛が後継，尾張(現，愛知県)黒田城主として徳川家康に従って関ヶ原の戦・大坂の陣で功をあげ伊予西条へ加増転封，子孫は幕末に至る。

## 深沢城跡　ふかざわじょうあと

・静岡県御殿場市本城
・御殿場駅バス冨士霊園行清後下車徒歩10分

コース㉔

1570(元亀元)年末，深沢城を包囲した武田信玄は，翌年正月3日，城代の北条綱成に向けて，開城と北条氏との主力決戦を勧告する「深沢城矢文」を射ち込んだ。綱成は勧告を蹴って抵抗したが，金山の採掘技術をもつ金山衆に坑道を掘らせた信玄の作戦が功を奏し，ついに綱成は相模国(現，神奈川県)玉縄城に退いた。金山衆は，本丸付近まで横穴を掘って城内を心理的に追い詰めたようである。戦功を立てた金山衆10人に恩賞が与えられた文書も残されている。その後，深沢城は武田氏の支配となり，その重臣の駒井右京之進昌直が城主として居城した。1582(天正10)年武田氏の滅亡のとき，昌直は城を退去し，1590年徳川家康の関東移封を機に廃されたといわれる。

深良用水

## 深良用水(箱根用水)　ふからようすい(はこねようすい)

- 静岡県裾野市ほか
- 御殿場線岩波駅下車徒歩70分(用水穴口)

コース⑭⑳

　芦ノ湖の水を，箱根外輪山西側に導き，現在も農業用水，水力発電などに使用されている疏水。疏水は江戸幕府や小田原藩の許可による町人請負新田事業の一環で，江戸商人友野与右衛門らが元締として請負い，深良村(現，静岡県裾野市)の名主大庭源之丞らの手で完成した。難工事は1666(寛文6)年から湖尻峠下に約1280mのトンネルを掘り，芦ノ湖の水を外輪山西側に流す工事であった。約4年の歳月をかけ東西から掘り進められたトンネルは，出会ったときには1mほどの誤差しかなかった。疏水は，深良川とし静岡県御殿場市，裾野市，長泉町などの箱根山西側を流れ，御殿場線と並行して南下する黄瀬川へ合流する。完成時には，地域の畑を水田にかえ，新しい耕地を生み出し，時に干ばつに苦しむ農民を救ったという。なお，箱根山腹県道沿いにあるトンネルの深良側出口には，用水300年を記念した深良用水之碑が建っている。

## 福沢神社　ふくざわじんじゃ

- 神奈川県南足柄市怒田1912
- 小田急線新松田駅バス大雄山駅方面行大口下車すぐ

コース⑲

　1909(明治42)年に近隣の12社を合祀して成立した神社。社名は，慶應義塾の創設者として著名な福沢諭吉が，狩猟で当地

を訪れ宿泊した縁でつけられたものであるという。2009(平成21)年には，社殿の移転にともない，田中丘隅が立てた文命東堤碑1基，文命大明神御寶前1基，再建文命社御宝前1基，石灯籠1基を集めることになった。また，田中丘隅らの偉業をたたえるとともに，明治の洪水，関東大震災などの苦難を乗り越え，難事業の末に文命用水が完成したことを伝える1936(昭和11)年建立の文命用水之碑もある。

## 福沢諭吉と箱根　ふくざわゆきちとはこね

**コース❷**

　福沢諭吉は，明治初年ごろから箱根にしばしば逗留していたが，東京から近い箱根の将来の発展性を見込み，宿主などにさまざまな提言をしている。その中で，1873(明治6)年塔ノ沢の福住旅館に逗留中に，当主の喜平治に次のような書簡を渡している。

　「人間渡世の道ハ，眼前を離れて後の日の利益を計ること最も大切なり。箱根の湯本より塔之沢まで東南の山の麓を廻りて新道を造らハ，往来を便利にして自然ニ土地の繁昌を致し，塔之沢も湯本も七湯一様ニ其幸を受くへき事なるに(中略)下道も仮橋ハ去年の出水ニ流れしままに捨置き，わざわざ山道の坂を通行して旅人の難渋ハ勿論，つまる処ハ湯場一様の損亡ならずや，新道を作る其入用何程なるやと尋るに，百両に過ずと云い，下道のかりばしハ，毎年二度も三度もかけて(中略)，毎年三拾両の金ハしぶしぶ出して一度に百両出すことを知らず(中略)此度福沢諭吉が塔之沢逗留中二十日はかりの間に麓の新道造らバ，金十両を寄附すべきなり。湯屋仲間の見込如何」

　福沢はやがて「箱根山に人力車と通し，数年の後には山を砕て鉄道を造るの企をなさん」との予見も示している。

## 福住正兄　ふくずみまさえ
1824-92

**コース㉒**

　神奈川県箱根町湯本の福住旅館(萬翠楼福住)の主人で，湯本

復生記念館

村(現,神奈川県箱根町)名主福住家10代目当主。1824(文政7)年,相模国大住郡片岡村(神奈川県平塚市)に生まれる。青年期は二宮尊徳の弟子として下野国東郷陣屋の幕領(現,栃木県真岡市)で活動し,尊徳とともにその思想を実践する。このときの尊徳の言葉を書きとめ,のちに整理したのが『二宮翁夜話』である。1850(嘉永3)年,箱根湯本の福住家に養子に入る。錦絵のようなチラシを配るなどの工夫や,尊徳ゆずりの誠実な商いを続け,数年にして家業を隆盛に導いた。明治初めに家督を子に譲るが,箱根―湯本間の道路・鉄道,湯本での発電事業など箱根を発展に導く多くの事業に携わった。なお,彼が建てた擬洋風建築である福住旅館の萬翠楼・金泉楼は国指定重要文化財となっており,これら建築の手本となりながらも,すでに失われた明治初期の東京・横浜の擬洋風建築を彷彿とさせる。

## 復生記念館　ふくせいきねんかん
・静岡県御殿場市神山109 神山復生病院内
・御殿場線御殿場駅バス三島方面行復生病院前下車徒歩2分

コース⑭

記念館のある神山復生病院は,1887(明治20)年カトリックの神父テストウィドがハンセン病者と出会い,御殿場市街に家屋を借用して6名の患者を保護したことから始まる。その後は,「癩予防ニ関スル法律」によって隔離された患者の治療と生活の場であったが,現在では一般的な病気の1つとして治療されている。1897年に建てられた旧事務所(国登録)が記念館とされ,過去のハンセン病への理解と病院で生涯を終えた人びとの生活

**富士屋ホテル**

の歴史を伝えている。展示室には病院の歴史や患者の日常生活品が展示されている。また，6代目院長岩下壮一やハンセン病罹患との診断により入院し，誤診と判明した後も看護師として病院で活動した初代婦長井深八重に関する資料・遺品なども展示されている。

## 富士屋ホテル　ふじやホテル
- 神奈川県足柄下郡箱根町宮ノ下359　0460-82-2211
- 箱根登山鉄道宮ノ下駅下車徒歩10分

コース ❷ ❽ ㉒

1878(明治11)年山口仙之助が藤屋旅館を買収改装し開業したホテル。山口仙之助は，岩倉使節団が訪米した時期にアメリカを訪れたパイオニア的人物であった。彼が建てた本館は現在も使用されており，そのたたずまいは明治そのものである。1893年からは隣接する奈良屋と協定を結び，日本人は奈良屋，外国人は富士屋という形で外国人専用ホテルとなる。この頃，富士屋は英語でしか広告が出せなかったようである。大正時代以降は日本人も泊まれるようになったが，やはり多くの外国人が富士屋を利用した。宋慶齢と結婚する前の孫文が，それ以前の婚約者と訪れていたり，アメリカの社会福祉家ヘレン・ケラーが来たり，インドの首相ネルーが来たりと富士屋には多くのドラマが存在する。このホテルの歴史は宿泊者対象の館内案内やホテル内の資料展示室を訪れることで知ることができる。1891(明治24)年建築の本館，1884年建築のホテルアイリー，1936(昭和11)年建築の花御殿，1895(明治28)年建築の菊華荘(いず

れも国登録)をみて楽しむのも一興である。

## 藤原範茂　ふじわらののりしげ
1185-1221

**コース⓲**

のりもちともいう。鎌倉時代初期に，後鳥羽上皇・順徳天皇に仕えた公卿。1221(承久3)年の承久の乱の折には，後鳥羽院の近臣として討幕の密議に深くかかわり，みずから出陣もしている。上皇方が敗北すると，首謀者の1人として斬罪とされ，その執行のために北条(名越)朝時によって東国に護送される途中，みずからの希望により，足柄山麓の早川に沈められた。入水を希望したのは，五体が揃っていないと，往生に差し障りがあると考えていたからだという。

## ベルツ
1849-1913

**コース❽**

1849年ドイツで生まれたベルツは，親友シーボルトの影響で1876(明治9)年御雇い外国人として東京医学校(現，東京大学医学部)に招かれた。蒙古斑を命名したことで知られている。また手荒れのためのベルツ水を富士屋ホテルでつくったことも有名である。彼は保養地を奨励し，その結果，明宮嘉仁親王(大正天皇)の保養地として1886(明治19)年函根離宮ができた。ここが現在の芦ノ湖畔にある恩賜公園であり，公園内にベルツの碑が建っている。ベルツは当時栄えていた木賀温泉(神奈川県箱根町)に別荘を建て「箱根山中で最も良い場所である」と自賛している。彼は1905年まで滞日，日本で家庭をもつ。1913年ドイツで64歳にて死去。

## 宝金剛寺　ほうこんごうじ
・神奈川県小田原市国府津2038　0465-47-2530
・東海道本線国府津駅下車徒歩15分

**コース⓳**

本尊の地蔵菩薩立像(神奈川県重文)は，平重盛が妹で高倉天皇中宮となった徳子の安産を祈願したとの伝承をもつ。

**北条氏政・氏照兄弟の墓**

徳子は無事に男児を出産したが、これがのちの安徳天皇である。このため、現在も安産利益の信仰を集めており、帯解地蔵の別名でもよばれる。このほか、平安後期の大日如来坐像(国重文)、鎌倉時代作の不動明王及び両童子立像(神奈川県重文)などが宝物殿に納められており、秋に公開されている。

## 北条氏政・氏照兄弟の墓
ほうじょううじまさ・うじてるきょうだいのはか
・神奈川県小田原市栄町2-7-8
・東海道本線・小田急線小田原駅下車徒歩5分

コース❻

　北条氏政は後北条氏4代で氏康の長男。関東北部まで勢力を伸ばし、1580(天正8)年、家督を子の氏直に譲った。氏照は氏康の3男で、武蔵国(現、東京都・埼玉県・神奈川県)八王子城など5つの城主をつとめ、関東中部を統括した。1590年3月から開始された豊臣秀吉の小田原攻めは、北条方の籠城戦法により戦いが長期化したが、7月5日当主の氏直は降伏を決意し、9日氏直は城を豊臣方に明け渡し、みずからは高野山に追放となった。氏政とその弟氏照は11日、侍医の田村安斎邸(箱根口南方)で切腹し、この地にあった北条氏の氏寺の伝心庵に埋葬された。

## 北条氏康　ほうじょううじやす
1515-71

コース❻㉔

　戦国時代の武将。小田原の後北条氏3代で、氏綱の長男。

1541(天文10)年、家督を継ぎ、1546年の河越城の戦いで扇谷・山内両上杉氏を撃破した。1554年、今川・武田両氏と甲斐(現、山梨県)・相模(現、神奈川県)・駿河(現、静岡県)で三国同盟を結び、関東攻略に力を集中して、同地に強大な勢力を伸ばすことができるようになった。1561(永禄4)年の上杉謙信による小田原城攻撃に対しては、のちの幸田門付近まで攻め込まれたが、籠城して撤退に追い込んだ。1568年、武田氏の今川攻略によって三国同盟が破れたのちは、謙信と和睦して、7男氏秀(上杉景虎)を謙信の養子として越後(現、新潟県)入りさせた。さらに1569年に武田信玄が小田原城へ来襲したときもこれを退けた。子に氏政・氏照・氏邦・氏規らがいた。墓所は箱根町湯本の早雲寺(臨済宗)にある。

## 北条幻庵　ほうじょうげんあん

1493(1501?)-1589

コース⑱

伊勢長氏(北条早雲)の3子北条長綱。1493(明応2)年生まれ(1501年説あり)。若い頃から僧籍に入り、近江国(現、滋賀県)三井寺(園城寺、天台宗)などで修行をした。関東に戻ってからも還俗せずに、武蔵国小机(現、神奈川県横浜市港北区)を支配した。1569(永禄12)年に隠居し、幻庵宗哲と号す。豊臣秀吉の小田原攻めの8カ月前である1589(天正17)年末に死去。後北条氏の3代氏康、4代氏政、5代氏直に仕えた人物で、1493年生年とすれば生涯は97年にもおよぶ。和歌・連歌・茶道・作庭などに造詣が深く、また教養人でもある幻庵は、京文化を小田原に導入した人物もである。

## 保福寺　ほうふくじ

・神奈川県南足柄市内山1959　**0465-72-1008**
・御殿場線山北駅下車徒歩40分

コース❹

曹洞宗の寺。酒匂川上流の内山にある。創建年代は不明であるが、1521(大永元)年に再興されたという。2体の平安仏を納めていることで有名である。本堂の須弥壇上の厨子に本尊の薬

**豊門公園**(西洋館)

師如来坐像が安置されている。この像はカヤの一木造で，腹部の前で禅定印を組み，薬壺をのせている。本堂左手の円通閣には，十一面観音立像が納められているが，これはヒノキの一木造で，ふっくらとした頬が特徴的である。いずれも平安時代の地方仏と考えられる。

## 豊門公園 ほうもんこうえん

・静岡県駿東郡小山町藤曲142-3　0550-76-6104(小山町都市整備課)
・御殿場線駿河小山駅下車徒歩20分。駐車場あり。

**コース⓮**

　公園の前身となる豊門会館は，小山を拠点とする富士紡績が従業員と地域の人びとのために，1926(大正15)年に開館した施設。本館の役割をもつ豊門会館(国登録)は，富士紡績の経営立て直しに尽力した和田豊治の屋敷を1925(大正14)年に移築したものである。建物は和館と洋館部分に分かれ，洋館部分に応接・会議スペースが設けられ，和館部分には渋沢栄一や勝海舟の書が掲げられている。公園内の西洋館(国登録)は豊門青年学校として大正末〜昭和時代初めに建築されたもので，塔屋をもつ左右非対称の洋風建築である。当初は富士紡績社員の教育的施設であったが，のちに社員寮として使用された。いずれの建物も日を限って内部公開されている。その他，園内の正門，噴水泉，和田君遺惪碑が国の登録文化財に選定されている。なお，小山町はフィルムコミッションにも力を入れており，公園内部の様子は映画にも度々登場する。

## 堀秀政　ほりひでまさ
1553-90
コース㉑

　戦国時代の武将。美濃国(現，岐阜県)に生まれた堀左衛門督秀政は，織田信長に仕え，信長の死後は羽柴秀吉の配下についた。1585(天正13)年，軍功によって越前国北ノ庄(現，福井県福井市)18万石の大名になり，1590年の小田原攻めにも参陣した。しかし早川口を担当する包囲戦のさなか秀政は，5月に疫病にかかって38歳で陣中で没し，小田原市早川の海蔵寺(曹洞宗)に埋葬された。戒名は海蔵寺殿廣岳道哲大居士である。この秀政の墓は，海蔵寺山の手の墓地にある。安山岩質の形の良い宝篋印塔は，殉死したと思われる大野左京らの墓に囲まれて，相模湾や小田原城をみつめて立っている。

## 本陣・脇本陣・旅籠　ほんじん・わきほんじん・はたご

コース❼

　本陣とは宿駅(宿場)における大名・公家・江戸幕府役人の宿泊施設。宿駅の大きさにもよるが，2～3軒おかれている。小田原宿のように4軒も本陣があるのはかなり大きな宿場であることの証である。基本的には問屋・名主などの兼業が多い。脇本陣は本陣を補う施設である。これに対して一般の旅人が利用する施設が旅籠で，1泊2食付きでおよそ200文前後で泊まれた。旅籠には，多くの場合飯盛女がおかれ，客の呼び込みから給仕に至るサービスが行われていた。また宿場によっては遊女行為を黙認されている場所もあった。小田原宿は90軒もの旅籠が営業し，旅籠の存続をかけて客を集めていた。

## 牧野伸顕　まきののぶあき
1861-1949
コース㉑

　明治・大正・昭和時代の政治家。伯爵。大久保利通の2男。吉田茂の岳父。牧野家を継ぎ，岩倉使節団に加わって1871(明治6)年に11歳で渡米留学。1879年外務省に入省。福井・茨城

県知事，イタリア・オーストリア公使などを経て1905年，第1次西園寺内閣の文相となる。1921(大正10)年宮内大臣，1925年内大臣に就任。1936(昭和11)年の二・二六事件発生時は，老舗旅館伊藤屋の別館光風荘に静養のため家族・使用人とともに滞在していた。天皇側近として国政の中枢にあり，リベラルな考え方で政・官・財界に影響力をもっていた牧野は，急進的な青年将校たちに天皇の判断を誤らせる「君側の奸」(天皇を取り巻く悪者)とみなされ，襲撃の対象となった。1949年，88歳で没した。

## 益田孝　ますだたかし
1848-1938
コース❾

　明治から昭和時代の実業家。父は佐渡奉行下役。英語を学び，初代公使ハリスが在任したアメリカ公使館の元麻布(現，東京都港区)善福寺にも勤務した。明治維新後，井上馨のすすめで大蔵省に出仕し造幣権頭をつとめたが退官し，井上とともに先収会社を創立，1876(明治9)年に三井物産を設立し社長に就任し，三井財閥の発展に尽力した。茶人・美術蒐集家としても名高く鈍翁と号し，1906年から小田原市板橋に別邸掃雲台を営む。広大な邸内には，茶室を配した庭園のほか，毛織物・缶詰工場，豚舎・鶏舎，ミカン畑などもあった。これは資源の少ない日本が国際社会で生き残るすべを模索する益田の試みであった。

## 俣野景久　またのかげひさ
?-1183
コース❸

　平安末期の武将。大庭景親の弟。相模国鎌倉郡俣野郷(現，神奈川県横浜市戸塚区)に住み，俣野五郎と称した。豪勇で知られ，石橋山の戦いでは兄に従って平家方となった。佐奈田義忠(通称与一)との組討ちとなり敗れたものの，長尾定景によって救われた。その後，兄の大庭景親が処刑された後は逃亡し，北陸で平維盛軍と合流するが，倶利伽羅峠の戦いで源義仲

**街かど博物館**
(梅万資料館
ちん里う)

軍に敗れて，加賀国篠原〈現，石川県加賀市，一説には信濃国飯山〈現，長野県飯山市〉とも〉で討死したという。『平家物語』には，生涯を通じ平家方として戦う気構えを示す逸話が記されている。

## 街かど博物館　まちかどはくぶつかん
・神奈川県小田原市栄町・浜町・本町・早川・板橋ほか

**コース❼**

　蒲鉾・漬け物・菓子・干もの・塩辛・木工品など，古くから小田原の産業を支えてきた地場産業にかかわる人・製品・ものづくりの結びつきを知ることができるミニ博物館で，塩から伝統館，倭紙茶舗江嶋，菓子どころ小田原工芸菓子館，漆・うつわギャラリー石川，陶彩ぎゃらりい，漬物・佃煮・惣菜工房，砂張ギャラリー鳴物館，かまぼこ伝統館，ひもの工房，かつおぶし博物館，染め織り館，薬博物館，梅万資料館，本地挽き・ろくろ工房，とうふ工房下田豆腐店など小田原市内18カ所にある。

## 松永記念館　まつながきねんかん
・神奈川県小田原市板橋941-1　0465-22-3635
・箱根登山鉄道箱根板橋駅下車徒歩10分。駐車場あり。

**コース❾**

　「電力王」とよばれた実業家であり，数寄茶人として有名な松永安左エ門（耳庵）の晩年の邸宅，私設美術館。現在は小田原市郷土文化館別館として公開されている。門を入り右側の新しい建物が松永記念館別館で，小田原市により建てられた。2階

**松永記念館**

には晩年を小田原で過ごした小説家中河与一関係の資料やコレクションが展示されている。その隣の建物が本館で, 松永が小田原へ居住してから収集した古美術品を公開するため, 1959(昭和34)年に財団法人を設立して建てられた。1階の展示室では松永自筆の書や業績を紹介する常設展や, さまざまな特別展を開催する。2階は茶室と広間からなり, 床柱には実業家原三渓から贈られた京都宇治平等院山門の古材が使われている。記念館前の庭園中心には池があり, 四季折々に咲く花や奈良・平安時代の石造物を楽しめる。また, 池の周囲にある茶室葉雨庵(国登録)は, 中外商業新報(現, 日本経済新聞社)の社長をつとめた野崎広太(幻庵)が小田原の別荘自怡荘内に建てた茶室で, 1986(昭和61)年に保存のため移築された。記念館の上段にあるのが老欅荘(国登録)で, 松永が1946(昭和21)年から1971年に没するまですごした邸宅である。生活の場がまさに茶室となり, 最後の数寄茶人とよばれた松永を偲ぶことができる。

## 松永安左エ門　まつながやすざえもん
1875-1971

**コース❾**

明治から昭和期の実業家。長崎県壱岐生まれ。慶應義塾に入学し福沢桃介(諭吉の女婿)と知り合いともに石炭業を営んだ後, 1910(明治43)年九州電気を設立, 1922(大正11)年には関西電力と合併した東邦電力の副社長なり, 電力事業に大きな影響力をもち「電力王」といわれた。国家総動員法とあわせ電力事業が国家管理となり東邦電力が解散すると埼玉県所沢の柳瀬

荘に隠居し，戦後は神奈川県小田原市板橋の老欅荘に移った。戦後，電力事業の民営化を主張し9電力会社による九電力体制を実現した。また，電力中央研究所を設立し晩年には理事長をつとめた。茶人・美術蒐集家としても知られ「耳庵」と号した。

## 松原神社　まつばらじんじゃ

・神奈川県小田原市本町2-10-16　**0465-22-2672**
・東海道本線・小田急線小田原駅下車徒歩10分

**コース❼**

アジア太平洋戦争の戦災に遭い記録が失われているが，近衛天皇の頃の創建といわれている。日本武尊をまつるが，天文年間(1531～55)に松原明神とよばれるようになった。1495(明応4)年，北条早雲が小田原を支配するにあたり，社領1万石を寄進して氏綱・氏康と崇拝したという。1686(貞享3)年，老中大久保忠朝(忠世から5代目)が下総国佐倉(現，千葉県佐倉市・酒々井町)より小田原に転じた折，小田原宿惣町の総鎮守として盛大な祭礼を行うようになった。1873(明治6)年，足柄県の県社に指定され，以後，現在に至るまで小田原の総鎮守の象徴として，祭礼は大稲荷神社と合同で市をあげて盛大に行われている。

## 丸馬出・三日月堀　まるうまだし・みかづきぼり

**コース㉔**

馬出とは，城郭の施設の1つ。城の出入り口である虎口の外側に曲輪(本丸・二ノ丸などの城内の小区画)を築いて防御力を高めたものである。さらにこの馬出は，一定の空間を設けることによって，寄せ手に察知されないように，城からの出撃(文字通り馬を出す)を可能にした。丸馬出は土塁が半円形の馬出で，武田氏の築いた城に多くみられ，半円形の土塁の外側に沿って堀が掘られることが多く，これが三日月堀とよばれるものである。角馬出は土塁が四角形の馬出で，後北条氏の築いた城に多くみられる。

## 万巻上人　まんがんしょうにん
720-816
**コース⓭**

　奈良～平安時代前期の僧で，満願とも書く。その名は方広経(大乗経)12巻を読むこと1万巻におよんだことに由来するといわれる。常陸国(現，茨城県)鹿島神宮，相模国(現，神奈川県)箱根権現，伊勢国(現，三重県)多度神社などに神宮寺を創建し，仏像や神像を造立したことで知られる。

## 源(多田)満仲　みなもと(ただ)のみつなか
912？-997
**コース❿**

　平安時代中期の武士。摂関家に仕えて武蔵国(現，東京都・埼玉県・神奈川県)や摂津国(現，大阪府・兵庫県)などの受領を歴任し，鎮守府将軍となる。その過程で莫大な富を貯えて摂関家に奉仕した。2度受領をつとめた摂津国に土着して多田盆地を開発し，多くの郎党を抱えて武士団を形成した。多田源氏の祖である。

## 源義光　みなもとのよしみつ
1045-1127
**コース❹**

　源頼義の3男。弓馬の達人といわれ，1083(永保3)年の後三年合戦の際には朝廷の許可を得ずに，兄の義家の救援に行ったため，左兵衛尉の職を解任される。合戦後には従五位下の位階を得て，左衛門尉・兵庫助・刑部丞などを歴任した。刑部丞の頃には，白河院の近臣藤原顕季と陸奥国菊多荘(現，福島県いわき市)を争った。常陸介・甲斐守などを歴任したように，東国での活躍が目立った。常陸(現，茨城県)の佐竹氏，甲斐(現，山梨県)の武田氏，信濃(現，長野県)の小笠原氏はその子孫に位置づけられる。

### 妙覚道了　みょうかくどうりょう
生没年不詳
**コース⑱**
　応永年間(1394〜1427), 了庵慧明が開基した大雄山最乗寺(曹洞宗)の創建に, 怪力によって協力したとされる慧明の弟子。熊野三山(和歌山県)などで修行をしたとされ, 師である慧明が没すると, 山中にあって大雄山を守り, 衆生を救済するために天狗に化身したという伝承から, 庶民の信仰を集めるようになった。

### めだかの学校　めだかのがっこう
・神奈川県小田原市荻窪453-2
・東海道本線・小田急線小田原駅下車徒歩15分
**コース㉓**
　「めだかの学校」は茶木滋作詞, 中田喜直作曲の童謡。茶木は, 1950(昭和25)年NHKから作詞の依頼を受け, 戦後買い出しの途中荻窪用水近くで息子と交わした会話をもとにして, この童謡をつくったという。そこで, 小田原市は「めだかの学校」を用水近くにつくり, めだか公園・せせらぎのこみちとして小川や水車小屋を整備し, めだかの住める環境づくりをしている。散策路にはめだかの学校の歌碑もおかれている。

### 森村橋　もりむらばし
・静岡県駿東郡小山町小山133-6地先　0550-76-6104(小山町都市整備課)
・御殿場線駿河小山駅下車徒歩20分
**コース⑭**
　小山町を南北に流れ酒匂川に合流する鮎沢川に架かる富士紡績工場への引込線用の橋梁。1906(明治39)年に完成した三角形に鋼材を組合せて建造するトラス橋の一種である邦鋼製曲弦プラットトラス橋である。石川島造船所(現, IHI)の施工であることを示すプレートが掲げられており, 日本人が設計・製作した鋼製トラス橋で, 架橋当初の場所に現存するものとしては, もっとも古いものの1つである。国の登録文化財となって

**めだかの学校**　　　　　　　　　　　　　　　　　　　**森村橋**

いる。

## 山県有朋　やまがたありとも
1838-1922
**コース❾**

　明治・大正期の軍人・政治家。長門国(現，山口県)長州(萩)藩出身。松下村塾に学び，幕末に奇兵隊軍監として活躍した。明治政府で軍制，地方制度の確立に努め，2回にわたり首相となった。日清戦争では第1軍司令官，日露戦争では参謀総長として作戦を指揮し，陸軍大将・元帥となった。山県閥を形成し，小田原に引棲後も元老として絶大な権力を握った。作庭を趣味とし，京都の無鄰庵，東京の椿山荘，小田原市板橋の古稀庵などが今に残る。1922(大正11)年古稀庵で死去。

## 山県水道水源池　やまがたすいどうすいげんち
・神奈川県小田原市風祭632
・箱根登山鉄道風祭駅下車徒歩30分

**コース㉓**

　山県有朋が小田原の別邸古稀庵に引いた水道の水源池。池は人工的につくられたもので，円形の上部の直径が26m，底部17m，深さが4mある。池の直径部分にある堰堤で貯水池を二分割し，安定した水の供給を図っていた。この池に，すぐ上を流れる荻窪用水から取水し水を溜め，全長1300mの鋳鉄管を古稀庵まで通し，高低差を利用して水を引いている。明治時代に個人が設置した近代水道としては大変珍しい。この水道は実業

山県水道水源池

家益田孝や山下亀三郎の別荘でも利用されていた。現在は，使用されていないが，山県のもとで水道を管理していた人物の所有となり大切に管理され，2011(平成23)年土木学会選奨土木遺産に認定された。

## 山口仙之助　やまぐちせんのすけ
1851-1915

**コース㉒**

　神奈川県箱根町宮ノ下にある富士屋ホテル創業者で箱根町，日本のホテル業の発展に尽力した人物。現在の横浜市神奈川区青木町に生まれる。山口家の養子となる。1871(明治4)年に渡米し，帰国後，牧畜業を志したが，アメリカからもち帰ったウシを売り払い慶應義塾で学ぶ。1878(明治11)年，箱根宮ノ下に富士屋ホテルを開業する。宮ノ下には老舗奈良屋旅館があったが，1893年に奈良屋と宿泊客に関する協定を結び，富士屋は日本を代表する外国人客専用のリゾートホテルとしてその地位を固めた。また，自家用電灯を箱根で初めて用い，塔之沢―宮ノ下間の道路を開削し，宿泊客輸送のためのバス事業を行い，大日本ホテル業同盟会を結成するなど，幅広い活動で箱根や日本のホテル業の発展に力を尽くした。

## 山下亀三郎　やましたかめさぶろう
1867-1944

**コース⑨**

　明治から昭和時代の実業家。伊予国(現，愛媛県)生まれ。海運業に進出し，1911(明治44)年山下汽船(現，商船三井)を創業

山中城跡(障子堀)

し，第一次世界大戦を機に外国航路に進出するなどして業績を伸ばし，勝田銀次郎・内田信也とともに三大船成金といわれた。また，郷里愛媛県に高等学校を設立するなどの事業も行っている。政財界，軍部の要人とも交際し，東条・小磯内閣の内閣顧問となり，大正・昭和期の政商といわれる。1916(大正5)年から小田原に別荘対潮閣を構えた。山県有朋別荘の古稀庵にも出入りし，作庭は山県に依頼した。現在は，個人宅となり門には説明板と庭園にあった釣鐘石，この石を読んだ田中光顕の「うちたたく　人ありてこ曾　よの中に　な里もわたらめ　つりが年の石　光顕」と刻まれた石碑が残る。同じ愛媛出身の秋山真之がたびたび訪れ，ここで亡くなっている。

## 山中城跡　やまなかじょうあと

・静岡県三島市山中新田地内
・東海道本線三島駅バス元箱根港行山中城跡下車徒歩8分

**コース24**

　北条氏康が，駿河湾を一望に収めることのできる伊豆国(現，静岡県)の標高581mの山につくったU字状の連郭式の山城。国境警備の城，いわゆる「境目の城」の1つであった。豊臣秀吉と後北条氏の対立が本格化した1587(天正15)年には西ノ丸や岱崎出丸が増築された。1590年，7万余人に達する圧倒的な兵力を有する豊臣軍の前に，城主松田康長，副将間宮康俊以下4000人の後北条軍は短時間で壊滅し，わずか1日で落城した。三ノ丸跡の宗閑寺(浄土宗)には城将や，豊臣の武将一柳直末の墓がある。この城の見事さは，自然の地形を巧妙に利用し

て土だけの後北条氏の山城の構造をよく残している点である。1934(昭和9)年に国史跡に指定され，1981年から山中城跡公園として開放されている。

## 遊撃隊　ゆうげきたい

コース⓫

　1866(慶応2)年，14代将軍徳川家茂の死後に江戸幕府が諸銃隊を合併編成した軍隊。戊辰戦争では抗戦派と恭順派に分かれ，抗戦派がさらに2隊に分裂した。一隊は彰義隊と行動をともにする。もう一隊は，榎本武揚艦隊の協力を得て江戸を脱出。上総国(現，千葉県)請西(貝淵)藩主林忠崇と同盟を結んで決起した。各地を転戦する中で他隊の脱走兵などにより隊士も増え続け，およそ300名となった。5月，上野戦争に参戦を図ったが敗退。その後も奥羽越列藩同盟軍に加わり抗戦を続けたが，徐々に隊の勢いは衰え，隊士の脱走や戦死があいつぎ崩壊した。一部は箱館戦争にも参戦した。

## 湯釜・浴堂釜　ゆがま・よくどうがま

コース⓭

　鎌倉時代の鉄釜。箱根神社蔵。ともに国重文。湯釜は高さ1m，径105.5cmで「文永五(1268)年」の銘をもつが，鍔の部分は全欠で破損が著しい。浴堂釜は高さ90.5cm，径105cmで「弘安六(1283)年」の銘をもち，鍔の一部は欠けてはいるものの，釜そのものの破損はほとんどみられない。別当隆実の命令で，伊豆国(現，静岡県)出身の磯部康弘が鋳造したものである。両釜とも現在は宝物館入口脇にあるが，もとは箱根山東福寺で使用されていた。

## 横浜港ドイツ軍艦爆発事件
　よこはまこうドイツぐんかんばくはつじけん

コース⓫

　1942(昭和17)年11月30日，横浜港新港埠頭に停泊中のドイツ海軍所属の仮装巡洋艦トオル号，輸送艦ウッカーマルク号な

ど数隻の艦船が爆発・炎上，大破した事件。連合軍スパイのテロともいわれたが，原因は，ウッカーマルク号の油タンク付近での作業中に，気化したガソリンに何らかの理由で引火したか，乗組員の喫煙によるとされている。この事故によって2隻のほかにトオル号がインド洋で拿捕したオーストラリア船籍の南京号と日本の商船の計4隻が廃船となり，港湾設備にも大きな被害があった。

## 了庵慧明　りょうあんえみょう
1337-1411
コース⓲

1337(建武4・延元2)年，相模国糟屋荘(現，神奈川県伊勢原市)の生まれ。俗姓は藤原氏である。長じて地頭となったが，南北朝期の乱世に虚しさを感じて出家したという。諸国を行脚したのち丹波国(現，京都府・兵庫県)永沢寺(兵庫県三田市，曹洞宗)の通幻寂霊の門下となり，能登国(現，石川県)総持寺(曹洞宗)や永沢寺の住職を経て，50代なかばで相模国に戻り，1394(応永元)年に大雄山最乗寺を建立した。

## ルボン将軍　ルボンしょうぐん
1845-1923
コース❽

1845年にフランスで生まれ，1872(明治5)年砲兵大尉として来日した。最新の軍事技術を日本に伝えるためであった。ルボンは日々の疲れを取るため箱根の木賀の里を訪れることが多かったという。1876年フランスに帰国したルボンが，再び日本を訪れたのは1912(大正元)年フランスの特派大使として明治天皇の大葬に参列したときである。このとき，思い出の木賀温泉を訪ねたが，昔の面影はすでになかった。このルボンのことを後世に残そうとして1923年に建設されたのが，ルボン将軍の碑である。フランス語と漢字で書かれた珍しい碑である。

## 蓮上院土塁　れんじょういんどるい

- 神奈川県小田原市浜町2-1
- 東海道線・小田急線小田原駅下車徒歩20分

**コース❻**

　蓮上院(真言宗)の東側にある土塁。後北条氏時代の小田原城の東側平地を守る総構の一部で，土塁の東側に渋取川を配し堀としていた。川の外側には蓮池とよばれる湿地帯が拡がっていたが，1590(天正18)年の豊臣秀吉による小田原攻めの際にはこの対岸に徳川家康軍が布陣した。この土塁は，小田原城西南の早川口遺構とともに総構の中でも低地部にある数少ない遺構で，1959(昭和34)年に国の史跡に指定された。1945(昭和20)年8月13日アメリカ軍機による空襲があり，このとき攻撃を受けた新玉国民学校(現，新玉小学校)でも教員ら2人が犠牲になったが，投下された爆弾の1つがここに落ち，土塁が大きく損壊した。そのため，戦国時代の史跡に昭和時代の戦争の傷跡が残る非常に貴重な史跡といえる。

## あとがき

　本書は，神奈川県の『歴史散歩24コース』としては3冊目です。1993(平成5)年に『鎌倉歴史散歩24コース』を，1999年には『横浜歴史散歩24コース』を出しました。このシリーズはたんなる観光案内ではなく，歴史的に重要で，しかも興味がもたれる場所を選りすぐって24のコースにして紹介するものです。今回の箱根・足柄エリアは鎌倉や横浜とは違い，芦ノ湖や温泉地などを除くと余り観光では訪れることがありませんが，歴史的には見所一杯のところです。古代からの東海道の要地であり，多くの鎌倉武士ゆかりの地であり，戦国・後北条氏，近世・小田原藩の地であり，近世・近代の一大湯治場・温泉地でもあります。ただこれらの史跡はやや広範囲にあり，見学して回るには徒歩の散歩だけでなく，バスや電車，あるいは車を利用した方が便利な場合もあります。そこで，研究会のメンバーでテーマごとに見学先を検討して，実際に時間を計りながら踏査をしました。そして史跡の見学時間を含めて半日程度で回れるようにコースにまとめてみました。見学先は箱根・足柄・小田原のほか，真鶴・湯河原，そして一部県外にもおよんでいます。第Ⅰ部には，そのコースの行程表とイラスト入りの地図も載せてあります。第Ⅱ部には重要な事項を事典形式でまとめてあります。両方を参考にして自分の見学コースを検討されるのもよいでしょう。大人の方は勿論，中学生・高校生の皆さんもこの本を利用してたくさんの史跡を回り，あらたな箱根・足柄を発見してもらえたらと思います。

　最後に，本書を上梓するにあたり，種々のご教示や資料収集などへの協力をいただいた関係者の方々に感謝申し上げます。

2013年7月

NPO法人神奈川歴史教育研究会副理事長

早川　英昭

# 箱根・足柄周辺の博物館施設など一覧(五十音順)

❶内容，❷開館時間，❸休館日，❹入館料

## ●神奈川県●

**大井町郷土資料館・お山のギャラリー**　〒258-0012　足柄上郡大井町柳248　☎0465-85-5013　❶農具や生活用品の保存展示，❷8：30～17：00，❸月曜日(祝日の場合は翌日)，年末年始(12月29日～1月3日)，❹無料

**小田原市郷土文化館**　〒250-0014　小田原市城内7-8　☎0465-23-1377　❶土器や石器など考古資料，農具・漁具など民俗資料，小田原の歴史，文化人資料，自然科学資料，❷9：00～17：00，❸年末年始(12月28日～1月3日)，❹無料

**小田原市郷土文化館分館　松永記念館**　〒250-0034　小田原市板橋941-1　☎0465-22-3635　❶松永安左エ門収集の古美術品展示および庭園(春秋に特別展開催)，❷9：00～17：00，❸年末年始(12月28日～1月3日)，燻蒸期間(3月頃)，❹無料

**小田原城天守閣**　〒250-0014　小田原市城内6-1　☎0465-23-1373　ホームページあり　❶復元外観，古文書・絵図・武具・刀剣など歴史資料，❷9：00～17：00(6～8月の土日・祝日は18：00まで)，入館は閉館の30分前まで，❸12月第2水曜日，12月31日～1月1日，❹有料

**小田原城ミューゼ**　〒250-0014　小田原市城内6-1　小田原城址公園内　☎0465-22-3823　ホームページあり　❶約50点のアールヌーボー，アールデコのガラス作品を常設展示，❷9：00～17：00(入館は16：30まで)，❸12月31日～1月1日，❹有料

**小田原城歴史見聞館**　〒250-0014　小田原市城内3-71　☎0465-22-5795　❶小田原北条氏の歴史を模型や映像で展示，❷9：00～17：00(入館は16：30まで)，❸12月31日～1月1日，❹有料

**小田原文学館　白秋童謡館**　〒250-0013　小田原市南町2-3-4　☎0465-22-9881　❶北原白秋や小田原ゆかりの文学者の資料。建物は国登録文化財，❷9：00～17：00(入館は16：30まで)，❸年末年始(12月28日～1月3日)，❹有料

**おもしろ体験博物館・江戸民具街道**　〒259-0142　足柄上郡中井町久所418　☎0465-81-5339　❶江戸～明治の庶民生活を伝える資料館。約1500点の灯火器具など。体験コーナーあり，❷10：00～17：00，❸月曜日，年末年始，❹有料

**神奈川県水道記念館**　〒253-0106　高座郡寒川町宮山4001　☎0467-74-3478　ホームページあり　❶「水のめぐみ」「水を知る」「水とくらし」がテーマ。水のミニシアターあり，❷9：30～16：30，❸月曜日(祝祭日の場合は翌日)，2月第4週の月～金曜日，年末年始(12月29日～1月3日)，❹無料

## 箱根・足柄周辺の博物館施設など一覧

**神奈川県立生命の星・地球博物館**　〒250-0031　小田原市入生田499　☎0465-21-1515　ホームページあり　❶常設展示室「地球」「生命」「神奈川」「共生」とミュージアムシアター．❷9:00～16:30(入館は16:00まで)．❸月曜日(祝日・振替休日の場合は翌日)，館内整理日，年末年始(12月29日～1月3日)．❹有料(中学生以下は無料)

**かぼちゃ美術館**　〒259-0314　足柄下郡湯河原町宮上97-2　☎0465-63-7210　ホームページあり　❶前衛芸術家草間彌生のカボチャをモチーフにした作品を中心に展示．❷10:00～17:00．❸火曜日(祝日の場合は翌日)．❹有料

**かまぼこ博物館**　〒250-0032　小田原市風祭245　☎0465-24-6262　ホームページあり　❶かまぼこに関する展示，製造見学，手作りかまぼこ体験．❷10:00～17:00．❸年末年始．❹無料(体験教室は有料)

**木村美術館**　〒259-0313　足柄下郡湯河原町鍛冶屋651　☎0465-62-4429　❶相模国の刀剣，相州伝の刀，茶陶など．❷10:00～17:00(入館は16:30まで)．❸火曜日(祝日の場合は翌日)，年末．❹有料

**空中散歩館**　〒259-0313　足柄下郡湯河原町鍛冶屋813-7　☎0465-63-5283　❶私設の現代アート美術館．油絵・デッサン・写真・立体・オブジェなど．❷10:00～17:00．❸月曜日．❹有料

**重光葵記念館**　〒259-0314　足柄下郡湯河原町宮上684　☎0465-62-3860　ホームページあり　❶著書の草稿や降伏文書全権委任書，最高戦争指導会議記録など重光葵関係資料．❷金曜日12:00～17:00，土曜日10:00～17:00，日曜日10:00～13:00．❸月～木曜日．❹有料

**尊徳記念館**　〒250-0852　小田原市栢山2065-1　☎0465-36-2381　❶二宮尊徳生家〔県指定重文〕，二宮尊徳の遺品・資料の展示，模型・等身大人形のジオラマなど．❷9:00～17:00(入館は16:30まで)．❸年末年始(12月28日～1月3日)．❹有料

**大雄山最乗寺尚宝殿**　〒250-0127　南足柄市大雄町1157　☎0465-74-3121　❶最乗寺に関する書画などの展示．❷9:00～15:30．❸1月は全日．❹無料

**丹沢森林館・薬草園**　〒258-0202　足柄上郡山北町玄倉491-1　☎0465-78-3077　❶丹沢山北に生息する動物のジオラマ，山北の石，500種以上の薬草・薬木，昔の製薬道具．❷9:00～16:30．❸12月～3月の水曜日(祝日の場合は翌日，薬草園は12月～3月休園)．❹有料

**彫刻の森美術館**　〒250-0493　足柄下郡箱根町二ノ平1121　☎0460-82-1161　ホームページあり　❶彫刻の屋外展示，ピカソ，ヘンリー・ムーアら作品展示．❷9:00～17:00(入館は16:30まで)．❸無休．❹有料(土曜日は保護者1人につき中学生以下5人まで無料)

**町立湯河原美術館**　〒259-0314　足柄下郡湯河原町宮上623-1　☎0465-63-7788　❶竹内栖鳳，安井曾太郎，平松礼二ほか，湯河原にゆかりの人びとの作品を展示．❷9:00～16:30(入館は16:00まで)．❸水曜日(祝日の場合は翌日)，年末(12月28～31日)，展示替え期間．❹有料

| | |
|---|---|
| **西村京太郎記念館** | 〒259-0314　足柄下郡湯河原町宮上42-29　☎0465-63-1599　❶500冊におよぶ著作，生原稿や大ジオラマ，秘蔵コレクションなど，❷9：00～16：30(入館は16：00まで)，❸水曜日(祝日の場合は翌日)，12月29日～1月3日，❹有料 |
| **成川美術館** | 〒250-0522　足柄下郡箱根町元箱根570　☎0460-83-6828　ホームページあり　❶現代日本画を代表する巨匠の名画，❷9：00～17：00，❸無休，❹有料 |
| **箱根ガラスの森美術館** | 〒250-0631　足柄下郡箱根町仙石原940-48　☎0460-86-3111　ホームページあり　❶ヴェネチアングラスの名品，体験工房，❷9：00～17：30(入館は17：00まで)，❸無休，❹有料 |
| **箱根北原おもちゃミュージアム** | 〒250-0311　足柄下郡箱根町湯本740　☎0460-85-6880　ホームページあり　❶明治～昭和にかけてつくられたブリキのおもちゃなど，❷9：00～17：00(季節によって変更あり)，❸無休，❹有料 |
| **箱根旧街道休憩所** | 〒250-0314　足柄下郡箱根町畑宿395　☎0460-83-6871　❶旧街道の風俗，習慣，エピソードをパネル，模型などにより紹介，❷9：00～17：00(12～2月は9：00～16：30)，❸無休，❹無料 |
| **箱根サン・テグジュペリ　星の王子さまミュージアム** | 〒250-0613　足柄下郡箱根町仙石原909　☎0460-86-3700　❶物語『星の王子さま』の紹介映像や作家サン・テグジュペリの手紙，愛用品などの資料，❷9：00～18：00(入館は17：00まで)，❸無休，❹有料 |
| **箱根神社宝物殿** | 〒250-0522　足柄下郡箱根町元箱根80-1　☎0460-83-7123　ホームページあり　❶神社に伝わる宝物類，箱根の歴史に関する資料展示，❷9：00～16：30(入館は16：00まで)，❸無休(祭礼・展示替えによる臨時休館あり)，❹有料 |
| **箱根関所資料館** | 〒250-0512　足柄下郡箱根町箱根1　☎0460-83-6635　❶関所手形を始めとする関所関係資料，❷9：00～17：00(12月～2月は9：00～16：30，入館は閉館の30分前まで)，❸無休，❹有料(土・日曜日，祝日は中学生以下無料) |
| **箱根町立郷土資料館** | 〒250-0311　足柄下郡箱根町湯本266　☎0460-85-7601　❶箱根温泉の歴史や街道の整備，近代化の歴史を展示，❷9：00～16：30(入館は16：00まで)，❸水曜日，毎月最終月曜日，年末年始(12月28日～1月4日)，❹有料(土・日・祝日は個人の小・中学生無料) |
| **箱根美術館** | 〒250-0408　足柄下郡箱根町強羅1300　☎0460-82-2623　ホームページあり　❶日本の焼物，中世の陶器など，❷4月～11月は9：00～16：30，12月～3月は9：00～16：00(入館は閉館の30分前まで)，❸木曜日(祝日は開館，11月は無休)，12月25日～31日，1月4日～10日，❹有料(中学生以下は無料) |
| **箱根観光物産館** | 〒250-0311　足柄下郡箱根町湯本698　☎0460-85-7177　❶箱根物産(寄木，挽物，組木細工など)の展示，❷10：00～16：00，❸水曜日，12月28日～1月1日，❹無料 |

| | |
|---|---|
| **箱根武士の里美術館** | 〒250-0631　足柄下郡箱根町仙石原817-580　☎0460-84-8177　❶鎌倉～江戸時代末期の甲冑，兜，江戸時代の刀剣など，❷4～11月は9：00～17：00, 12～3月は10：00～16：00(入館は閉館の30分前まで)，❸12月～3月の水・木曜日(祝日の場合は開館)，❹有料 |
| **畑宿寄木会館** | 〒250-0314　足柄下郡箱根町畑宿103　☎0460-85-8170　❶伝統工芸箱根寄木細工の実演，展示販売，❷9：00～16：30，❸12月28日～1月3日，❹無料 |
| **報徳博物館** | 〒250-0013　小田原市南町1-5-72　☎0465-23-1511　ホームページあり　❶二宮尊徳の業績，報徳運動などの資料，❷9：00～17：00(入館は16：30まで)，❸水曜日，年末年始，祝祭日の翌日ほか不定休あり，❹有料 |
| **ポーラ美術館** | 〒250-0631　足柄下郡箱根町仙石原小塚山1285　☎0460-84-2111　ホームページあり　❶フランス印象派絵画，東洋磁器など，❷9：00～17：00(入館は16：30まで)，❸無休(展示替えによる臨時休館あり)，❹有料(土曜日は中学生以下無料) |
| **本間寄木美術館** | 〒250-0311　足柄下郡箱根町湯本84　☎0460-85-5646　ホームページあり　❶江戸～昭和にかけて製作された箱根寄木細工作品と体験教室，❷9：00～17：00(入館は16：30まで)，❸無休，❹有料 |
| **真鶴町立遠藤貝類博物館** | 〒259-0201　足柄下郡真鶴町真鶴1175-1　☎0465-68-2111　ホームページあり　❶相模湾(真鶴半島周辺)の貝類を中心に日本の貝を展示，❷9：30～16：30，❸木曜日(祝日の場合は翌日)，12月28日～31日，❹有料 |
| **真鶴町立中川一政美術館** | 〒259-0201　足柄下郡真鶴町真鶴1178-1　☎0465-68-1128　ホームページあり　❶中川一政の油絵，日本画，書，陶器などの展示，❷9：30～16：30(入館は16：00まで)，❸第1・3水曜日(祝日の場合は翌日)，12月28～31日，❹有料 |
| **真鶴町民俗資料館** | 〒259-0202　足柄下郡真鶴町岩596　☎0465-68-4117　❶生活用品，漁業，石材関係資料などの展示，❷10：00～16：00(12：00～13：00閉館)，❸月・水・金曜日(祝日の場合は翌日)，年末年始，❹無料 |
| **南足柄市郷土資料館** | 〒250-0121　南足柄市広町1544　☎0465-73-4570　❶原始から近代まで，道を通して伝えられた文化やモノを紹介，❷9：00～16：30，❸月曜日(祝日の場合は翌日)，祝日の翌日，12月28日～1月4日，❹有料 |
| **湯河原町郷土資料館** | 〒259-0314　足柄下郡湯河原町宮上566　湯河原観光会館2階　☎0465-62-3761　❶湯河原の郷土にちなんださまざまな物品を展示，❷9：00～17：00，❸無休，❹無料 |

## 静岡県

**熱海市立伊豆山郷土資料館**　〒413-0002　熱海市伊豆山708-2(伊豆山神社内)　☎0557-80-4252　❶伊豆山神社を中心とする伊豆山地区の文化財，❷9：00～16：00，❸水曜日(祝日の場合は翌日)，年末年始(12月28日～1月4日)，❹有料

**MOA 美術館**　〒413-8511　熱海市桃山町26-2　☎0557-84-2511　ホームページあり　❶美術・工芸など国宝・重要文化財を多数所蔵，❷9：30～16：30(入館は16：00まで)，❸木曜日(祝日の場合は開館)，12月25日～31日，1月4日～10日，❹有料

**伊東市文化財管理センター**　〒414-0026　伊東市竹の台3-11　☎0557-36-2182　❶伊東市内の遺跡からの出土品，❷9：00～16：30，❸月曜日(祝日の場合は翌日)，❹無料

**戸田造船郷土資料博物館・駿河湾深海生物館**　〒410-3402　沼津市戸田2710-1　☎0558-94-2384　❶ロシア軍艦ディアナ号の造船資料など，❷9：00～16：30，❸水曜日，祝日の翌日，年末年始，❹有料

**沼津市歴史民俗資料館**　〒410-0822　沼津市下香貫島郷2802-1　沼津御用邸記念公園内　☎055-932-6266　❶沼津内浦・静浦および周辺地域の漁撈用具(国民俗)と原・浮島地区の湿田農耕用具，❷9：00～16：00，❸月曜日，祝日の翌日，月の最終平日，年末年始(12月29日～1月3日)，❹無料(御用邸記念公園は有料)

**沼津市明治史料館**　〒410-005　沼津市西熊堂372-1　☎055-923-3335　❶沼津の歴史や教育者江原素六と沼津兵学校関連資料，❷9：00～16：30，❸月曜日(祝日は開館)，祝祭日の翌日(土・日除く)，月の最終平日，年末年始(12月29日～1月3日)，❹有料

**裾野市立富士山資料館**　〒410-1231　裾野市須山2255-39　☎055-998-1325　❶富士山の自然や富士山に関連する人びとの生活，歴史など，❷9：00～16：30，❸月曜日(祝日の場合は翌日)，祝日の翌日，年末年始，❹有料

# 箱根・足柄周辺の国指定文化財

●は国宝

| 名称 | 所有者または所在地 |
|---|---|
| 〔建造物〕 | |
| 五輪塔　3基 | 神奈川県箱根町 |
| 宝篋印塔　1基 | 神奈川県箱根町 |
| 福住旅館萬翠楼・金泉楼　2棟 | 有限会社湯本福住 |
| 松城家住宅　7棟　附家相図2枚 | 個人（静岡県沼津市） |
| 旧日向家熱海別邸地下室　1棟 | 静岡県熱海市 |
| 旧植松家住宅　1棟 | 静岡県裾野市 |
| 〔絵画〕 | |
| 絹本著色阿弥陀如来像　1幅 | 報身寺（東京国立博物館寄託） |
| 絹本淡彩北条早雲像　1幅 | 早雲寺 |
| 紙本著色箱根権現縁起　1巻 | 箱根神社 |
| 紙本著色山王霊験記　1巻 | 日枝神社 |
| 紙本金地著色紅白梅図　1双● | ＭＯＡ美術館 |
| 紙本白描星曼荼羅図残闕　1冊 | ＭＯＡ美術館 |
| 紙本白描曼荼羅集　3冊 | ＭＯＡ美術館 |
| 絹本著色二美人図　1幅 | ＭＯＡ美術館 |
| 絹本著色吉祥天曼荼羅図　1幅 | ＭＯＡ美術館 |
| 絹本著色童子経曼荼羅図　1幅 | ＭＯＡ美術館 |
| 紙本墨画九曜星図像　1巻 | ＭＯＡ美術館 |
| 紙本墨画山水図　1双 | ＭＯＡ美術館 |
| 紙本墨画諸尊図像　2巻 | ＭＯＡ美術館 |
| 紙本墨画淡彩白衣観音図　1幅 | ＭＯＡ美術館 |
| 紙本墨画伝法正宗定祖図　1巻 | ＭＯＡ美術館 |
| 紙本墨画人麿貫之図　2幅 | ＭＯＡ美術館 |
| 紙本墨画太元明王図像　1巻 | ＭＯＡ美術館 |
| 紙本淡彩四季山水図　1双 | ＭＯＡ美術館 |
| 紙本著色岩佐勝以像　1幅　附紙本墨書岩佐勝以書状1幅・紙本墨書岩佐家系図1巻 | ＭＯＡ美術館 |
| 紙本著色絵因果経断簡　1幅 | ＭＯＡ美術館 |
| 紙本著色三十六歌仙切　1幅 | ＭＯＡ美術館 |
| 絹本淡彩高士観月図　1幅 | ＭＯＡ美術館 |
| 絹本著色阿弥陀三尊像　1幅 | ＭＯＡ美術館 |
| 絹本著色吉祥天曼荼羅図　1幅 | ＭＯＡ美術館 |
| 絹本著色寒江独釣図　1幅 | ＭＯＡ美術館 |
| 絹本著色釈迦八相図　4幅 | ＭＯＡ美術館 |
| 絹本著色童子経曼荼羅図　1幅 | ＭＯＡ美術館 |
| 絹本著色八字文殊菩薩及八大童子像　1幅 | ＭＯＡ美術館 |

| 名称 | 所有者または所在地 |
|---|---|
| 絹本著色風俗十二月　10幅　附詩歌聯幅12幅 | ＭＯＡ美術館 |
| 絹本著色不動明王二童子像　1幅 | ＭＯＡ美術館 |
| 紙本墨画布袋図　1幅 | ＭＯＡ美術館 |
| 紙本著色樹下美人図　1面 | ＭＯＡ美術館 |
| 紙本著色浄瑠璃絵　12巻 | ＭＯＡ美術館 |
| 紙本著色仁王経法図像　1巻 | ＭＯＡ美術館 |
| 紙本著色花見鷹狩図　1双 | ＭＯＡ美術館 |
| 紙本著色源重之像　1幅 | ＭＯＡ美術館 |
| 紙本著色山中常盤絵　12巻 | ＭＯＡ美術館 |
| 紙本著色湯女図　1幅 | ＭＯＡ美術館 |
| 紙本著色陽人奏楽図　1双 | ＭＯＡ美術館 |
| 絹本墨画山水図　1幅 | ＭＯＡ美術館 |
| 絹本著色雪月花図　3幅 | ＭＯＡ美術館 |
| 絹本著色十界勧請大曼荼羅図　1幅 | 妙法華寺 |
| 絹本著色日蓮上人像　1幅 | 妙法華寺 |
| 〔彫刻〕 | |
| 銅造大日如来坐像　1軀 | 宝金剛寺 |
| 木造真教坐像　1軀 | 蓮台寺(神奈川県立歴史博物館寄託) |
| 木造万巻上人坐像　1軀 | 箱根神社 |
| 元箱根磨崖仏 | 国(神奈川県箱根町) |
| 元箱根磨崖仏地蔵菩薩立像　3軀 | 神奈川県箱根町 |
| 木造伊豆山権現立像　1軀 | 般若院 |
| 木造男神立像　1軀 | 伊豆山神社 |
| 銅造観音菩薩立像　1軀 | ＭＯＡ美術館 |
| 木造阿弥陀如来立像　1軀 | ＭＯＡ美術館 |
| 木造多聞天眷属立像　1軀 | ＭＯＡ美術館 |
| 木造阿弥陀如来及両脇侍坐像　3軀 | ＭＯＡ美術館 |
| 木造聖観音立像　1軀 | ＭＯＡ美術館 |
| 〔工芸〕 | |
| 織物張文台及硯箱　1組 | 早雲寺 |
| 赤木柄短刀　1口 | 箱根神社 |
| 鉄湯釜　2口 | 箱根神社 |
| 刀 | 相州刀美術博物館 |
| 太刀　1口● | 個人(静岡県沼津市) |
| 太刀　1口● | 株式会社マキリ(東京国立博物館寄託) |
| 太刀　1口　附糸巻太刀拵 | 株式会社マキリ(静岡県沼津市) |
| 沈金獅子牡丹文長覆輪太刀拵　1口 | 株式会社マキリ(東京国 |

箱根・足柄周辺の国指定文化財　199

| 名称 | 所有者または所在地 |
|---|---|
|  | 立博物館寄託) |
| 金銅聖観音像懸仏　1面 | 個人(静岡県沼津市) |
| 剣　1口 | 伊豆山神社 |
| 色絵藤花文茶壺　1口● | ＭＯＡ美術館 |
| 伊万里染付花卉文徳利　1口 | ＭＯＡ美術館 |
| 黒漆螺鈿礼盤　1基 | ＭＯＡ美術館 |
| 黒釉金彩瑞花文碗　1口 | ＭＯＡ美術館 |
| 彩絵曲物筒　1合 | ＭＯＡ美術館 |
| 雑伎彩絵唐櫃　1合 | ＭＯＡ美術館 |
| 山水蒔絵手箱　1合 | ＭＯＡ美術館 |
| 散蓮華蒔絵経箱　1合 | ＭＯＡ美術館 |
| 刺繍種子阿弥陀三尊図　1幅 | ＭＯＡ美術館 |
| 十字卍字唐草螺鈿箱　1合 | ＭＯＡ美術館 |
| 樵夫蒔絵硯箱　1合 | ＭＯＡ美術館 |
| 色絵金銀菱文茶碗　1組 | ＭＯＡ美術館 |
| 鍍金錫杖　1枝 | ＭＯＡ美術館 |
| 鍋島色絵桃文大皿　1枚 | ＭＯＡ美術館 |
| 白銅水瓶　1口 | ＭＯＡ美術館 |
| 〔**書蹟・典籍・古文書**〕 |  |
| 往生要集　3帖 | 最明寺 |
| 宝物集巻第一　1巻 | 光長寺 |
| 紺紙金泥般若心経　1巻 | 伊豆山神社 |
| 手鑑「翰墨城」　1帖● | ＭＯＡ美術館 |
| 兀庵普寧墨蹟　1幅 | ＭＯＡ美術館 |
| 継色紙　1幅 | ＭＯＡ美術館 |
| 古林清茂墨蹟　1幅　沢庵宗彭筆添状1巻 | ＭＯＡ美術館 |
| 紙本墨書梵琦楚石墨蹟　1幅 | ＭＯＡ美術館 |
| 仏鑑禅師墨蹟　1幅 | ＭＯＡ美術館 |
| 法華経授記品巻第六　1巻 | ＭＯＡ美術館 |
| 金光明最勝王経註釈断簡　1巻 | ＭＯＡ美術館 |
| 方広寺大仏鐘銘　1幅 | ＭＯＡ美術館 |
| 紙本墨書藤原俊成仮名消息　1幅 | ＭＯＡ美術館 |
| 撰時抄　5巻 | 妙法華寺 |
| 注法華経　10巻 | 妙法華寺 |
| 〔**考古**〕 |  |
| 土偶　1箇　附骨庁一括 | 個人(神奈川県大井町) |
| 埴輪男子立像　1軀 | ＭＯＡ美術館 |
| 三角縁神獣鏡　3面 | ＭＯＡ美術館 |
| 手焙形土器　1箇 | 静岡県御殿場市(御殿場市民会館) |

| 名称 | 所有者または所在地 |
|---|---|
| 〔有形民俗文化財〕 | |
| 沼津内浦・静浦及び周辺地域の漁撈用具　2539点 | 静岡県沼津市(沼津市歴史民俗資料館) |
| 〔無形民俗文化財〕 | |
| 山北のお峰入り | お峯入り保存会(神奈川県山北町) |
| 貴船神社の船祭り | 貴船祭保存会(神奈川県真鶴町) |
| 相模人形芝居 | 相模人形芝居連合会下中座(神奈川県小田原市) |
| 〔史跡〕 | |
| 小田原城跡 | 神奈川県小田原市 |
| 石垣山 | 神奈川県小田原市 |
| 箱根関跡 | 神奈川県箱根町 |
| 元箱根石仏群　附永仁三年在銘石造五輪塔・石造五輪塔・永仁四年在銘石造宝篋印塔 | 神奈川県箱根町 |
| 長浜城跡 | 静岡県沼津市 |
| 興国寺城跡 | 静岡県沼津市 |
| 休場遺跡 | 静岡県沼津市 |
| 山中城跡 | 静岡県三島市 |
| 富士山 | 静岡県富士宮市・裾野市・小山町 |
| 箱根旧街道 | 神奈川県箱根町, 静岡県三島市・函南町 |
| 〔特別名勝〕 | |
| 富士山 | 静岡県 |
| 〔天然記念物〕 | |
| 早川のビランジュ | 神奈川県小田原市 |
| 箒スギ | 神奈川県山北町 |
| 箱根仙石原湿原植物群落 | 神奈川県箱根町 |
| 城願寺のビャクシン | 神奈川県湯河原町 |
| 山神の樹叢 | 神奈川県湯河原町 |
| 大瀬崎のビャクシン樹林 | 静岡県沼津市 |
| 阿豆佐和気神社の大クス | 静岡県熱海市 |
| 印野の熔岩隧道 | 静岡県御殿場市 |
| 駒門風穴 | 静岡県御殿場市 |

# 参考文献

『稲葉正則とその時代』　下重清　夢工房　2002年
『撃ちぬかれた本』　戦時下の小田原地方を記録する会編　夢工房　1995年
『小田原空襲』　井上弘　夢工房　2002年
『小田原地方の本土決戦』　香川芳文　夢工房　2008年
『小田原地方の歴史をさぐる』　小田原地方史研究会編　小田原地方史研究会　1998年
『語り伝えよう小田原の戦争体験』　戦時下の小田原地方を記録する会編　戦時下の小田原地方を記録する会　2012年
『神奈川県の歴史』　神崎彰利ほか　山川出版社　1996年
『神奈川県の歴史散歩　下』　神奈川県高等学校教科研究会社会科部会歴史分科編　山川出版社　2005年
『神奈川の歴史をよむ』　神奈川県高等学校教科研究会社会科部会歴史分科会編　山川出版社　2007年
『関東の名城を歩く　南関東編』　峰岸純夫・齋藤慎一編　吉川弘文館　2011年
『古河公方と伊勢宗瑞』　則竹雄一　吉川弘文館　2012年
『後北条氏』　鈴木良一　有隣堂　1988年
『静岡県の歴史』　本多隆成ほか　山川出版社　1998年
『静岡県の歴史散歩』　静岡県日本史教育研究会編　山川出版社　2006年
『市民が語る小田原地方の戦争』　戦時下の小田原地方を記録する会編　戦時下の小田原地方を記録する会　2000年
『図説　小田原・足柄の歴史』　宇佐美ミサ子ほか編　郷土出版社　1994年
『戦国北条一族』　黒田基樹　新人物往来社　2005年
『戦時下の箱根』　井上弘・矢野慎一　夢工房　2005年
『中世の箱根山』　岩崎宗純　神奈川新聞社　1998年
『てくてく歩き6　箱根　第7版』　ブルーガイド編集部　実業之日本社　2010年
『二宮尊徳とその弟子たち』　宇津木三郎　夢工房　2002年
『箱根散歩マップ』　K&Bパブリッシャーズ編　成美堂出版　2010年
『箱根路歴史探索』　岩崎宗純　夢工房　2002年
『箱根と外国人』　児島豊　神奈川新聞社　1991年
『箱根をめぐる古城30選』　小田原城郭研究会編　神奈川新聞社　1987年
『奔る雲のごとく』　小和田哲男監修・北条早雲史跡活用研究会編　北条早雲フォーラム実行委員会　2000年
『プチ贅沢な旅6　箱根　第3版』　ブルーガイド編集部　実業之日本社　2009年
『ぶらっと散歩コース　箱根』　昭文社　2012年
『北条氏康と東国の戦国世界』　山口博　夢工房　2004年

『小田原市史　史料編　原始・古代・中世1』　小田原市編　小田原市　1995年
『小田原市史　通史編　原始・古代・中世』　小田原市編　小田原市　1998年
『小田原市史　別編　城郭』　小田原市編　小田原市　1995年
『小山町史　第1巻　原始・古代・中世資料編』　小山町史編さん専門委員会編　小山町　1990年
『小山町史　第6巻　原始・古代・中世通史編』　小山町史編さん専門委員会編　小山町　1996年
『神奈川県史　通史編1　原始・古代・中世』　神奈川県県民部県史編集室編　神奈川県　1981年
『御殿場市史　第1巻　古代中世・近世資料編』　御殿場市史編さん委員会編　御殿場市　1974年
『御殿場市史　第8巻　通史編上』　御殿場市史編さん委員会編　御殿場市　1981年
『静岡県史　通史編2　中世』　静岡県編　静岡県　1997年
『裾野市史　第2巻　資料編古代・中世』　裾野市史編さん専門委員会編　裾野市　1995年
『裾野市史　第8巻　通史編1』　裾野市史編さん専門委員会編　裾野市　2000年
『南足柄市史1　資料編　自然・原始・古代・中世』　南足柄市編　1989年
『南足柄市史6　通史編　自然・原始・古代・中世・近世』　南足柄市編　1999年

# 小田原市・御殿場市・裾野市・箱根町歴史年表

＊凡例 小…小田原市関係　御…御殿場市関係　裾…裾野市関係　箱…箱根町関係

| 時代 | 年号 | 元号 | おもな出来事 |
|---|---|---|---|
| 旧石器時代 | 3万年頃 | | 愛鷹・箱根山麓に人びとが居住 裾 |
| | 1万5000年前頃 | | 公文名・富沢・桃園・金沢に旧石器時代遺跡 裾 |
| | 1万2〜3000年前 | | 箱根町に人びとが居住 |
| 縄文時代 | 7000年前頃 | | 公文名・深良・金沢・千福・大畑に縄文遺跡 裾 |
| | 5000年前頃 | | 宮城野付近に集落 箱 |
| | | | 千福・金沢に縄文遺跡 裾 |
| | 4000年前頃 | | 茶畑・公文名・深良・金沢・葛山・桃園に縄文遺跡 裾 |
| | 3500年前頃 | | 葛山に縄文遺跡 裾 |
| | 2750年前頃 | | 富士山噴火 |
| | 2580年前頃 | | 富士山噴火 |
| 弥生時代 | BC2C頃 | | 公文名に弥生遺跡 裾 |
| | 1世紀頃 | | 古芦ノ湖の仙石原部分が湿地化し、農耕民居住 箱 |
| | 3世紀頃 | | 富沢に弥生遺跡 裾 |
| | 弥生中期後半 | | 中里遺跡 小 |
| 古墳時代 | 3中〜4C | 前期古墳 | |
| | 5世紀 | 中期古墳 | |
| | | | 静岡県御殿場市に前方後円墳(二枚橋古墳)存在、年代不詳(後期以前の築造) 御 |
| | 6〜7世紀 | 後期古墳 | 神奈川県小田原市久野に群集墳の存在―久野古墳群 小 |
| 飛鳥時代 | | | 小田原市羽根尾・田島地区に横穴墓群が存在 小 |
| | 670頃 | | 茶畑に三ツ石古墳築造(中丸古墳群の1つ) 裾 |
| 奈良時代 | 740頃 | 天平12 | 須山滝ノ沢古墳に「わらびて刀」埋葬 裾 |
| | 755 | 天平勝宝7 | 足下郡丹比部国人、防人として筑紫に向かう。この年東国の防人が多く箱根を越える 小 |
| | 781 | 天応元 | 富士山噴火 裾 |
| 平安時代 | 802 | 延暦21 | 富士山噴火。相模国足柄路を廃して箱根路を開く 小 裾 |
| | 803 | 22 | 箱根路を廃して足柄路復活 |
| | 864 | 貞観6 | 富士山噴火 |
| | 878 | 元慶2 | 相模・武蔵を中心に地震 |
| | 899 | 昌泰2 | 僦馬の党の活動により足柄坂に関を設ける |
| | 999 | 長徳5 | 富士山噴火 |
| | 1020 | 寛仁4 | 菅原孝標娘(『更級日記』作者)、足柄峠を越えて京都へ帰る |
| | 1100頃 | 康和2 | 伊勢神宮の荘園「大沼鮎沢御厨」開発 御 |

| 時代 | 年号 | 元号 | おもな出来事 |
|---|---|---|---|
| 平安時代 | 1156 | 保元元 | 保元の乱に相模武士参加 |
| | 1160 | 永暦元 | 源頼朝,伊豆国蛭ヶ小島に配流 |
| | 1180 | 治承4 | 頼朝,伊豆国で挙兵,土肥郷(神奈川県湯河原町)に入る,石橋山の戦いで敗北,真鶴から安房(千葉)に敗走。頼朝,鎌倉に入る |
| | 1183 | 7 | 富士山噴火 |
| 鎌倉時代 | 1193 | 建久4 | 源頼朝,富士山麓で巻狩り 裾<br>曽我祐成・時致兄弟,頼朝の寵臣工藤裕経を襲い,親の仇を討つ 小 |
| | 1221 | 3 | 承久の乱。大森氏・葛山氏,幕府軍に参加 裾 |
| | 1274 | 文永11 | 日蓮上人,酒匂川を渡り,駿河竹之下(静岡県小山町)から甲斐国(山梨)へ向かう。この年蒙古襲来(文永の役) |
| | 1277 | 建治3 | 阿仏尼(『十六夜日記』作者)が,訴訟のため箱根を越え,小田原を通り,酒匂(神奈川県小田原市)に泊まり鎌倉へ赴く |
| | 1300 | 正安3 | 箱根精進池の六道地蔵がつくられ忍性(貞観上人)が開眼供養 |
| | 1333 | 元弘3 | 鎌倉幕府滅亡 |
| 南北朝時代 | 1334 | 建武元 | 中先代の乱(北条高時の子行時の反乱)。足利尊氏軍東下し,箱根水呑峠(静岡県三島市)・芦河・大平・湯本地蔵堂で時行軍を破る。後醍醐天皇,建武の新政開始 |
| | 1335 | 2 | 箱根・竹之下合戦。佐野原合戦,足利尊氏,建武政権に反逆し新田義貞軍破り西上。二条為冬討死 裾 小 |
| 室町時代 | 1394 | 応永元 | 大森頼明,関本(神奈川県南足柄市)に最乗寺建立 |
| | 1416 | 23 | 上杉禅秀の乱が起き,関東一帯で戦国動乱が始まる。西相地方の曽我・中村・土肥・土屋の諸氏,禅秀方につく。鎌倉公方足利持氏,小田原・駿河国大森を経て今川氏のもとへ逃れる |
| | 1417 | 24 | 大森氏,小田原城に移るという 小 |
| | 1418 | 25 | 上杉禅秀の乱終焉。鎌倉公方足利持氏,大森頼春の功を賞し,土肥(神奈川県湯河原町)・土屋(同平塚市)の領地を取り上げ頼春に与える |
| | 1483 | 文明15 | 早雲,9代将軍足利義尚の申次衆となる。建仁寺と大徳寺に参禅する |
| | 1487 | 長享元 | 早雲,興国寺城(静岡県沼津市)主となる |
| | 1493 | 明応2 | 早雲,堀越御所の足利茶々丸を攻めて伊豆を平定,韮山城(静岡県伊豆の国市)に移る |
| | 1495 | 4 | 早雲,大森氏から小田原城を奪う 小 |
| | 1502 | 文亀2 | 連歌師宗祇,東国旅行中国府津で倒れ,翌年湯治先湯本で没す(82歳) |

小田原市・御殿場市・裾野市・箱根町歴史年表　205

| 時代 | 年号 | 元号 | おもな出来事 |
|---|---|---|---|
| 戦国時代 | 1504 | 永正元 | 早雲，京都から宇野籐右衛門定治を招いて秘薬「透頂香（ういろう）」製造 |
| | 1516 | 13 | 今川氏の甲斐侵攻に葛山氏も出兵 裾。早雲，新井城（神奈川県横須賀市）を攻略し，三浦義同・義意父子を滅ぼす 小 |
| | 1518 | 15 | 早雲，家督を伊勢（北条）氏綱に譲る。氏綱，2代当主となる。氏綱，初めて虎朱印状（虎印判）を発給する |
| | 1519 | 16 | 早雲，韮山城で没する（88歳） |
| | 1520 | 17 | 氏綱，相模国に代替わり検地実施 |
| | 1521 | 大永元 | 氏綱，早雲の遺言により早雲寺（神奈川県箱根町）を創建する |
| | 1523 | 3 | 氏綱，伊勢から北条に改姓する。この年氏綱，箱根権現再建 |
| | 1526 | 6 | 甲斐の梨木平で武田・北条の合戦。葛山氏の1人（名前不明）討死 裾 |
| | 1538 | 天文7 | 氏綱・氏康，第1次国府台合戦で足利義明・里見義堯に勝利する |
| | 1541 | 10 | 氏綱，没する。氏康，3代当主となる |
| | 1546 | 15 | 氏康，河越夜戦で足利晴氏・山内上杉憲政・扇谷上杉朝定に勝利する |
| | 1554 | 23 | 駿甲相三国同盟成立（駿河郡の葛山氏支配の安定期）裾 |
| 安土・桃山時代 | 1560 | 永禄3 | 尾張国（愛知県）桶狭間の戦い，今川義元，織田信長に討たれる 裾。氏康，家督を氏政に譲る。氏政，4代当主となる |
| | 1561 | 4 | 氏政，上杉謙信の小田原攻めを退ける |
| | 1564 | 7 | 氏政，第2次国府台の戦いで里見義弘に勝利する |
| | 1568 | 11 | 武田・徳川，密約を交わし東西から今川氏を攻める。葛山氏元，武田信玄に内通して今川に背くが，氏政，すぐさま今川氏に援軍を差し向け，葛山氏の領国を制圧 裾 |
| | 1569 | 12 | 氏政，武田信玄の小田原攻めを退ける。氏照・氏邦，退却する武田軍と三増峠で戦うが破れる（三増合戦） |
| | 1570 | 元亀元 | 信玄，深沢城（静岡県御殿場市）を北条氏から攻め取る。しかし，葛山氏の旧領には葛山氏ではなく御宿監物をおく 裾 |
| | 1571 | 2 | 氏康，没す |
| | 1573 | 4 | 氏政，家督を氏直に譲る。氏直，5代当主となる |
| | 1582 | 天正10 | 武田氏，織田信長によって滅ぼされる。駿河は徳川家康領に 裾<br>京都本能寺において織田信長，明智光秀に討たれる（本能寺の変） |

| 時代 | 年号 | 元号 | おもな出来事 |
|---|---|---|---|
| 安土・桃山時代 | 1590 | 天正18 | 豊臣秀吉の小田原攻め。3カ月の籠城ののち開城、北条氏滅亡。秀吉の天下統一 裾。豊臣秀吉の小田原攻めにより、山中城(静岡県三島市)落城、鉢形城(埼玉県寄居町)開城、八王子城(東京都八王子市)落城、韮山城開城。秀吉、石垣山一夜城(神奈川県小田原市)を築城し本陣とする。小田原城開城。氏政・氏照、切腹。氏直、高野山に追放される。徳川家康家臣大久保忠世、小田原城主となる(4万石、のち4万1000石) |
| | 1591 | 19 | 大久保氏、領内に検地実施 |
| | 1594 | 文禄3 | 大久保忠世死去(63歳)、子の忠隣(ただちか)相続(6万5000石) |
| 江戸時代 | 1600 | 慶長5 | 関ヶ原の戦い(全国支配の実権は徳川家康の手に) |
| | 1601 | 6 | 徳川家康、東海道に伝馬制度実施 |
| | 1603 | 8 | 江戸幕府成立 |
| | 1604 | 9 | 幕府、東海道に一里塚築く |
| | 1614 | 19 | 大久保忠隣、改易。家康・秀忠父子、小田原城櫓・堀・外郭破壊命ずる。大坂冬の陣 |
| | 1615 | 20 | 大坂夏の陣、御宿勘兵衛討死 裾 |
| | 1617 | 元和3 | 徳川家康の遺体を久能山東照宮(静岡市)から日光東照宮(栃木県日光市)へ移送する際、仮設御殿を建て遺体を安置したことから「御殿場」の地名誕生 御 |
| | 1618 | 4 | 箱根新道(現在の旧道)開通。箱根宿設置 |
| | 1619 | 5 | 箱根に関所開設 |
| | 1626 | 寛永3 | 仙石原に関所開設 |
| | 1632 | 9 | 下野国真岡城(栃木県真岡市)主で幕府老中稲葉正勝、小田原城主就任(8万5000石) |
| | 1633 | 10 | 駿河・伊豆・相模地方に大地震。小田原城大破 |
| | 1651 | 慶安4 | 由井正雪の乱(慶安の変)により小田原藩、箱根・根府川の関所固める |
| | 1654 | 承応3 | 小田原領内、キリシタン改め |
| | 1666 | 寛文6 | 深良用水開削工事(～70) 裾。藩主稲葉正則、病気療養のため熱海へ湯治 |
| | 1686 | 貞享3 | 大久保忠朝、佐倉(千葉県佐倉市)主から小田原城主へ。領内村々に村明細帳を提出させる |
| | 1687 | 4 | この年より領内にたびたび生類憐みの令発せられる |
| | 1691 | 元禄4 | オランダ医師ケンペル、江戸参府の折、箱根でハコネ草(ハコネシダ)発見 |
| | 1698 | 11 | 小田原藩主大久保忠朝隠居、子の忠増が藩主になる |
| | 1702 | 15 | 箱根関所破りの罪によりお玉処刑(お玉ヶ池伝説) |
| | 1703 | 16 | 関東一帯大地震、小田原城総崩れ、城下被害甚大。幕府より4万5000両借用 |

小田原市・御殿場市・裾野市・箱根町歴史年表　207

| 時代 | 年号 | 元号 | おもな出来事 |
|---|---|---|---|
| | 1704 | 元禄17 | 地震のため年貢減免。小田原城修理，翌年完成 |
| | 1705 | 宝永2 | 藩主忠増，幕府老中に就任。この年，酒匂川決壊 |
| | 1707 | 4 | 富士山噴火(富士山のいちばん新しい噴火)。宝永火口はこのときの噴火火口。当時の風向きが西風だったため，裾野市域の被害は小山・御殿場にくらべると軽微。御殿場市，壊滅的被害)御 裾 小 |
| | 1713 | 正徳3 | 藩主忠増死去，子の忠方藩主となる |
| | 1716 | 享保元 | 享保の改革始まる |
| | 1725 | 10 | 川崎宿本陣田中丘隅，幕命により酒匂川文命堤修築 |
| | 1731 | 16 | 藩主忠方死去，子の忠興藩主となる |
| | 1734 | 19 | 小田原藩家臣宅より出火し，武家118戸，町家990戸，寺社23炎上 |
| | 1754 | 宝暦4 | 藩財政窮乏のため，領内村々に御用金差し出しを命じる |
| | 1756 | 6 | 久野村の山の入会につき里方38カ村との間に紛争 |
| | 1763 | 13 | 藩主忠興隠居，子の忠由藩主となる |
| | 1769 | 明和6 | 藩主忠由死去，子の忠顕藩主となる |
| | 1774 | 安永3 | 大久保氏，領内村々に養蚕奨励 |
| | 1782 | 天明2 | 小田原地方大地震，被害甚大。天明大飢饉 |
| 江戸時代 | 1783 | 3 | 駿河国御厨(御殿場市)の28カ村の農民数百人，うち続く飢饉による年貢減免要求のため小田原城へ押しかけるも，箱根関所手前で説得され引き返す(のちに首謀者1人死刑，永牢5人，村追放4人)。浅間山大噴火 |
| | 1784 | 4 | 天明の大飢饉，裾野市域にも被害 裾。小田原藩，大不作につき状況報告(収穫率26%) |
| | 1787 | 7 | 前年より大飢饉のため小田原宿に打ちこわしおこる。二宮金次郎(尊徳)，上郡栢山村(小田原市)に誕生。寛政の改革始まる |
| | 1792 | 寛政4 | 幕府，小田原藩に海防命ず |
| | 1793 | 5 | 老中松平定信，相模国巡視のため小田原に泊まる |
| | 1796 | 8 | 藩主忠顕隠居し，子忠真藩主に |
| | 1806 | 文化3 | 小田原宿衰退(武士をのぞく人口5573人に)し，藩は飯盛女の営業許可 |
| | 1818 | 文政元 | 藩主忠真，老中就任 |
| | 1822 | 5 | 二宮金次郎，藩主忠真の依頼で，分家宇津家の桜町領(栃木県真岡市)の復興支援に当たる。津久井県12カ村，領地替にともない小田原藩領となる |
| | 1828 | 11 | 藩主忠真，財政難につき藩政改革実施 |
| | 1836 | 天保7 | 天保の大飢饉，米・穀物，野菜急騰，市域にも被害 裾 小 |
| | 1837 | 8 | 二宮尊徳，藩主手元金1000両と蔵米を以て領内の難民救 |

| 時代 | 年号 | 元号 | おもな出来事 |
|---|---|---|---|
| 江戸時代 | 1841 | 天保12 | 済に当たる。藩主忠真死去，孫の忠愨藩主となる<br>天保の改革にともない，小田原宿でも倹約についての申し合わせ行う |
| | 1842 | 13 | 小田原藩，領内に物価引き下げ令発す。小田原藩，魚問屋・質屋・小田原提灯屋などの株仲間を解散 |
| | 1850 | 嘉永3 | 小田原藩，江川英龍の指導で小田原海岸に台場建設(52年完成) |
| | 1853 | 6 | アメリカ海軍東インド艦隊長官ペリー「黒船」にて来航。小田原地震，被害甚大，幕府より復興資金1万両借用 |
| | 1854 | 安政元 | ペリー再来航。この年から異国船対策のための臨時徴税が，駿東の各村にも本格的に課されるようになる 裾 |
| | 1856 | 3 | 二宮尊徳，下野国今市(栃木県日光市)の陣屋で死去(70歳)。下田にいたアメリカ総領事ハリス一行が江戸への途中，小田原宿泊 |
| | 1858 | 5 | 日米修好通商条約調印 |
| | 1859 | 6 | 藩主忠愨死去，養子忠礼が藩主になる。忠礼，京都警護を命ぜられる |
| | 1867 | 慶応3 | 大政奉還，江戸幕府滅ぶ。王政復古。荻野山中藩陣屋(神奈川県厚木市)，薩摩藩浪士襲撃事件 |
| 明治時代 | 1868 | 明治元 | 戊辰戦争(1868〜69)。小田原藩，新政府軍東下につき，町々へ防備について指令出す。小田原藩，新政府軍に恭順。藩主大久保忠礼，領地没収，江川英龍支配下におかれる。箱根宿三島町・芦川町の民政一般，神奈川府の管轄となる 箱。藩主忠礼蟄居命ぜられ，支藩荻野山中藩大久保忠良が小田原藩主になる。明治天皇，江戸東下途中，小田原本陣清水金左衛門方へ宿泊。文学者北村透谷(門太郎)，唐人町に藩医の孫として誕生。御殿場市・裾野市，駿府藩(静岡藩)となる。箱根宿，箱根駅と改称 |
| | 1869 | 2 | 箱根関所廃止。明治天皇，上京途中清水金左衛門本陣宿泊。版籍奉還により藩主大久保忠良，知藩事となる |
| | 1870 | 3 | 小田原城廃城。本陣・脇本陣廃止 小。天守閣と櫓5棟は900両で高梨町(浜町)の平井清八郎に払い下げ 小 |
| | 1871 | 4 | 廃藩置県，静岡県 裾・小田原県 小 の誕生，知藩事罷免。小田原県，韮山県と合併し足柄県となり，各県に知事をおく(その後県令と改称。1886年県令を県知事と改称)。韮山県廃止により箱根駅，全面的に神奈川県の管轄となる 箱 |
| | 1872 | 5 | 壬申戸籍作成。旧藩校集成館を閉じ，新しい学校として日新館を開校する 小。学制制定 |
| | 1873 | 6 | 徴兵令布告。地租改正条例公布。明治天皇，宮ノ下温泉 |

小田原市・御殿場市・裾野市・箱根町歴史年表　209

| 時代 | 年号 | 元号 | おもな出来事 |
|---|---|---|---|
| 明治時代 | 1874 | 明治7 | 行幸途中，小田原海岸で地引網見学 小。この年，小田原市内に10小学校開校<br>佐野郵便取扱所ができる（翌年郵便局と改称）裾。小田原の高梨町（浜町）に電信局開設 小。群馬県富岡製糸場へ伝習生として小田原から工女11人（いずれも士族の子女を派遣） |
| | 1875 | 8 | 佐野原神社建立（二条を冬をまつる）。この頃，各地に小学校建設される 裾。新聞紙条例発布を機に足柄新聞拡新社休業 小 |
| | 1876 | 9 | 足柄県廃止，伊豆国分は静岡県に，相模国分は神奈川県に併合，小田原に神奈川県支庁がおかれる。小田原地方，地租改正事業推進 |
| | 1877 | 10 | 足柄県の租税課，租税の上納期限を3月とする通知出す 小。西南戦争，定輪寺村（裾野市）から出征した大石鉄蔵戦死 裾。旧藩主大久保忠良，西南戦争で戦死（陸軍伍長）小。この頃，小田原の十字町（南町）の松本庄左衛門が温州ミカンを5反植える 小。神奈川県立養蚕試験場設置 |
| | 1878 | 11 | 神奈川県小田原支庁より，公立小学校の名称に地名を冠するよう通達。郡制施行，小田原に足柄下郡設置。山口仙之助，宮ノ下に外国人専門の富士屋ホテル開業。五人組廃止 |
| | 1879 | 12 | 第1回神奈川県議会議員選挙実施（足柄下郡より3人当選） |
| | 1880 | 13 | 愛郷社設立 裾 |
| | 1881 | 14 | 明治一四年の政変・自由党結成。この年，北村透谷一家，東京京橋に移住。自由民権運動結社結成（大住郡・淘綾郡に湘南社，下郡に忠友社）。小田原に初めて自転車登場。沼津銀行小田原支店開業 |
| | 1882 | 15 | コレラ流行，旧城内弁財天曲輪に5カ町連合伝染病院設置 小 |
| | 1884 | 17 | 東海道線佐野駅開設 裾。東海道線新橋―国府津間鉄道開通 小。この年，米価・繭価の大暴落により市域にも大きな影響（暴動には至らぬまま翌年には鎮静化）裾 |
| | 1886 | 19 | 函根離宮（現，恩賜箱根公園）竣工 |
| | 1887 | 20 | 小田原馬車鉄道会社により国府津―小田原―湯本間に馬車鉄道開通 |
| | 1888 | 21 | 憲法発布につき，小田原では松原神社で憲法（官報号外）の朗読式挙行 |
| | 1889 | 22 | 町村制施行。裾野は現在の大字に相当する24カ村が整理 |

| 時代 | 年号 | 元号 | おもな出来事 |
|---|---|---|---|
| 明治時代 | | | 統合され，須山村・富岡村・深浪村・小泉村が誕生 裾。箱根は，湯本村・温泉村・宮城野村・仙石原村・箱根駅・元箱根村・芦之湯村の7ヵ村，町制の施行や町村合併によって，湯本町・温泉村・箱根駅・宮城野村・仙石原村の5ヵ町村となる 箱。御殿場は駿東郡御厨町・冨士岡村・原里村・印野村・玉穂村・高根村誕生。東海道線(現，御殿場線)開通，御殿場駅開設 御。小田原は5ヵ町を統一して小田原町となる，さらに大窪村・芦子村・富水村・二川村・片浦村・酒匂村・上府中村・下府中村・豊川村・下曽我村・国府津町・上郡櫻井村・上郡蘇我村が統合合併によりあらたに誕生 |
| | 1890 | 明治23 | 湯山柳雄により五龍館ホテル開業，のちに大正・昭和両天皇(皇太子時代)来訪 裾。第1回衆議院議員選挙実施。伊藤博文が小田原の御幸の浜に別荘滄浪閣を建てる(1896年売却) |
| | 1891 | 24 | 壮士芝居の川上音次郎一座がオッペケペー節をもって小田原桐座で興業，警官より上演中止を命ぜられる 小。川上一座が鶴座で興業中，警官に中止を命ぜられ，地元壮士と乱闘展開，川上以下3人拘引され，裁判に付される(のち無罪) 小。深浪村，深良村と改称，小泉村から泉村分離 裾 |
| | 1892 | 25 | 小田原銀行開業。箱根駅，箱根町に改称，箱根駅外二ヶ村組合は箱根町外二ヶ村組合となる |
| | 1894 | 27 | 日清戦争(～28)，茶畑の庄司文次郎戦死。逆川事件 裾。日清戦争に召集された8人(内戦死1人)の義捐金を募集 小。小田原でコレラ流行，患者138人(内88人死亡) |
| | 1895 | 28 | 小田原―熱海間人車鉄道開通 |
| | 1896 | 29 | 小田原馬車鉄道株式会社が小田原電気鉄道株式会社と改称 |
| | 1900 | 33 | 小田原電気鉄道株式会社により小田原に初めて電灯が引かれる |
| | 1901 | 34 | 神奈川県立小田原第二中学校開校。小田原電気鉄道の運転手・車掌，賃上げと勤務時間短縮を要求しストライキ |
| | 1902 | 35 | 小田原地方に大津波襲来，被害甚大(死者12名，流失家屋293軒，全壊144軒) |
| | 1904 | 37 | 日露戦争(～05)，裾野市域からの戦死者28名 裾 |
| | 1905 | 38 | 小田原から日露戦争召集軍人340余人(うち21人戦死) |
| | 1906 | 39 | 社会主義者西川光太郎・堺利彦らが富貴座で演説会開催(山北で山口孤剣・大杉栄が演説会開催)。小田原―熱海間の人車鉄道が軽便鉄道となる |

小田原市・御殿場市・裾野市・箱根町歴史年表　211

| 時代 | 年号 | 元号 | おもな出来事 |
|---|---|---|---|
| 明治時代 | 1907 | 明治40 | 小学校の位置をめぐる富岡村の南北対立 裾 |
| | 1910 | 43 | 幸徳秋水，湯河原で逮捕，翌年処刑(大逆事件) |
| | 1911 | 44 | 地方改良会神奈川県足柄下郡支部発会式開催 |
| 大正時代 | 1913 | 大正2 | 相州蜜柑同業組合設立，第1回総会開催。小田原富貴座で東京芸術座の松井須磨子，「カチューシャ」上演 小 |
| | 1914 | 3 | 御厨町を御殿場町に改称 御。神奈川県立小田原中学校焼失，八幡山に移転(現，県立小田原高校校地) |
| | 1915 | 4 | 佐野駅を裾野駅と改称 裾。劇場富貴座が映画館となる 小 |
| | 1916 | 5 | 泉村騒擾事件 裾。小田原紙糸紡績会社多古工場開業(のちの小田原製紙) |
| | 1918 | 7 | 米騒動の影響受け，米価高騰，生活困難者出現 |
| | 1919 | 8 | 湯本―強羅間，箱根登山鉄道開通。富士屋自動車の乗合自動車，国府津―箱根間営業開始 |
| | 1920 | 9 | 第1回東京・箱根往復大学駅伝競走開催 小 |
| | 1921 | 10 | 強羅―早雲山間にケーブルカー開業 小 |
| | 1923 | 12 | 関東大震災。裾野駅北側列車脱線転覆事故 裾 |
| | 1925 | 14 | 熱海線，国府津―熱海間全通。小田原広小路―関本間に大雄山鉄道開通 |
| 昭和時代 | 1927 | 昭和2 | 新宿―小田原間に小田急線開通。大雄山鉄道，小田原駅まで乗り入れる。東海道線と熱海線を結んで小田原まで電化 |
| | 1928 | 3 | 第1回普通選挙 |
| | 1929 | 4 | 世界恐慌始まる |
| | 1930 | 5 | 伊豆地方に大地震。金解禁。昭和恐慌 |
| | 1931 | 6 | 小泉村富沢の小作争議 裾。満州事変勃発 |
| | 1932 | 7 | 五・一五事件。上海事変。この年，富士箱根自動車株式会社誕生 |
| | 1934 | 9 | 裾野駅構内列車脱線転覆事故 裾。丹那トンネル開通し，東海道本線のルートが熱海経由に変更 御 |
| | 1937 | 12 | 盧溝橋事件。日独伊三国防共協定。この年，国民精神総動員運動が強調され，神奈川県下で各種行事開催 |
| | 1938 | 13 | 小田原城二の丸・三の丸の土塁など国の史跡に指定。大日本セルロイド小田原工場，足柄村に開業(現，富士フイルム) |
| | 1939 | 14 | 第2次世界大戦始まる。茶畑山に海軍機墜落 裾 |
| | 1940 | 15 | 小田原町・足柄町・大窪村・早川村・酒匂村山王原・網一色が合併し小田原市誕生(人口5万4699人，1万749世帯) |
| | 1941 | 16 | 国民学校令公布，小田原市内第一・第二・第三小学校は本町・城内・新玉国民学校と改称。アジア太平洋戦争始 |

| 時代 | 年号 | 元号 | おもな出来事 |
|---|---|---|---|
| 昭和時代 |  |  | まる |
|  | 1942 | 昭和17 | 新聞統制により相模合同新聞(旧小田原東海新聞)・神奈川日日新聞(旧横須賀日日新聞)・神奈川新聞(旧横浜貿易新聞)が統合され神奈川新聞発行 |
|  | 1944 | 19 | 岩波駅開設 裾。中学校生徒に勤労動員始まる。小田原地方諸施設に横浜の国民学校3～6年生，学童疎開してくる |
|  | 1945 | 20 | 小田原空襲，新玉小学校などに爆弾投下。小田原空襲，万年町(浜町)・幸町(本町)の一部が焼失。第2次世界大戦終戦 |
|  | 1946 | 21 | 各学校にあった「御真影」を庁に返し，焼却する。大政翼賛会・翼賛壮年団・大日本婦人会の各支部・分会が解散。第1回メーデー，小田原でも開催(約4000人)。この年，アメリカの占領軍，富士山周辺の演習区域を接収 裾 |
|  | 1947 | 22 | 町内会・部落会・連合会・隣組が廃止。小学校に給食開始。6・3・3制により新制中学校開校 |
|  | 1950 | 25 | 小田急線，小田原―箱根本間に乗り入れ。湘南電車が運行開始。小田原地区にボーイスカウト協議会が結成 |
|  | 1952 | 27 | 泉村と小泉村が合併，裾野町誕生 裾。小田原市教育委員会設置・小田原市煙草耕作組合設置 |
|  | 1954 | 29 | 小田原市文化財保護条例公布施行。豊川村，酒匂町・国府津町・上府中町・下曽我村・片瀬町，小田原市と合併 |
|  | 1955 | 30 | 駿東郡御殿場町，冨士岡村・原里村・印野村・玉穂村の対等合併により市制施行。御殿場市誕生 御 |
|  | 1956 | 31 | 深良村が裾野町に合併 裾。湯本町，温泉村，箱根町，宮城野村，仙石原村の5カ町村合併し箱根町誕生。御殿場市，駿東郡高根村編入 御 |
|  | 1957 | 32 | 富岡村と須山村，裾野町に合併 裾。御殿場市，駿東郡小山町古沢地区を編入 御 |
|  | 1958 | 33 | 小田原提灯祭り開催 |
|  | 1960 | 35 | 箱根旧街道，国指定文化財となる。小田原城天守閣復興。小田原市市制20周年(人口12万1984人，2万5072世帯) |
|  | 1962 | 37 | 箱根新道開通 箱。小田原城天守閣入場者100万人突破 |
|  | 1963 | 38 | 小田原城常磐木門石垣復旧工事完成 |
|  | 1964 | 39 | 東海道新幹線開業，新小田原駅営業開始 小。東京オリンピック開催 |
|  | 1965 | 40 | 乙女バイパス開通。箱根関所の復元と資料館の整備 箱 |
|  | 1966 | 41 | 元箱根地区に町営温泉供給開始，芦ノ湖温泉誕生 箱 |
|  | 1969 | 44 | 東名高速道路御殿場IC開設。小田原・厚木バイパス開 |

# 小田原市・御殿場市・裾野市・箱根町歴史年表

| 時代 | 年号 | 元号 | おもな出来事 |
|---|---|---|---|
| 昭和時代 | 1971 | 昭和46 | 通<br>静岡県裾野町，市制施行し裾野市となる 裾。小田原城常盤木門再建 |
| | 1972 | 47 | 大涌谷自然科学館・旧街道資料館の開設。西湘バイパス全面開通 |
| | 1974 | 49 | 「元箱根磨崖仏」ほか2件，国指定文化財となる |
| | 1977 | 52 | 小田原城跡発掘調査開始 |
| | 1980 | 55 | 小田原市城山陸上競技場，全天候型に改修 小。富士サファリパーク開園 裾。小田原市市制40周年 |
| | 1984 | 59 | 箱根の湯立獅子舞(宮城野・仙石原)が国選択無形民俗文化財に指定される |
| | 1985 | 60 | 芦ノ湖周辺公共下水道使用開始 箱 |
| 平成時代 | 1989 | 平成元 | 小田原城住吉橋復元 小 |
| | 1997 | 9 | 小田原城銅門復元 小 |
| | 2000 | 12 | 小田原市，特例市に指定。御殿場プレミアムアウトレット開業 御 |
| | 2007 | 19 | 箱根関所，復元 箱 |
| | 2009 | 21 | 小田原城馬出門復元 小 |
| | 2011 | 23 | 小田原城馬屋曲輪整備 小。裾野市市制40周年 裾 |
| | 2012 | 24 | 新東名高速道路御殿場ジャンクション開設 御 |

# 索引

太字は第Ⅱ部事典項目の頁数を示す。

## ●あ●

間ノ宿　13, 15, 164
暁亭　49, 134
秋山真之　50, **112**, 187
朝日観音堂　27
旭橋　101, 163
あじが池　58
足利尊氏　**112**
足利持氏　32, 33
足柄路　64, 77, 94
足柄城　29, 30, **112**
足柄神社　28, **113**
足柄関所跡　29
足柄峠　5, 7, 27, 28, 30, 95, 144
足柄万葉公園　29
芦之湯　3, 4, 20, 58, 101
熱海の三大別荘　74
熱海梅園　62, 74
甘酒茶屋　14
天野康景　86, **113**
雨宮敬次郎　122
阿弥陀寺　18, 52, **113**, 126
　──宝塔　52
アメリカ村　69, 70, **114**, 157
荒井実継・荒井城　24

## ●い●

生土発電所　69
井沢弥惣兵衛　79
石垣山一夜城　107, **115**
石橋供養塔　106
石橋山古戦場　9, 21
伊豆山郷土資料館　66, 116
伊豆山神社　66, **115**
　──後奈良天皇宸筆紺紙金泥般若心経　66, 116
　──木造男神立像　66, 116
伊豆箱根鉄道大雄山線　**116**
伊勢長氏→北条早雲
磯部康弘　66, 188
板橋地蔵尊→宗福院
市方神社　106, 122
一夜湯治争論　18, **116**
伊東忠太　134
伊藤博文　8, 50, **117**, 134, 145
伊奈神社　78
伊奈忠順　6, 78
稲葉氏　8, 42, 82, 124

稲葉正則　42, 82, 140, 151
井上準之助　150
井深八重　72, 173
色絵藤花文茶壺　76
岩下壮一　72, 173
岩原城跡　33, 85, 120

## ●う・え●

ういろう　40, 153
内田信也　74
内山愚童　19, 81, **117**
厩堀　108, **118**
梅まつり　61, 62, 74
瓜生坂　49, 119
瓜生外吉　49, **118**
うろこき　39, 127
江戸口見附跡　39
MOA美術館　75
エリザベス女王　44, 133
役行者　115, **119**
延命寺　90

## ●お●

応長地蔵(火焚地蔵)　53
大岡忠相　79
大久保氏　8, 42, 62, 124, 147
大久保忠真　140
大久保忠隣　124, 147
大久保忠朝　147, 182
大久保忠世　42, 147, 167
大倉喜八郎　49, **119**, 179
大庭景親　21, **119**
大庭源之丞　71, 95, **120**, 170
大森氏頼　34, 85, **120**
大森氏　5–8, 31–34, 85, 97, 125, 156
岡崎義実　21, **120**
荻窪用水　100, 103–106, **121**, 185
御汲湯(献上湯)　19, **122**
尾崎一雄　125, 147
御勧堂　89, 142
お玉　14, 161
小田原駅跡の碑　51, **122**
小田原古城　34
小田原市郷土文化館　42, **123**, 155
小田原宿　12, 39, 116, **123**, 178, 182
小田原宿なりわい交流館　40
小田原城　6–8, 35–38, 41, 107, 118,

120, 124, 135, 136, 176
小田原城三の丸土塁　144
小田原城址公園　40, **124**
小田原城歴史見聞館　40
小田原城攻め　19, 93, 97, 112, 124, 127, 144, 148, 161, 175, 178, 190
小田原電気鉄道（小田原馬車鉄道）→箱根登山鉄道
小田原文学館　50, **125**, 148
帯解地蔵→宝金剛寺

### ●か●

皆春荘　49
開成あじさい祭り　82
海蔵寺（熱海市）　74
海蔵寺（小田原市）　97, 107, **125**, 178
笠懸山　107, 115
傘焼まつり　60, 141
鹿島神social　22, 23, 143
和宮　18, 52, 113, **126**
葛山氏　5, 6, 31, 32
葛山館跡・葛山城跡　32
片岡永左衛門本陣跡　40, **126**
鎌倉府　31–33
かまぼこ　41
かまぼこ通り　39, **126**
からさわ古窯跡　91, **127**, 152
川口広蔵　106, 121, 122
川崎長太郎　125
河村城跡　108, **127**
閑院宮載仁親王　49, **128**
環翠楼（元湯）　18, 101, 126
岩泉寺　80, 98
関東大震災　9, 79, 97, 106, **128**, 147, 158, 171
関東大震災殉難碑　80, 97
看板建築　88, **128**
函嶺洞門　18, 101, 103, 163

### ●き●

起雲閣　74, 75
木賀温泉　19, 46, 122, 174, 189
岸信介　71, 168
北原白秋　49, 50, 125, **129**
北村透谷　125
菊華荘　19, **130**, 173
木戸孝允　20
来宮神社　73
貴船神社・貴船祭　22, 23
帰命石　89, 142

旧街道の杉並木　14
旧傷兵院本館　57, 104, 142
旧土屋家住宅　23, **130**
旧日向家熱海別邸地下室　75
救命石　99, **130**
狭軌　81
共壽亭→山月
玉宝寺五百羅漢　86
金泉楼　18, 102, 172
金太郎誕生の伝承地　29

### ●く・け●

郡家（郡衙）　7, 61, 140, 155
久野古墳群　7, 86, **131**
曲輪（郭、丸）　**131**, 182
黒田長成（桜谷）　50, **132**, 135, 144
クロフィッシュ　59
源泉の碑　17
ケンペル　44, 45, **132**, 136, 160, 162, 165
ケンペルとバーニーの碑　44, **132**

### ●こ●

高札（関本）　84
国府津駅開業100周年記念碑　88
国府津建武古碑　90, **133**
河野壽　10, 98, 134
紅白梅図屏風　76
光風荘　10, 98, **134**, 179
興福院宝篋印塔　54
神戸屋ふるや店店舗及び主屋　88
黄夢庵　50, 159
神山復生病院　6, 71, 172
古稀庵　48, 49, 104, 119, 121, **134**, 143, 185
国際標準軌　81
後三年合戦　30, 155, 183
五所神社　24
御殿場高原時之栖　70
小楢尾砦　29
木の花名水　95
後北条氏　8, 12, 17, 30, 35, 37, 41, 52, 61, 62, 65, 83, 89, 108, 109, 112, 115, 118, 124, 125, **135**, 136, 154, 164, 165, 174, 176, 182, 187, 190
駒ヶ岳　3, 53, 64
駒形神社　13, 14
小松石　23, **135**
小峯御鐘ノ台大堀切　37, **136**

## ● さ ●

最乗寺　8, 85, 116, 120, 184, 189
西念寺　86
賽の河原　45, 54, 132, **136**
最明寺史跡公園　91, 127, **137**
鎖雲寺　13
相模型板碑　90
坂本駅　27, 84, **137**
桜田隧道　105
佐々木信綱　73
佐奈田義忠(与一)　21, 121, 179
佐野原神社　94
寒田神社　90, **137**
山月(共壽亭)　49, 119
山王原一里塚　39
三の丸外郭新堀土塁歴史公園　37, **138**
三枚橋　12, 57

## ● し ●

自怡荘　51, 159, 181
地蔵堂(南足柄市)　29
『七湯の枝折』　20, **138**
十返舎一九　39, 152
鵄の窟　9, 22, **138**, 154
シーボルト　45, 162, 174
清水金左衛門本陣跡　40, **139**
下曽我遺跡　62, **139**
下田隼人　84, **140**
下永塚遺跡　62
下中弥三郎　46, **167**
集成館　42, **140**
獩馬の党　29
宿駅(宿場)　160, 178
シュミット(碑)　45, **141**
潤雪庵　73
城願寺　24
正眼寺(石灯籠)　12, 53
障子堀　109, **118**, 165
精進池　3, 53, 54
城前寺　60, **141**
紹太寺(長興山)　8, 42, 82, 103, **151**
　──枝垂れ桜　103, **151**
聖天堂　30, **142**
樵夫蒔絵硯箱　76
傷兵院・傷痍軍人箱根療養所　4, 57, **142**
定山城跡　29
定輪寺(飯尾宗祇の墓)　94

白地蔵　28
新橋浅間神社　95
真楽寺　88, **142**
新羅三郎義光吹笙の石　30
親鸞　88, 142, **143**

## ● す・せ ●

水車小屋　105, 184
スイッチバック　164
素鵞神社　22, **143**
菅原神社　89
須雲川自然探勝歩道　13
豆相人車鉄道(熱海鉄道、軽便鉄道)　122
清雲院　42, 151
清閑亭　37, 50, 132, **144**
静山荘　51
石仏群と歴史館　53
関本　27, 137
瀬戸家屋敷　82
善栄寺　83
前九年合戦　24
仙年寺(宝篋印塔)　32

## ● そ ●

早雲寺　12, 17, 52, 57, 135, **144**, 176
　──戦没者慰霊堂　57
　──宝塔(伝飯尾宗祇墓)　12, 53
　──遊撃隊士の墓　12, 58
掃雲台　48, 179
総構(惣構、大外郭)　8, 35, **124**, 136, 138, 145, 190
総構稲荷森　36, **145**
総構山の神堀切　36, **145**
双柿舎　73, 74
宗福院(板橋地蔵尊)　56, 57
滄浪閣旧跡　50, **145**
曽我兄弟　5, 12, 54, 60, 62, 89, 141, **146**
曽我兄弟と虎御前の墓　54
宗我神社(小沢明神社)　60, **147**
尊徳記念館　83

## ● た ●

大逆事件　19, 81, 117
大久寺　8, 42, **147**
太閤の石風呂　19, **148**
岱崎出丸　109, 187
大震災耕地復旧記念碑　80

大震災殃死者供養塔　　80, 98
対潮閣(跡)　　50, 187
武田信玄　　110, 169, 176
竹之下の戦い(古戦場跡)　　5, 94, 95, 113
竹ノ花祭祀遺跡　　26
多田満仲墓　　53
田中丘隅(休愚)　　79, 90, **148**, 171
田中光顕　　50, 125, **148**, 187
谷崎潤一郎　　73
坦々やきそば　　25
丹那神社　　99, 130, **149**
丹那トンネル　　99, **149**

### ● ち・つ・て ●

秩父宮記念公園　　69, 70, **150**
千歳橋　　18, 101, 163
チャップリン　　3, 58
長泉院　　85
長福寺　　27, 84
千代廃寺跡(千代遺跡群)　　62, 127, 140, **152**
千代南原遺跡　　7, 63
ちん里う　　40, 180
塚田古墳群(2号墳)　　27, 84
つたや旅館　　20, 138
坪内逍遙　　73, 141
テーオ・ツェラーの墓　　59
出女　　161
手鑑「翰墨城」　　76
出山の鉄橋→早川橋梁
寺山神社　　22, 80, 97
伝肇寺　　41, 129
伝曽我祐信宝篋印塔　　61

### ● と ●

東海道　　5, 14, 84, 94, 101, 103, 122, 123, 160, 163, 164
東海道旧道(旧東海道)　　37-39, 42
『東海道中膝栗毛』　　39, 40, **152**
東京電力山崎発電所　　100, 103, 121, **153**
東光庵　　20, 59, **154**
東光院　　61
東光寺→日金山東光寺
『東国紀行』　　38
塔之澤一の湯本館　　101
塔之沢発電所　　101
東福寺　　64-66, 161, 188
道了尊　　85, 116
常盤木門　　41

徳川家光　　19, 122
徳川家康　　6, 8, 65, 89, 122
土肥実平　　9, 24, 120, **154**
土肥氏の館・墓所　　24
土肥椙山巌窟　　138
友野与右衛門　　95, 120, 170
豊臣秀吉　　8, 19, 65, 93, 97, 107, 112, 115, 124, 127, 135, 144, 148, **154**, 161, 175, 178, 187, 190
豊原時秋　　30, **155**
虎御前　　54, **155**

### ● な・に ●

中河与一　　181
中河原梅林　　61
永塚遺跡群　　61, 140, **155**
永塚観音　　61
中沼薬師堂　　28
奈良屋旅館　　3, 19, 47, 58, 173, 186
西坂　　12, 15
二十五菩薩　　54
二条為冬　　94-96, **156**
二所詣　　66, 116
日透上人の墓　　105
二・二六事件　　10, 98, 134, **156**, 179
二岡神社(石灯籠)　　6, 32, 69, 70, **156**
二の岡荘　　115
二の岡フーヅ(二の岡ハム)　　69, 70, **157**
二宮尊徳　　8, 18, 41, 62, 83, 102, 172
『日本』　　162
『日本誌』　　44, 45, 132
日本水力発電発祥地跡の碑　　17, 102, **158**
日本電力　　153
如来寺跡　　24

### ● ぬ・ね・の ●

沼田城跡　　86
根津嘉一郎　　74
根府川石　　9, 22, 90, 133
根府川関所跡　　98, **158**
能安寺　　92
野崎広太(幻庵)　　49, **159**, 181
野面積み　　108
野村靖　　50, **159**
範茂史跡公園　　84

## ● は ●

箱根駅伝ミュージアム　14, 46, 141
箱根旧街道石畳　3, 44
箱根口門跡　37
箱根細工　19
『箱根山縁起幷序』　64, 160
箱根路　64, 77, 95
箱根七湯　17, 101, 138
箱根宿　3, 12, 14, **160**
箱根神社　2, 64, 65, 152, 159, **160**, 188
　――男神・女神坐像　66
　――伝万巻上人坐像　66
　――『箱根権現縁起絵巻』　66, **159**
　――湯釜・浴堂釜　66, **188**
箱根関所(跡)　3, 14, 45, 132, **161**, **162**
箱根関所資料館　14, 162
箱根戦争　12
箱根地区国道1号施設群　101, **162**
箱根町立旧街道休憩所　14
箱根町立郷土資料館　52
箱根峠　12, 14
箱根登山鉄道(小田原電気鉄道)　4, 81, 100, 121-123, 153, 158, **163**, 166
箱根八里　12
箱根報国寮跡　13
箱根用水→深良用水
箱(函)根離宮　20, 45, 174
長谷川家住宅店舗及び主屋　88
旅籠　39, 123, 160, **178**
畑宿(一里塚)　12, 13, **164**
八幡神社(南足柄市)　85
八幡山古郭東曲輪　34, 37, **165**
八幡山西曲輪西堀　118
バーニー　44, 132, **165**
バーニー邸跡の碑文　44
早川　38, 103, 121, 166, 174
早川石丁場群　108, **166**
早川橋梁(出山の鉄橋)　100, 101, 164, **166**
早川口遺構　37, 51, 190
早川取水堰　101, 103, 153
原梅林　61
ハリス　13, 45, 162, 179
パール下中記念館　46, 166

万国村　69, 114
萬松院　104, **167**
萬翠楼福住→福住旅館
バンデング　70, 114

## ● ひ ●

日影公民館　28, 85
東坂　12
東山旧岸邸　70, **168**
日金山東光寺(地蔵堂)　57, 67, **168**
一柳氏　**169**, 187
一柳直末公首塚　93
姫の水　19
百万遍念仏　92
ヒュースケン　13, 45

## ● ふ ●

深沢城跡　109, **169**
深良用水(箱根用水)　6, 71, 94, **170**
福沢神社　79, 90, **170**
福沢諭吉　18, 90, 170, **171**
福寿院(箱根観音)　16
福住正兄　18, 102, 163, **171**
福住旅館(萬翠楼福住)　18, 102, 162, 163, 171, 172
福住楼(樓)　18, 101
復生記念館　71, **172**
福田正夫　125
冨士浅間神社　77
富士巻狩り　5, 60, 95, 146
富士屋ホテル　3, 19, 46, 58, 100, 130, 163, **173**, 174, 186
藤原範茂(宝篋印塔)　84, **174**
富美宮允子内親王　19, 130
ブルーノ・タウト　75
文命堤(東堤・西堤)　78, 79, 90, 171

## ● へ・ほ ●

別所梅林　61, 62
ベルツ(碑)　45, 46, **174**
ヘレン・ケラー　3, 58, 173
宝永大噴火　6, 77
宝金剛寺(帯解地蔵)　89, 133, **174**, 175
北条氏綱　35, 52, 65, 125, 135, 139, 144
北条氏直　155, 175, 176
北条氏秀(上杉景虎)　176

索引　219

北条氏政・氏照兄弟の墓　35, **175**
北条氏康　35, 109, 112, **175**, 176, 187
北条幻庵(宗哲, 長綱)　86, **176**
北条幻庵屋敷跡　86
北条早雲(伊勢長氏)　6, 8, 34, 52, 65, 135, 144, 176, 182
北条綱成　110, 169
北条用水　38
保福寺　28, **176**
豊門公園・豊門会館　68, **177**
戊辰戦争官軍戦死者の碑　56
ぼたん祭り　90
堀秀政　97, **178**
ボールデン　70, 114, 157
本陣　39, 123, 139, 160, **178**

● ま ●

牧野伸顕　10, 98, 134, **178**
益田孝(鈍翁)　48, 50, 104, 119, 159, **179**, 186
媽祖観音　16
俣野景久(五郎)　21, **179**
街かど博物館　39, 40, **180**
松岡洋右(別荘陶磁器館)　71
松坂萬右衛門　20, 101, 162
松坂屋本店　20, 58, 59, 101, 162
松平信康　167
松永記念館　37, 48, 159, **180**
松永安左エ門(耳庵)　48, 159, 180, **181**
松原神社(松原明神)　40, **182**
真鶴町民俗資料館　23, 130
丸馬出　110, **182**
丸塚隧道　104
丸山隧道　104
万巻上人　2, 64, 152, 160, **183**
萬福寺　59
『万葉集』　9, 25, 29

● み・め・も ●

三日月堀　110, **182**
源(多田)満仲　53, **183**
源義光　30, 155, **183**
源頼朝　3, 5, 21, 22, 24, 60, 64, 66, 67, 95, 115, 120, 121, 138, 154, 160
蓑笠之助　79
木菟の家　49, 129
御幸の浜海岸　50
妙覚道了　**184**

明治天皇行在所跡　40, 126
めだかの学校　106, 122, **184**
茂木惣兵衛　74
元箱根　4, 14, 44, 101
元箱根石仏群　3, 53
元湯→環翠楼
森村橋　68, **184**

● や・ゆ・よ ●

八百比丘尼の墓　53
八雲里古墳　25
矢倉沢街道　3, 29
矢倉沢関所跡　28
山県有朋　8, 46, 48, 49, 104, 119, 121, 134, 143, 159, **185**, 187
山県水道水源池　104, 105, 121, 134, **185**
山口仙之助　3, 19, 46, 100, 163, 173, **186**
山下亀三郎　50, 105, 112, **186**
山中・山中新田　12, 15
山中城跡　15, 93, 108, **187**
遊撃隊　12, 56, 57, **188**
湯河原観光会館　25
湯河原万葉公園　25
湯坂道　14, 20
葉雨庵　48, 159, 181
横浜港ドイツ軍艦爆発事件　58, **188**
吉池　17, 102, 158
吉田五十八　71, 168
芳之田隧道　104
寄木細工　13

● り・る・れ・ろ ●

狸福神社　25
龍福寺　84, 140
瀧門寺　24
了庵慧明　85, 184, **189**
凌寒荘　73
林泉寺　19, 81, 117
ルボン将軍(碑)　46, **189**
蓮上院土塁　36, **190**
老欅荘　49, 181, 182
六道地蔵　53

● わ ●

脇本陣　39, 123, 139, 160, **178**
和田豊治　68, 177

●**写真提供者**(敬称略，五十音順)

| | |
|---|---|
| 小田原市観光課 | 口絵4上, p.118右, 135, 144, 151, 165, 166 |
| 小山町観光協会 | p.185右 |
| 小山町商工観光課 | p.11 |
| 開成町産業振興課 | p.82 |
| 神奈川県観光協会 | p.23 |
| 御殿場市商工観光課 | p.150 |
| 裾野市教育委員会 | 口絵1下右 |
| 箱根町観光課 | 口絵2上, p.114, 160, 162 |
| 箱根登山鉄道株式会社 | p.167 |
| 復生記念館 | p.172 |
| 富士屋ホテル | p.173 |
| 三島市商工観光課 | p.187 |
| 山北町生涯学習課 | p.91 |
| 湯河原温泉観光協会 | p.139 |

# 箱根・足柄散歩 24 コース

2013年7月10日　1版1刷印刷
2013年7月20日　1版1刷発行

| | |
|---|---|
| **編　者** | NPO 神奈川歴史教育研究会 |
| **発行者** | 野澤伸平 |
| **発行所** | 株式会社　山川出版社 |
| | 〒101-0047　東京都千代田区内神田 1-13-13 |
| | 電話　03(3293)8131(営業) |
| | 　　　03(3293)8135(編集) |
| | http://www.yamakawa.co.jp/ |
| | 振替　00120-9-43993 |
| **印　刷** | 株式会社　加藤文明社 |
| **製　本** | 株式会社　ブロケード |
| **表紙デザイン** | 菊地信義 |
| **本文デザイン** | 岩崎美紀 |
| **イラストマップ** | 石井香衣・佃めぐみ |

©NPO 神奈川歴史教育研究会
Printed in Japan　ISBN 978-4-634-59111-0
・造本には十分注意しておりますが，万一，落丁・乱丁本などがございましたら，小社営業部宛にお送りください。送料小社負担にてお取り替えいたします。
・定価はカバーに表示してあります。

南都留郡
山中湖村
すばしり
須走
冨士浅間神社
伊奈神社
駿東郡
小山町
豊門公園
生土
清水橋
森村橋
菅沼
ふじおやま
竹之下古戦場
竹之下
あしがら
鮎沢PA
聖天堂
足柄峠
柴怒田
滝ヶ原
深沢城跡
深沢
足柄SA
ぐみ沢
ぐみ沢丸田
新橋浅間神社
ごてんば
御殿場
東山旧岸邸
金時山
1213
乙女峠
矢倉沢峠
860
深沢東
秩父宮記念公園
仙石原
箱根裏街道
神場東
神場山神社
駒門
みなみごてんば
二岡神社
大野原
御殿場Jct
須山
ふじおか
911
長尾峠
仙石原
駒門PA
御殿場市
仙石原
姥子
箱根山
1438
大坂
復生記念館
箱根スカイライン
850
湖尻峠
深良用水(箱根用水)
駒ヶ岳
1356
裾野IC入口
芦ノ湖
東光庵
いわなみ
元箱根石仏群
葛山城跡•仙年寺
東名高速道路
裾野
芦ノ湖スカイライン
箱根神社
芦ノ湖
深良
裾野市
新東名高速道路
箱根峠
箱根峠
849
駿東郡
長泉町
御殿場線
定輪寺
すその
静岡県
長泉沼津
三島市
足高
三島萩
伊豆縦貫自動車道
山中城跡
沼津
ながいずみ
なめり
龍澤寺
東海道
愛鷹PA
沼津岡宮
黄瀬川
東レ
みしま
三島加茂
岡宮
鮎壺
下土狩
しもとがり
三島塚原
田方郡
函南町
東海道新幹線
十国
江原公園
上石田IC
三嶋大社
熱海峠IC
東海道本線
ぬまづ
竹倉
大岡
大場
かんなみ
丹那トンネル
沼津市
丹那
駿東郡
清水町
妙海寺
霊山寺
伊豆箱根鉄道
千本浜
仁田
畑毛
狩野川
徳倉
大場川南
駒の湯